Les partis politiques dans la France d'aujourd'hui

Du même auteur

AUX MÊMES ÉDITIONS

Le Syndicalisme étudiant
(en coll. avec M. de La Fournière)
1957 (épuisé)

Les Partis politiques en Europe
« Points Politique », 2ᵉ éd. 1984

CHEZ D'AUTRES ÉDITEURS

L'Évolution politique et juridique
de l'Union française depuis 1946
Librairie générale de droit et de jurisprudence,
1958 (épuisé)

Le Gouvernement des Français
Éd. de l'Épi, 1963 (épuisé)

Les Institutions politiques de la France
(en coll. avec H. Longaud)
Hachette, 4ᵉ éd. 1972 (épuisé)

Le Droit administratif algérien
Société nationale d'édition, Alger, 1971

Corpus électoral de la Lorraine (1958-1981)
Presses universitaires de Nancy, 1984

Les Valeurs de la Révolution devant la science actuelle
Presses universitaires de Nancy, 1990

Critique du savoir politique
PUF, 1990

François Borella

Les partis politiques dans la France d'aujourd'hui

cinquième édition
entièrement nouvelle, 1er juillet 1990

Éditions du Seuil

EN COUVERTURE : J. CHATIN-GAMMA.

ISBN 2-02-012474-2.
(ISBN 1re publication : 2-02-000360-0.)

Introduction

Un nouveau régime politique

La Ve République a été créée contre le « régime des partis », mais elle est fondée sur une Constitution qui, pour la première fois en France, reconnaît et définit le rôle de ceux-ci dans le fonctionnement des institutions politiques : « Les partis et groupements politiques concourent à l'expression du suffrage. Ils se forment et exercent leurs activités librement. Ils doivent respecter la souveraineté nationale et la démocratie » (article 4).

Il a fallu attendre trente ans pour que soient promulguées les premières dispositions législatives sur le fonctionnement et le financement des partis politiques. Ainsi la France s'engage-t-elle enfin sur la voie de la reconnaissance juridique des partis politiques et de leur rôle en démocratie pluraliste.

En 1947 l'Italie puis en 1949 l'Allemagne fédérale ont les premières consacré dans leurs Constitutions l'existence et les fonctions des partis politiques. Depuis cette date, la marque du retour à la démocratie, ou de l'avènement de celle-ci, est dans tout pays la consécration constitutionnelle du pluralisme partisan. En France cependant, de Rousseau à de Gaulle, l'existence des partis politiques est souvent dénoncée comme une atteinte à l'unicité de la volonté du peuple et comme un germe dangereux de divisions fratricides. C'est l'une des raisons de la méfiance, voire du mépris, qu'inspirent souvent les partis politiques.

Le système contemporain des partis en France est récent. Il est le fruit de l'instauration du régime politique de la Ve République. Mais ce régime n'est pas né de la volonté d'un seul homme, même si son rôle fut décisif. La crise de mai 1958 bloque le fonctionnement du système politique de la IVe République ; elle met à nu l'impuissance de la « République des comités ».

Sous la IIIe République comme sous la IVe, le « régime des partis », c'est avant tout le régime parlementaire souple, sans majorité préétablie, dans lequel le centre des décisions politiques est situé dans les assemblées élues. Il existe donc bien avant 1958 un système de partis dont les éléments sont les groupes parlementaires ou, pour parler comme les Britanniques, les partis parlementaires. Mais ces comités d'élus n'ont point en France, à la différence de la Grande-Bretagne, de prolongements ou de supports dans la société globale. Le Parti radical créé en 1901 n'est qu'un très souple réseau de comités électoraux sans influence véritable sur un puissant groupe parlementaire dont la structure extrêmement légère permet de remplir la fonction principale : faire ou défaire les gouvernements pour en refaire un. Ce n'est qu'en 1905, avec le Parti socialiste qui s'unifie comme section française de l'Internationale ouvrière, puis en 1919, avec la création de la section française de l'Internationale communiste — le Parti communiste —, que les grands partis de masse font leur apparition en France. Ils resteront toujours très faibles par rapport à leurs homologues étrangers, même s'ils inspirent respect, crainte ou envie à leurs partenaires français. La Ve République n'a pas donné naissance à d'autres partis de masse.

La Ve République se constitue en système politique original de 1958 à 1962. Du point de vue institutionnel, la Constitution de 1958 est une simple adaptation du régime parlementaire. La fonction du référendum du 28 septembre 1958 n'est pas seulement de fonder une nouvelle République, elle est aussi de prouver la légitimité démocratique du général de Gaulle, c'est-à-dire de lui donner une autre base que l'appel des colonels algérois et un autre but que la solution du « problème algérien ». La rationalisation du régime parlementaire que la Constitution accentue (car la Constitution de 1946 était déjà un progrès sur ce point par rapport aux lois constitutionnelles de 1875) n'a pas de vertus intrinsèques. Le plus ingénieux mécanisme institutionnel est impuissant à assurer un fonctionnement régulier des pouvoirs publics s'il ne correspond pas à une demande claire, donc simple, de la société et s'il ne reçoit pas, en retour, un soutien actif de sa part.

En réalité, le nouveau régime est véritablement né en 1962 de l'élection décidée du président de la République au suffrage universel direct. En premier lieu, parce que l'institution mise en place est d'une grande simplicité ; elle correspond bien au besoin d'« y comprendre quelque chose » qui était certainement la principale demande des citoyens depuis 1920. En second lieu, parce qu'elle est clairement instituée contre le vœu de tous les partis et sans l'avis du mouvement gaulliste. Enfin, parce qu'elle correspond à la nécessité de concentrer le pouvoir dans un pays à économie capitaliste développée.

Le système politique ainsi institué de 1958 à 1962 exclut-il tout système de partis et plus précisément est-il destiné à éliminer les partis du système politique ?

La réponse à cette question est donnée d'abord par la pratique et la réalité : les partis existent toujours — le mouvement gaulliste lui-même, qui refuse de se nommer parti, en présente tous les traits caractéristiques. Mais elle est donnée aussi par la constatation que les structures partisanes sont trop profondes dans la France contemporaine pour disparaître sous l'effet d'un changement de régime politique.

La permanence des structures partisanes

La connaissance des partis politiques de la France d'aujourd'hui s'éclaire du rappel de leur histoire. La Restauration de 1814-1815, qui met fin à la période révolutionnaire et à son étonnant prolongement, l'Empire, donne naissance aux premiers partis parlementaires et aux embryons de comités électoraux dans le pays. Mais dès la période antérieure, celle de la Révolution et de l'aventure napoléonienne, ont surgi les problèmes et les projets de solution qui vont donner naissance aux structures partisanes.

Même en tenant compte des formidables différences entre la France rurale de la fin du XVIIIe siècle et la France, qui s'industrialise et colonise, de la fin du XIXe, puis entre celle-ci et celle d'aujourd'hui, il est frappant de constater que les forces politiques françaises se structurent sur un axe droite-gauche depuis deux cents ans selon leurs réponses à trois questions principales : question du régime politique, c'est-à-dire de la nature de l'État, de l'organisation de son pouvoir et de la finalité de son fonctionnement ; question de la société, c'est-à-dire place et rôle de l'Église et de l'État dans la société civile en matière de mœurs, d'éducation, d'économie, de relations entre les classes sociales ; question du monde extérieur, c'est-à-dire de la situation et de l'action de la France à l'égard des autres peuples et États.

La distinction politique entre la droite et la gauche est née en France en août-septembre 1789, sur la question du pouvoir politique du roi dans la future Constitution ; elle se prolonge et s'universalise au point de devenir le principal schéma de lecture de la vie politique dans tous les États du monde. C'est qu'il s'agit d'une structure, c'est-à-dire d'un système de relations. Droite et gauche n'ont de sens, et d'existence, que dans la relation de l'une à l'autre, et réciproquement. Elles ne sont ni valeurs éternelles ni essence immuable, mais dualité inévitable d'idées, de comportement, d'intérêts, face aux questions que pose la vie en société. Mais il n'y a jamais eu unité, ni homogénéité, dans un camp comme dans l'autre.

Trois tendances sont repérables dans chaque camp : la conjoncture peut oblitérer temporairement tel courant, on le voit resurgir lorsque les circonstances lui sont plus propices.

A droite, se situe d'abord le courant qui refuse les évolutions comme la Révolution ; courant extrême et réactionnaire que le cours du temps peut conduire à l'action directe et violente. A droite aussi, le courant sage et réaliste qui accepte les changements acquis et ne répugne pas à les accompagner pourvu qu'ils soient profitables aux couches sociales qu'il exprime ; c'est la droite classique, libérale et conservatrice en permanence, réformatrice si nécessaire. A droite enfin, quoi qu'il en ait, le césarisme démocratique, si caractéristique de la vie politique française, mais point inconnu ailleurs ; c'est la volonté d'utiliser les forces anciennes pour y couler un métal nouveau, de fonder le pouvoir sur l'autorité d'un chef mais investi par le vote populaire, de réformer pour mieux conserver, de transcender les classes sociales et les intérêts par la manifestation visible de la volonté profonde du peuple et de la nation.

A gauche, la Révolution ouvre le champ immense des possibles. Dans cet espace, mais située sur sa frontière droite, voici d'abord la gauche libérale des audaces prudentes dont l'objectif est de contrôler le pouvoir et de le limiter par les libertés publiques pour préserver les acquis et éviter les bouleversements. A côté d'elle, se classe la gauche idéologique et démocratique qui veut transformer la société par décrets du pouvoir démocratique contre les pesanteurs de la religion, des coutumes et des mœurs ; elle veut la libération et l'émancipation des travailleurs par le levier du pouvoir politique prenant appui sur la souveraineté populaire. En cela, elle se distingue de la gauche radicale, ou extrême, qui veut exprimer les minorités agissantes porteuses de progrès en organisant l'avant-garde de la classe ouvrière en instrument de libération universelle.

Aucun de ces courants n'est identifiable à un parti au sens organique du terme ; inversement, chaque parti est l'expression composite de plus d'un de ces six courants. Mais il est frappant de constater que, sur le terrain de l'opinion publique et des luttes électorales, la partie se joue entre ces protagonistes s'affrontant en deux camps irréductibles. Pourtant, sur le terrain parlementaire et gouvernemental, c'est-à-dire dans l'exercice du pouvoir, on voit les antagonismes se réduire. Sous le poids des solidarités sociales et des intérêts de classe, sous les contraintes des faits et la crainte des extrêmes, en cas de péril national, le gouvernement de la France se constitue souvent au centre.

On constate ainsi une évolution double et complémentaire. Dans leurs thèmes, leurs programmes, leur vocabulaire, les partis français sont entraînés par une dérive vers la gauche, parfois appelée « sinistrisme », qui engendre souvent un confusionnisme verbal nécessitant une difficile herméneutique politique. Mais, au plan pratique et gouvernemental, la dérive est inverse. Ce que l'on peut appeler le « dextrisme » politique français est la conséquence de cette autre loi d'airain que l'on ne gouverne et ne dirige qu'au centre, c'est-à-dire dans le compromis, la juste appréciation du possible par rapport au souhaité et la capacité de juger exactement les rapports de forces dans la société.

A la recherche du nouveau système de partis

L'analyse de la réalité politique que sont les partis pose de nombreux problèmes de méthode qu'il n'est pas dans notre propos d'examiner ici. Disons simplement qu'il ne nous semble pas y avoir de contradictions entre les différentes méthodes utilisables. Nous parlerons souvent de système de partis non point pour céder à une mode souvent intolérable et intolérante [1], mais simplement pour nommer ce qui nous semble une réalité : la plupart des partis forment un ensemble dont les éléments sont interdépendants ; ensemble qui ne se confond point avec le régime constitutionnel et politique, pas plus qu'avec la société dans laquelle il agit. Il est légitime de parler de système de partis lorsque les éléments constituants (c'est-à-dire les partis ou les coalitions qu'ils forment) sont durables et ont entre eux des relations d'interdépendance fonctionnelle. Il faut donc que le nombre de partis, ou de coalitions partisanes, soit à peu près fixe, que leur force intrinsèque (organisation, adhésions) et leur influence (électorale ou non électorale) soient permanentes ou évoluent lentement. Enfin, il est nécessaire que les partis ou les coalitions dépendent les uns des autres de telle sorte que la situation de l'un soit déterminée au moins partiellement par la situation des autres.

Une telle analyse serait purement formelle et mécanique si elle s'en tenait à la description du système de partis comme s'il était une donnée immuable et déterminante. En France surtout, il est nécessaire de dire comment et pourquoi le système actuel de partis s'est formé. Il est en effet récent, et le temps ne lui a pas encore donné le visage implacable d'une structure indestructible. Tout système de partis résulte des conditions géographiques et historiques, des exigences du contexte social et économique et, particulièrement en France depuis 1958, du mécanisme constitutionnel.

Encore faut-il déterminer à quel niveau on cherchera à repérer et à expliquer le système de partis. En effet, selon la zone considérée (circonscription électorale, département, région, France entière, Europe libérale et capita-

1. Non seulement je ne partage pas les présupposés idéologiques des théoriciens de l'analyse du système, mais je considère comme scientifiquement erroné leur dédain pour des concepts aussi utiles et efficaces que celui d'État ou de régime politique.

liste), le système de partis diffère. Il est clair que, à l'échelon de l'Europe libérale et capitaliste (en gros, les États membres du Conseil de l'Europe), le Parti communiste n'est pas un élément du système de partis, il est hors système ; c'est en revanche un élément du système national français ou italien. De même, dans telle circonscription française, le Parti communiste ou l'UDR sont les éléments dominants du système local, ailleurs non. Il est donc capital de déterminer d'une manière scientifique, c'est-à-dire rigoureuse et opérationnelle, à quel niveau sera saisi et étudié le système de partis.

Il s'agira ici du système national des partis ; donc, la zone considérée est la France métropolitaine dans son entier[1]. La raison de ce choix est simple. Les centres de décision se situent au niveau national global. Les collectivités locales, sauf quelques dizaines de grandes villes, ont perdu toute autonomie de décision ; le pouvoir régional est en formation depuis 1986 ; le pouvoir des institutions des Communautés européennes est encore surtout économique et technique. Le pouvoir politique est national, c'est-à-dire concentré à Paris.

Certes, le pouvoir économique a une localisation sensiblement différente ; mais force est bien de constater que les partis politiques — même le Parti communiste, même les groupes révolutionnaires hors système — n'ont qu'une influence indirecte sur les centres de décision économique. C'est au contraire l'inverse qui se constate souvent.

Quels indices utiliser pour repérer les partis politiques et leur système ? De la microsociologie électorale (bureau de vote) à la macrosociologie (ensemble des résultats nationaux), le repérage se fait presque toujours à partir de l'opération électorale sous ses différentes variantes (référendum, élections présidentielles, législatives européennes, régionales, cantonales, municipales). Il n'y a à peu près aucune autre étude sérieuse du système des partis sur d'autres bases. Cette méthode renforce le sentiment

1. Cette zone exclut donc les départements et territoires d'outre-mer où le système de partis est différent.

que la vie politique se réduit aux élections et que les choix politiques se font par le dépouillement des bulletins de vote ; elle vise donc, consciemment ou non, à fortifier le consensus sur le système politique lui-même. Nous savons pourtant qu'une élection est rarement déterminante, qu'elle est bien plutôt la simulation publique et pacifique d'un combat qui s'est déroulé sur un autre terrain et dont les résultats sont déjà acquis.

Pourtant, bien d'autres indices sont utilisables : nombre des adhésions, intensité de la participation au parti, existence et influence de la presse partisane, distribution de tracts, tenue de réunions publiques, impulsion de manifestations publiques et de coups d'éclat, moyens logistiques des partis (locaux, personnels, équipements), influence du parti sur l'environnement local, etc. De telles études, couramment faites en sociologie religieuse, permettraient de redresser les erreurs dues à l'utilisation exclusive de la seule variable électorale et d'éviter de confondre système de partis et conjoncture électorale ou politique. Le succès relatif de Poher aux présidentielles de 1969 n'a eu aucune conséquence sur le système partisan. Les bons résultats de tel leader dans les sondages de popularité (par exemple, Rocard est mieux placé que Marchais) ne modifient pas les structures partisanes. Surtout, il y va de l'appréciation de l'influence réelle du parti ; or cette influence ne dépend pas uniquement des résultats électoraux. Est-il plus important pour le PCF de remporter 10 sièges supplémentaires de députés ou de conserver pour l'un des siens le poste de secrétaire général de la CGT ?

Dans toute la mesure du possible, nous essaierons de ne pas nous en tenir à une appréciation électorale des partis et de leur force.

Qu'est-ce qu'un parti politique ?

En droit public, la meilleure définition des partis politiques est donnée par la loi sur les partis de la République fédérale d'Allemagne du 24 juillet 1967 (article 1er) : « 1) Les partis sont un élément constitutif, nécessaire en droit constitutionnel, de l'ordre fondamental libéral et démocratique. Participant librement et de façon permanente à la formation de la volonté politique du peuple, ils remplissent une mission publique qui leur appartient en vertu de la loi fondamentale et que celle-ci garantit. 2) Les partis concourent à la formation de la volonté politique du peuple dans tous les domaines de la vie publique, notamment en influant sur la formation de l'opinion publique ; en stimulant et en approfondissant l'éducation politique ; en promouvant la participation active des citoyens à la vie publique ; en formant des citoyens capables d'assumer des responsabilités publiques ; en participant, par la désignation des candidats, aux élections... ; en influençant l'évolution politique au Parlement et au gouvernement ; en introduisant les objectifs politiques qu'ils ont élaborés dans le processus de la formation de la volonté étatique ; en veillant à une constante et vivante liaison entre le peuple et les organes de l'État. 3) Les partis expriment leurs objectifs dans des programmes politiques. »

En France, les partis sont demeurés longtemps ignorés de notre droit. Simples groupements de fait ou associations déclarées sous le régime de la loi du 1er juillet 1901, ils restaient des organismes purement privés. Le débat sur le financement et la transparence de la vie politique a conduit le législateur à intervenir. Deux lois, du 11 mars 1988, ont été votées. La seconde (loi 88-227) porte à son article 7 : « Les partis et groupements politiques se forment et exercent leur activité librement. Ils jouissent de la personnalité morale. Ils ont le droit d'ester en justice. Ils ont le droit d'acquérir, à titre gratuit ou à titre onéreux, des biens meubles ou immeubles ; ils peuvent effectuer tous les actes conformes à leur mission et notamment créer et administrer des journaux et des instituts de formation, conformément aux dispositions des lois en vigueur. »

Le débat sur la moralisation, notamment financière, de la vie politique n'a pas été clos par ces lois et leur application. Le législateur est à nouveau intervenu (loi 90-55 du 15 janvier 1990) pour limiter très sévèrement les dépenses électorales et clarifier les mécanismes public et privé de financement des partis politiques.

Il s'agira ici des partis politiques seulement, et non des familles politiques ou des courants idéologiques. La notion de parti politique résulte de la conjonction de trois éléments. Il faut un groupe d'hommes et de femmes, plus ou moins organisé, mais capable d'exprimer et de mettre en œuvre une volonté et une action communes au groupe. Il faut ensuite un corps de propositions touchant au gouvernement du pays et résultant d'idées et d'intérêts ayant une influence au niveau du corps social tout entier. Il faut enfin une activité tendant à la prise ou à l'exercice du pouvoir. Une famille politique est au contraire inorganique et inactive, elle est un comportement commun et des aspirations communes. C'est la conjonction d'une famille, ou tendance politique, et d'un parti, qui donne naissance à une force politique ; tout comme en physique le produit de la masse par l'accélération est une force.

Toute l'ambition d'un parti moderne est de devenir l'accélérateur d'une masse disponible. Mais il existe des partis sans masse, et des masses à la discrétion de qui les transformera en force. Les partis du système politique appliquent cette force dans le système, ceux qui se situent en dehors, contre lui. Qu'un parti soit réactionnaire, révolutionnaire ou réformiste, il n'a d'existence réelle que s'il est à la fois relié à la société globale, pour exprimer les demandes et les soutiens des différentes catégories et classes sociales, et relié à l'appareil politique (gouvernemental, parlementaire, administratif), pour l'assumer, le contrôler et éventuellement le changer.

Notre tâche sera donc double. Il faudra tout d'abord se situer au niveau de l'ensemble pour voir comment le système des partis s'est formé et à quoi il correspond. Il faudra ensuite étudier les composantes du système, c'est-à-dire les différents partis et coalitions qu'ils forment. Cette observation conduit à distinguer les partis formant des coalitions constitutives du système politique de ceux qui se situent en dehors du système. D'où les quatre parties : le système des partis en France ; les partis du système : le pôle conservateur libéral et le pôle socialiste et communiste ; les partis hors du système.

1

Le système des partis en France

1

La formation et l'implantation du système actuel des partis

Depuis 1958, la France a assisté à la destruction du système des partis qui s'était instauré au début de la IIIe République et structurait la vie politique depuis plus de soixante-dix ans. Électoral et parlementaire comme dans le reste de l'Europe libérale, le système de la IIIe et de la IVe République avait deux traits proprement français : il était souple et pluraliste. La multiplicité des partis en France est bien connue ; la souplesse du système, plus souvent appelée instabilité gouvernementale, était la cause de la complexité de la vie politique et la raison de son adaptabilité. Le « gouvernement à secousses », c'est-à-dire la solution des difficultés politiques par une crise ministérielle, était un jeu d'amortisseurs entre la société globale et le régime. En 1958, ce mécanisme a permis de légaliser le retour au pouvoir de De Gaulle.

De 1958 à 1962, ce système demeure, mais il est anesthésié par la guerre d'Algérie et le rôle reconnu au général de Gaulle. Il se remet à fonctionner en octobre 1962 parce qu'il est menacé dans son existence même par le projet d'élection directe du président de la République par le peuple. Le corps électoral, sur l'initiative du chef de l'État, détruit ce système. Un autre prend sa place, contesté peu après sa mise en place par la crise de mai 1968 ; il est aujourd'hui reconstruit. Il reste multipartisan, mais il est devenu rigide. Le pôle dominant n'a cessé de renforcer son attraction depuis 1962 et, sous le nom de

« fait majoritaire », a contraint les autres partis à se polariser à leur tour ou à sortir du système.

1. La destruction du système ancien : 1958-1962

Le 20 janvier 1946, le président du gouvernement provisoire de la République adresse au président de l'Assemblée nationale constituante sa démission. De Gaulle justifie cette décision : « Depuis le jour où j'ai assumé la charge de diriger le pays vers sa libération, sa victoire et sa souveraineté, j'ai considéré que ma tâche devait prendre fin lorsque serait réunie la représentation nationale et que les partis politiques se trouveraient ainsi en mesure d'assumer leurs responsabilités[1]. » Douze ans plus tard, revenant aux affaires, de Gaulle explique : « Depuis douze ans, le régime des partis, flottant sur un peuple profondément divisé, au milieu d'un univers terriblement dangereux, se montrait hors d'état d'assurer la conduite des affaires » (allocution radiotélévisée du 13 juin 1958).

Un mariage de raison

C'est pourtant par un vote d'investiture de l'Assemblée nationale que de Gaule devient chef du gouvernement. L'émeute algéroise du 13 mai 1958 et ses conséquences révèlent en effet l'incapacité du Parlement et du gouvernement qui en émane de faire face à la situation. Mais elle révèle aussi la surprenante nécessité de passer par les voies parlementaires pour légaliser une prise du pouvoir et obtenir ainsi l'aval des partis. Le scrutin d'investiture du 1er juin 1958 apporte 329 voix à de Gaulle contre 224 ; il

1. Charles de Gaulle, *Mémoires de guerre,* t. III, *Le Salut, 1944-1946,* Plon, 1959, documents p. 645.

n'y a pas d'abstention. Le Parti communiste et l'extrême gauche (141 et 6) ont été unanimement hostiles ; le centre et la droite, dans leurs multiples nuances, unanimement *pour*[1] ; la gauche classique, divisée (SFIO : 42 *pour*, 49 *contre ;* radicaux : 24 *pour*, 18 *contre*).

Les partis de gouvernement de la IVe République acceptent donc, les partis hors du système refusent. De Gaulle ne manque d'ailleurs pas de symboliser cette unité retrouvée des « nationaux » autour de sa personne par la nomination des chefs des principaux partis qui le soutiennent à des postes de ministres d'État. De part et d'autre, c'est un mariage de raison. De Gaulle ne peut se passer des partis sans être prisonnier des colonels et des émeutiers ; d'ailleurs, il est prêt à accepter le sacre que le « système » le supplie de recevoir pour éviter une rupture de légalité que ne couvrirait pas aux yeux du peuple la continuité invoquée de sa propre légitimité. De leur côté, les partis sont prêts à tout, pourvu qu'on y mette les formes, pour se décharger du fardeau d'une armée en effervescence et exorciser le démon de la guerre civile.

Le référendum du 28 septembre 1958 permet à de Gaulle de recevoir enfin et légalement l'investiture populaire directe qu'il estime indispensable à sa tâche. 15 % seulement d'abstentions, c'est un record de participation ; près de 80 % de *oui* par rapport aux suffrages exprimés, c'est un triomphe. La SFIO lance une campagne d'affiches sur le thème : les socialistes à l'avant-garde de la Ve République ; les partisans du *oui* exultent. De Gaulle, loin de vouloir détruire les partis de la IVe au profit du mouvement qui vient de se créer pour soutenir sa politique, l'Union pour la nouvelle République, les sauve en décidant le scrutin uninominal à deux tours. De l'avis de tous les experts, ce scrutin de la IVe République permettra d'isoler les communistes et autres partisans du *non* et d'éviter une trop forte poussée de l'UNR.

1. Les chiffres sont les suivants : UDSR : 10 *pour*, 4 *contre ;* gauche démocratique : 12 *pour*, 1 *contre ;* MRP : 70 *pour*, 3 *contre ;* CNI : 86 *pour*, 1 *contre ;* paysans : 17 *pour ;* poujadistes : 30 *pour*.

C'est donc d'un gaullisme non partisan qu'il s'agit dans les premières années de la Ve République ; un gaullisme charismatique certes[1], mais qui cherche moins l'exercice solitaire du pouvoir que la liberté d'action en certains domaines et le soutien des hommes du sérail. Il l'obtient sans difficultés majeures jusqu'en 1962.

Les élections de 1958 ont bouleversé la composition de l'Assemblée nationale, mais pas véritablement la sociologie électorale. La SFIO, le MRP et les indépendants conservent à peu près exactement leur nombre de voix antérieur. Les communistes et l'extrême droite (poujadistes) perdent plus de 2 millions de voix chacun ; les radicaux, 1 million. L'UNR les récupère et devient le deuxième parti français après le PC. Mais la répartition des sièges est profondément bouleversée : l'UNR est le premier parti parlementaire avec 212 députés ; les indépendants (CNIP), le deuxième avec 168 ; le MRP, le troisième avec 55. La gauche est écrasée (10 sièges aux communistes, 44 à la SFIO, 37 aux radicaux). Le premier vote de confiance au gouvernement Debré (453 *pour,* 56 *contre,* 29 abstentions) manifeste parfaitement le ralliement massif à la Ve République et la forte poussée à droite.

La seule escarmouche sérieuse qui oppose de Gaulle aux partis est, en mars 1960, la demande à la majorité absolue des députés de la convocation de l'Assemblée nationale en session extraordinaire sur les questions agricoles. De Gaulle s'y refuse. 1960 est aussi la date de fondation d'un parti nouveau résolument hostile au nouveau régime comme à l'ancien : le Parti socialiste unifié, dont nous étudierons plus bas la genèse. Mais, jusqu'en 1962, la vie

1. Jean Charlot (*Le Phénomène gaulliste,* Fayard, 1970) estime, en se fondant sur l'étude de la popularité de De Gaulle selon les sondages, qu'il est inexact de parler de gaullisme charismatique (p. 41). Il n'en reste pas moins que le de Gaulle des années 1958-1965 correspond parfaitement au concept de chef charismatique tel que l'expose Max Weber (voir le texte in *Le Savant et la Politique,* UGE, « 10/18 », 1959, p. 102-103).

politique est dominée par le problème algérien[1] et de Gaulle jouit d'une immunité complète, reconnue par les partis, pour y faire face.

Les accords d'Évian et le triomphe, trop écrasant pour être significatif, du référendum qui les approuve[2] mettent fin à la trêve et au mariage de raison. De Gaulle, qui comprend que la trêve est terminée et que, comme en 1946, les partis du système souhaitent son départ pour retourner à un jeu parlementaire classique, change de gouvernement et charge G. Pompidou de la tâche de Premier ministre le 13 avril 1962.

Le défi aux partis et la réponse populaire

La coexistence pacifique entre de Gaulle et les partis, qui n'empêchait pas une guerre froide depuis 1960, prend fin avec le premier gouvernement Pompidou. Confier le poste de chef du gouvernement à un homme qui n'avait jamais affronté les suffrages populaires et dont le seul titre politique était celui d'ancien collaborateur du général, était déjà considéré par les partis comme une sorte de provocation. Le 17 avril, l'Assemblée ne lui vote la confiance que par 259 voix contre 247 refus et abstentions.

Mais il apparaît en outre rapidement que le chef de l'État n'entend rien abdiquer de son pouvoir politique suprême. La conférence de presse du 14 mai 1962 révèle aux ministres étonnés la politique qu'ils devront appliquer, notamment en matière européenne ; le lendemain, les cinq ministres MRP démissionnent. Le 22 mai, le CNI somme

1. Le référendum du 8 janvier 1961 approuve la politique dite d'autodétermination par 75,2 % des suffrages exprimés contre 24,8 %. Seuls le PC et le PSU, et les partisans de l'Algérie française, recommandaient le *non,* mais pour des raisons diamétralement opposées.

2. Référendum du 8 avril 1962 en France : 90,7 % de suffrages exprimés pour le *oui* et 9,3 % pour le *non.* Seuls les partisans de l'Algérie française recommandaient le *non ;* le PSU, le vote nul (4 % des votants).

les quatre ministres qui relèvent de lui de démissionner et, sur leur refus, les exclut. La guerre chaude est ouverte.

« Pour abréger le combat d'usure, je prends les devants et l'offensive », écrira de Gaulle[1] plus tard. En effet, le 9 juin, il annonce un prochain référendum sur les institutions, sans en préciser l'objet. La fin de la session parlementaire est houleuse, le gouvernement Pompidou est d'ores et déjà en minorité. L'attentat du 22 août, qui manque de peu son objet (assassiner de Gaulle), est le dernier soubresaut de l'opposition extra-parlementaire d'extrême droite ; il conduit de Gaulle à brusquer les choses. Le 29 août, il annonce son intention de modifier la Constitution et, le 12 septembre 1962, « son intention de proposer au pays par voie de référendum que le président de la République sera élu, dorénavant, au suffrage universel ».

C'est un tollé, sur la forme et sur le fond. Sur la forme, les partis arguent de la violation de la Constitution de 1958, qui prévoit une autre procédure de révision, pour dénoncer la forfaiture du référendum. Sur le fond, ils invoquent la tradition républicaine française pour montrer qu'en notre pays la démocratie s'incarne dans le système parlementaire et qu'elle se dévoierait en césarisme en se donnant un chef émanant directement du peuple.

Le 5 octobre 1962, faute de pouvoir atteindre la tête de l'État, l'Assemblée nationale congédie le gouvernement Pompidou : la censure est votée par 280 députés[2].

On est passé du gaullisme d'unanimité nationale de 1958 à un gaullisme partisan. Seule l'UNR reste fidèle au chef de l'État. Tous les autres partis, sauf quelques exceptions individuelles, se prononcent massivement contre lui. La guerre est déclarée ; elle durera deux mois et s'achèvera après deux batailles décisives par la mise à néant du système parlementaire partisan et l'installation d'un système politique nouveau.

1. *Mémoires d'espoir,* t. II, *L'Effort,* Plon, 1971, p. 27.
2. Votent la censure tout le PC (10), toute la SFIO (43), 33 radicaux sur 37,50 MRP sur 57, 109 CNIP sur 121, 32 non-inscrits sur 36 et 3 UNR sur 176.

Le 10 octobre 1962, les partis du système de la IVe République constituent un cartel des *non ;* sous la présidence de Paul Reynaud, il regroupe la SFIO, les radicaux, les diverses nuances du centre gauche, le MRP, le CNIP et divers isolés. Le PC et le PSU, qui préconisent aussi le *non,* n'en font point partie. Il est clair désormais que ce qui va se jouer, c'est le retour au régime antérieur ou la mise en place d'un régime nouveau. De Gaulle entend triompher ou se démettre. Le 5 octobre 1962, il a annoncé son intention de démissionner si le référendum était négatif ; le 10, l'Assemblée nationale est dissoute.

Le référendum du 28 octobre 1962 n'est pas un triomphe, c'est un succès. Les abstentions sont relativement fortes : 22,8 % ; le *oui,* avec 61,8 % des suffrages exprimés, n'atteint pas la majorité des inscrits (46,4 %) ; mais le *non* (38,2 % et 28,8 %) représente moins du tiers du pays. Ce n'est pas un *oui* unanime, mais c'est un *non* impressionnant au retour à l'ancien système.

Le 7 novembre 1962, de Gaulle déclare : « Vous avez scellé la condamnation du régime désastreux des partis [...] ; puissiez-vous confirmer, par la désignation des hommes, ce choix qu'en votant *oui* vous avez fait quant à votre destin. » C'est ce que feront en effet les élections législatives des 18 et 25 novembre 1962 : les partisans du *oui* enlèvent 55 % des sièges. Mais les partis ne disparaissent pas ; plus encore, le nouveau régime s'identifie désormais à l'un d'entre eux, l'UNR, et à ses alliés. Il est clair désormais pour tous qu'un nouveau système de partis est formé.

2. Le nouveau système de partis et ses composantes : 1962-1968

Le gaullisme charismatique, gaullien, est mort ; à sa place s'installe un gaullisme partisan, électoral. Il ne s'agit plus en effet, à partir de 1963, du mécanisme diffus d'une autorité s'imposant d'elle-même, mais d'un pouvoir politique présidentiel qui joue son existence à chaque consultation électorale.

Les gaullistes, sous l'impulsion de G. Pompidou, l'ont parfaitement compris en présentant une candidature unique aux élections de 1962 et en décidant d'investir l'ensemble de l'appareil politique et administratif en y plaçant leurs hommes.

Le général de Gaulle en fit d'ailleurs la cruelle expérience. Lui qui, dans sa conférence de presse du 31 janvier 1964, rappelait une fois de plus son « équation personnelle », subit l'humiliation d'une mise en ballottage au premier tour de l'élection présidentielle le 5 décembre 1965 : avec 43,7 % des suffrages exprimés, il n'atteignit pas 37 % des inscrits. On sait qu'il envisagea alors de démissionner. Il est évidemment difficile d'admettre que l'on peut être rejeté par près de deux tiers des Français quand on est convaincu d'incarner la légitimité nationale et l'intérêt supérieur du pays. Mais force est bien de constater que le gaullisme électoral présidentiel rejoignit le gaullisme électoral parlementaire : le 18 novembre 1962, l'UNR-UDT et les indépendants, partisans du *oui*, atteignaient 40 % des suffrages exprimés.

Les opposants au régime, ou simplement à la politique des hommes au pouvoir, vont mettre plus longtemps à comprendre les règles nouvelles.

La nouvelle donne des cartes politiques

La période 1962-1968 voit en effet, dans une confusion extrême, des changements profonds dans les partis politiques.

Du côté des gaullistes, la prise de conscience du fait majoritaire les conduit à une structuration plus rigide capable de les maintenir au pouvoir en cas d'ouverture de la succession du général. L'association, en 1962, puis la fusion, en 1967, de l'UNR avec la moins faible des organisations de gaullistes de gauche, l'UDT, permet de faire du « mouvement », comme disent ses militants, le pivot de la majorité. G. Pompidou[1], devant le comité central de l'UNR-UDT, disait le 18 mars 1966 : « Base de la majorité d'hier et d'aujourd'hui, centre de ralliement de la plupart de ceux qui adhèrent depuis toujours à la politique du général de Gaulle, l'UNR-UDT doit rester l'élément fondamental de la majorité de demain [...]. Cela veut dire d'abord qu'il ne saurait être question de vous diviser. »

De leur côté, les minoritaires de la majorité sont amenés à se structurer ou à se fondre dans l'UNR-UDT. C'est la conséquence de la logique du nouveau régime, qui exclut la subtilité et la souplesse des tactiques parlementaires d'antan. Les indépendants gaullistes se constituent donc en groupe parlementaire autonome, puis, après avoir longtemps hésité, créent la Fédération nationale des républicains indépendants en juin 1966.

En revanche, les partis hostiles au gaullisme hésitent. Certes, il est désormais clair que de Gaulle ne sera pas un intermède inévitable entre deux phases du parlementarisme traditionnel. Ils ont été vaincus non seulement par le chef historique mais aussi par ses troupes. Le gaullisme n'est plus seulement un homme, c'est une force politique qui s'en inspire et le soutient, mais qui s'en différencie aussi. Le temps est au regroupement de l'opposition. Mais comment regrouper et sur quelles bases ? Aux élections de 1962, les socialistes ont, sur la pointe des pieds, pratiqué une union des gauches, de caractère défensif, avec les communistes et les radicaux. Peut-on aller plus loin ? Il faudra encore dix ans pour que la réponse affirmative l'emporte.

De 1963 à 1965, les oppositions explorent une autre voie, celle d'un regroupement du centre droit et du centre gauche combattant sur deux fronts, le communisme à gauche, le gaullisme à droite. Gaston Defferre est le

1. Cité par Pierre Avril, *UDR et Gaullistes*, PUF, « Dossiers Thémis », 1971, p. 45-46.

promoteur de l'implantation en France de ce grand parti social-démocrate que connaissent d'autres pays européens. Sa tentative échoue en juin 1965 pour avoir négligé l'influence persistante du Parti communiste et la faiblesse de la base sociologique d'une telle fédération.

L'élection présidentielle de décembre 1965 apparaît donc sans espoir pour les oppositions. Mitterrand est délégué au sacrifice avec l'obligation de masquer les divergences fondamentales des partis de gauche et la mission de ressusciter les ferveurs du passé. Lecanuet, au nom d'un courant qui se cherche —, le centrisme antigaulliste —, pratique la morale pascalienne : il se présente pour prouver son existence. L'un et l'autre subissent des échecs aux yeux des politicologues ; le premier parce qu'il « stabilise l'électorat de gauche au niveau le plus bas qu'il ait atteint depuis trente ans [1] », l'autre parce que, concurrencé sur sa droite par Tixier-Vignancour qui obtient 5,3 % des suffrages exprimés, il entraîne 15,9 % des électeurs s'exprimant mais ne peut figurer au second tour et empêcher la bipolarisation de la vie politique. Mais la mise en ballottage du général de Gaulle occulte ces deux analyses : le gaullisme n'est plus invulnérable.

Bipolarisation ou troisième force ?

Les deux candidats malheureux ont pris une option sur l'avenir ; ils entendent l'un et l'autre ne point la laisser périmer.

Jean Lecanuet œuvre, de décembre 1965 à avril 1966, au lancement du Centre démocrate qui doit, dans son esprit, devenir le grand parti centriste permettant d'éviter la cassure du pays en deux camps, gaulliste et communiste. En 1967, le MRP se met en sommeil pour faciliter l'opération, mais le CNI, qui a soutenu Lecanuet, et les radicaux de droite, qui l'ont aidé dans certaines régions, ne sont pas prêts à s'engager corps et âme dans une opération

1. Alain Lancelot, « Les résultats de l'élection présidentielle », in *Projet,* février 1966, p. 159-178.

aussi étrangère à leurs traditions. Aux élections de mars 1967, le CD n'obtient que 12,79 % des suffrages exprimés au premier tour, 15,4 % avec le CNI. C'est un échec incontestable.

La tâche que s'assigne F. Mitterrand est doublement différente ; il s'agit d'une part de fédérer et donc de renforcer les gauches non communistes, et d'autre part de préparer un accord électoral puis programmatique avec le PC. En clair, c'est l'acceptation de la bipolarisation, mais avec une différence capitale : le pôle dominant de la gauche ne doit pas être le PC, mais une force socialiste rénovée. La création de la Fédération de la gauche démocrate et socialiste de septembre à décembre 1965, dont il devient président, permet d'associer la SFIO et les radicaux à la Convention des institutions républicaines née un peu plus d'un an auparavant ; la première étape est franchie. La seconde est atteinte par les accords électoraux de désistement réciproque entre le PC et la FGDS (22 décembre 1966), et ceux-ci et le PSU (20 janvier 1967).

Le jeu de ces accords aux élections de mars 1967 permet à la gauche, qui augmente faiblement son score relatif (42,2 % des suffrages exprimés au premier tour en 1962, 43,6 % en 1967), de menacer sérieusement la majorité en gagnant 47 sièges.

Il semble donc que la voie choisie soit la bonne. Le succès a été à portée de la main. Poursuivant sa double tâche, Mitterrand décide de renforcer les structures de la FGDS pour en faire un véritable parti nouveau (novembre 1967) ; mais le PSU, en juin 1967, a refusé de s'associer à la Fédération et a choisi la voie du développement autonome d'une force socialiste nouvelle. Enfin, l'œuvre de constitution d'une force de gauche, capable de prendre le pouvoir dans le système, culmine avec la signature le 22 février 1968 d'un accord programmatique par la FGDS et le PC. Certes, toutes les divergences n'ont point été réduites, mais c'est la première fois depuis 1936 qu'un tel texte est publié ; encore faut-il remarquer que le programme de 1968 est offensif et non point seulement circonstanciel, comme celui de Front populaire.

Le système des partis de la Ve République semble donc constitué. C'est un système à deux pôles principaux, constitués l'un et l'autre de plusieurs partis contraints de s'entendre pour gagner l'élection présidentielle et gouverner avec une majorité parlementaire qui en soit le prolongement. Entre les deux, la troisième force centriste apparaît vouée à se diviser entre une fraction importante qui rejoindra le camp conservateur et une minorité qui se sent attirée par la gauche. L'extrême droite a pratiquement disparu, le PSU semble voué à un rôle de témoin et non d'acteur.

3. Le système s'effondre et se reconstitue : 1968 et après

Les événements de mai-juin 1968 font irruption dans la vie française comme une catastrophe inexplicable. Quinze jours d'agitation estudiantine (2-15 mai) ne peuvent, aux yeux des sociologues, mettre en danger un régime politique qui a triomphé de l'entrée en dissidence d'une partie de l'armée en 1961 et 1962, qui a intégré les rapatriés d'Algérie, qui possède avec le Ve Plan un instrument remarquable de modernisation de l'économie pour l'adapter à la concurrence mondiale. Ce sont pourtant les étudiants qui font la chienlit et ne veulent pas de la réforme. La classe ouvrière après eux s'ébranle, sans mot d'ordre, sans encadrement politique ou syndical, sans cahiers de revendications. A partir du 14 et du 15, les grèves avec occupation d'usines et de bureaux se multiplient ; le 20 mai, le pays est quasi paralysé. Est-ce le « grand soir » ?

Les solutions dans le système échouent les unes après les autres : motion de censure de l'opposition de gauche le 22 mai (rejetée, après avoir recueilli 233 voix : il en fallait 244) ; annonce par de Gaulle d'un référendum sur la participation le 24 mai ; élaboration, sous l'impulsion de G. Pompidou, d'un accord entre les syndicats, le patronat et le gouvernement le 27 mai (rejeté par la « base » le jour même) ; annonce par Mitterrand le 28 mai qu'il est prêt à être candidat à l'Élysée en cas de vacance et par Mendès France le 29 qu'il est prêt à former un gouvernement provisoire de gestion avec toute la gauche réunie.

La consolidation du système par les épreuves subies

Tout cela masque les faits qui sont réellement importants. D'abord, rapide reprise en main par le PC et la CGT du mouvement ouvrier. Étonnés, agacés, puis inquiets, les communistes n'entendent pas assister impuissants à l'effondrement du système politique — ce qu'ils ne veulent pas, et qui serait à leurs yeux une chute dans l'aventurisme gauchiste. Ensuite, la preuve, administrée le 27 mai à la manifestation du stade Charlety avec le PSU, une partie de la CFDT et tous les nouveaux leaders gauchistes, que le mouvement n'a pas de véritable volonté politique et donc pas de débouché. Enfin, le loyalisme et le légalisme des forces de répression, civiles et militaires, et l'attentisme prudent de l'appareil administratif. Le mouvement de mai, pris en tenaille entre une base que les communistes rappellent à la raison et un appareil d'État que de Gaulle et Pompidou tiennent, est condamné à demeurer une révolte.

Pour en sortir, il reste à transférer sur le plan du système politique ces deux données, c'est-à-dire remettre le pays au travail moyennant des avantages économiques et sociaux et ressourcer le pouvoir en le faisant triompher sur le terrain électoral. La dissolution de l'Assemblée nationale, annoncée le 30 mai et suivie de la manifestation de soutien à de Gaulle de la Concorde à l'Étoile, scelle le retour aux mécanismes du système. Il faudra encore quinze jours pour obtenir la reprise complète du travail. Le gouvernement en profite pour rallier à lui toute la droite, du centre aux extrêmes ; les irréductibles de l'Algérie française, de G. Bidault à Salan, sont pardonnés et réintégrés.

En face de lui, les gauches sont divisées et surtout déconsidérées ; mises en cause par l'éclatement du mouvement de mai, elles sont vaincues par son échec. Le centre, de son côté, est trop faible pour rassurer ceux qui ont eu si peur. Les élections de juin 1968 traduisent brutalement ces phénomènes. Les gaullistes dépassent 46 % des suffrages exprimés au premier tour (37,70 % pour l'UDR et 8,30 % pour les républicains indépendants) ; tous les autres partis régressent sensiblement. Le système de partis qui s'était constitué s'effondre. Il n'existe plus qu'un pôle dominant, écrasant l'Assemblée nationale avec 74 % des sièges, et une constellation d'oppositions.

La Chambre introuvable de 1968 ne correspond pas cependant à la vocation propre du gaullisme. De grand parti conservateur qu'il a toujours voulu être, c'est-à-dire à la fois réformateur et garant de l'ordre, il est devenu un grand parti réactionnaire, fédérateur des droites certes, mais dominé, pour l'heure, par la volonté du maintien de l'ordre à tout prix et allergique à tout changement réel.

De Gaulle est conscient qu'il est désormais prisonnier du parti qui le soutient. Pour s'en échapper, il n'est qu'un seul moyen, toujours le même : le recours direct au peuple par le référendum ; et qu'une seule voie, toujours la même : celle de la participation. Mais la crise de 1968 a révélé que le vieux chef n'est pas intouchable. La crise monétaire de l'automne 1968 et la spéculation organisée contre le franc ont montré que les forces capitalistes n'estiment plus nécessaire le maintien au pouvoir de celui qui se survit à lui-même. Le référendum du 27 avril 1969 est l'occasion inespérée de mettre fin au divorce entre de Gaulle et la majorité de 1968. Certes, 46,8 % des suffrages exprimés répondent *oui* à la régionalisation et à la réforme du Sénat, c'est-à-dire 3 % de plus que ceux qui avaient voté de Gaulle au premier tour en 1965 ; mais ce succès relatif est évidemment un rude échec. Il confirme ce qu'on savait déjà : le gaullisme gaullien est minoritaire dans le pays ; pour conserver le pouvoir, il faut revenir aux réalités.

Le général parti, il reste à la grande fédération des droites à faire élire son candidat à l'élection présidentielle. G. Pompidou sait depuis plus de six mois que son heure a sonné ; la réussite de l'opération implique pour lui d'apparaître comme le continuateur du gaullisme mais aussi comme le catalyseur de toutes les oppositions à l'aventurisme romantique et au retour au système souple de la IVe République. C'est le sens du ralliement d'une partie du Centre démocrate qui, avec J. Duhamel et le centre Démocratie et Progrès, vient renforcer la majorité de 1968.

L'élection présidentielle de juin 1969 est la confirmation des élections législatives de juin 1968 avec cependant quelques différences. La gauche, plus divisée que jamais, obtient son plus mauvais résultat depuis toujours : 31 % des suffrages exprimés sur les quatre candidats, mais 21,50 % pour le PC à lui tout seul. L'effondrement du candidat socialiste (5 %) est général et sans appel. Le centrisme, après sa longue marche à travers le désert depuis 1962, voit luire le mirage du retour au pouvoir avec un champion inattendu : A. Poher peut-il être un président pour tous les Français ? C'est l'espoir. Mais plus dure est la chute à l'annonce des résultats (23,42 %) et plus amère la rancœur quand le PC préfère Pompidou à Poher en décidant l'abstention au second tour. Pompidou, avec 44 %, a fait mieux que de Gaulle en 1965 ; son succès au second tour scelle le triomphe d'une volonté politique cohérente et couronne le seul homme politique nouveau qu'ait révélé le gaullisme depuis dix ans.

La stabilisation du système des partis

Depuis cette date, le système des partis se reconstitue. Pour la nouvelle majorité la tâche est de durer et, pour cela, de remplir deux rôles que J. Chaban-Delmas exposait aux journées parlementaires UDR en septembre 1970 : « L'ordre et le mouvement, ne serait-ce que parce qu'il n'y a pas d'alternance pour les assurer, c'est à nous de les assumer. » En termes moins élégants, la majorité doit prouver qu'elle est seule capable de maintenir l'ordre et de préserver le système économique et social, pour demeurer le fédérateur de toutes les droites ; elle doit en même temps réaliser les réformes devenues indispensables pour éviter que ne se reconstitue un centre attractif en dehors d'elle.

Le centre a, de son côté, compris qu'il lui fallait se définir pour prétendre exister, car un mouvement d'opinion n'est point une force politique. La définition programmatique, c'est la tâche que le Parti radical a confiée à son nouveau secrétaire général en octobre 1969. Le manifeste radical, élaboré par Servan-Schreiber et adopté par le parti en février 1970, devait ensuite animer un mouvement qui dépassât les limites étroites de l'influence radicale. C'est la tâche que s'assigne le Mouvement réformateur créé avec le Centre démocrate de Lecanuet et quelques moindres organisations en novembre 1971. Mais, à gauche, le centrisme musclé rencontre un tout autre problème. Il ne suffit plus de fournir des idées, dont la gauche ne manque pas, mais une tactique. Et celle-ci se résume en une alternative : avec les communistes ou contre eux. Après avoir longtemps hésité, le radicalisme nouveau a tranché en juin 1972 : c'est contre les communistes que se jouera la partie.

La gauche reprend son travail de Pénélope : associer la gauche socialiste et la gauche communiste en vue d'un accord électoral puis d'un programme de gouvernement. C'est François Mitterrand qui, à nouveau, prend l'initiative et la responsabilité de ce travail. La première étape consiste à rénover la SFIO ; elle sera accomplie en deux phases. La première phase en juin et juillet 1969 aboutit à fusionner la SFIO et quelques petites forces isolées de la gauche socialiste pour créer (au congrès d'Issy-les-Moulineaux, le 13 juillet 1969) le nouveau Parti socialiste. La seconde prendra deux ans de plus et s'achève par le congrès dit d'« unification des socialistes » à Épinay-sur-Seine les 11-13 juin 1971, où est créé le Parti socialiste par fusion du NPS (ex-SFIO) et de la Convention des institutions républicaines. Il reste à parcourir la seconde étape, celle de l'élaboration d'un programme commun de gouvernement entre le PS et le PCF. Mitterrand, devenu premier secrétaire du PS le 14 juin 1971, conduit cette négociation au succès. Le 27 juin 1972, le programme commun du gouvernement élaboré par le PS et le PC est publié. Il ne s'agit pas d'une réunification, d'un retour à l'unité d'avant la scission de Tours. Les deux partis, dit le texte, « conservent naturellement leur personnalité. Ils se réclament l'un et l'autre de principes qui fondent leur existence propre ». Il s'agit de « proposer au pays [...] et aux autres partis et organisations démocratiques... un programme commun de gouvernement pour la prochaine législature ».

Le système des partis de la Ve République est donc reconstitué et affermi. Il comporte deux coalitions opposées entre lesquelles se situe un centre réformateur résistant désespérément à l'éclatement.

4. La bipolarisation s'accentue

Les deux camps s'affrontent

Aux élections de mars 1973 s'affrontent ainsi deux camps principaux. Les divers partis de la majorité présidentielle de G. Pompidou (UDR, RI, CDP) se présentent sous le sigle commun d'Union des républicains de progrès (URP), mais sans avoir partout réalisé l'unité de candidature. La gauche du programme commun présente partout deux candidats, celui du Parti communiste et celui de l'Union de la gauche socialiste et démocrate (UGSD), qui regroupe les candidats du Parti socialiste et du Mouvement des radicaux de gauche.

L'URP obtient presque 38 % des suffrages exprimés ; le PC, 21,40 % ; l'UGSD, 20,7 %. Entre ces deux pôles, le Mouvement réformateur a presque partout réussi à présenter un seul candidat ; il obtient 13,79 % des suffrages exprimés. L'extrême gauche est en revanche plus divisée que jamais. Le résultat est très médiocre : 3,27 %. Divers candidats de droite obtiennent 2,87 % des suffrages.

La majorité présidentielle de Pompidou se retrouve donc sans grandes difficultés à l'Assemblée nationale avec 268 sièges. La gauche non communiste (102 sièges) et la gauche communiste (73 sièges) progressent cependant. Les réformateurs sont en difficulté avec 34 députés. La gauche entière dépasse 45 % des suffrages, ce qui lui donne son meilleur score depuis 1958, grâce surtout à la poussée socialiste.

Un an plus tard, la mort brutale de G. Pompidou va accentuer la bipolarisation et transformer les rapports entre les composantes de la majorité sortante. En effet, le 2 avril 1974, l'annonce du décès du chef de l'État surprend la majorité. Elle éclate et se présente en ordre dispersé au premier tour de l'élection.

François Mitterrand est en revanche soutenu sans débats ni difficultés par la gauche unie, celle du programme commun (PC, PS, radicaux de gauche et CGT), mais aussi celle du courant socialiste autogestionnaire (PSU et CFDT principalement). En face, Jacques Chaban-Delmas est parti le premier, fort de son passé et de son projet d'avenir : la nouvelle société. Mais il est rapidement concurrencé par Valéry Giscard d'Estaing, qui se lance dans la bataille pour dégager une majorité nouvelle et reçoit l'appui immédiat du Centre démocrate de Jean Lecanuet. Un troisième candidat apparaît, après le retrait d'Edgar Faure et la renonciation de Pierre Messmer ; il s'agit de Jean Royer, ancien ministre du Commerce et de l'Artisanat. Par ailleurs, huit autres candidats sont sur les rangs : deux trotskistes, deux fédéralistes européens, deux extrémistes de droite, un réformateur solitaire et un écologiste.

Le scrutin du 5 mars est sans appel pour les dix autres candidats. Mitterrand atteint le score de De Gaulle et Pompidou aux premiers tours de 1965 et 1969, mais Giscard d'Estaing, avec plus de 32 % des suffrages, écrase Chaban-Delmas (15,10 %). L'UDR est ramenée à son résultat des élections législatives de 1958 (15,3 %).

La bataille du second tour est donc pour la première fois en France un combat frontal et national entre la droite et la gauche, ou, si l'on préfère, entre le camp conservateur libéral et le camp socialiste et communiste. La majorité nouvelle que recherchait Giscard d'Estaing est avant tout un regroupement du refus de la victoire possible de la gauche. Elle comprend l'UDR, grand corps sans âme car sans chef; la droite ancienne et nouvelle, modérée et extrême; le centrisme de toutes nuances. La France est coupée en deux parties presque égales, mais la qualité et le calme de la campagne électorale prouvent que chacune d'entre elles acceptera la décision des urnes, au moins pour un temps.

Avec 50,81 % des suffrages universels, V. Giscard d'Estaing l'emporte d'une courte tête. Jamais, depuis l'instauration du suffrage universel, on n'avait autant voté (87,34 % de votants).

Le 27 mai 1974, Jacques Chirac est nommé Premier ministre. Son gouvernement comprend des gaullistes, des réformateurs et des républicains indépendants. Mais les postes importants sont tenus par les fidèles serviteurs du nouveau président de la République. Le pouvoir siège sans partage à l'Élysée.

Les deux camps se divisent

La tâche difficile du nouveau président de la République est de trouver une majorité à l'Assemblée nationale pour soutenir sa politique et le gouvernement qu'il a désigné pour la mettre en œuvre, alors que le principal groupe parlementaire, celui de l'UDR, ne l'accepte que comme un moindre mal. Cette tâche va encore s'alourdir lorsque l'ampleur de la crise économique apparaît clairement : en 1975, pour la première fois depuis trente ans, le taux de croissance est négatif; le nombre des chômeurs double entre mai 1974 et mai 1975, et dépasse le million à la fin de 1976; la courbe des naissances s'effondre en 1976. Enfin, les réformes entreprises pour adapter les lois aux mœurs (lois sur le divorce et surtout sur l'avortement) divisent profondément la majorité présidentielle. La politique étrangère et de défense semble hésitante et même obscure.

En désaccord avec V. Giscard d'Estaing, J. Chirac démissionne avec éclat le 25 août 1976 et entre en conflit avec les autres partis de la majorité ; avec le nouveau Premier ministre, Raymond Barre, qui n'appartient à aucun parti ; et même avec le président de la République, mais sans jamais rompre complètement. Sous son impulsion, l'UDR se rénove et devient le 5 décembre 1976 le Rassemblement pour la République (RPR), dont il est élu président. En mars 1977, il conquiert la mairie de Paris contre le candidat du président de la République.

Les fidèles de celui-ci vont alors réagir. Déjà, en mai 1976, les centristes du CD et du CDP, que rien ne divise plus, se réunifient et créent le Centre des démocrates sociaux (CDS) sous la houlette de J. Lecanuet. Les républicains indépendants décident à leur tour de faire peau neuve et de créer un vrai parti du président. En mai 1977, ils deviennent le Parti républicain (PR). Les élections législatives de mars 1978 fournissent enfin l'occasion de fédérer les partisans plus ou moins fidèles de Giscard d'Estaing dans l'Union pour la démocratie française (UDF), créée discrètement le 1er février 1978 par le PR, le CDS, le Parti radical et les clubs Perspectives et Réalités, et qui porte à sa présidence J. Lecanuet le 28 mars 1978.

Mais la gauche n'a pas su profiter des difficultés et des divisions de la majorité présidentielle, car elle a connu les mêmes problèmes. La discussion sur la mise à jour du programme commun de 1972 en vue des élections législatives de 1978 révèle brutalement la nouvelle ligne politique du PC, qui entend retrouver sa complète autonomie d'action. La critique systématique de ses anciens partenaires socialistes et radicaux de gauche traduit le nouvel ordre de ses priorités : se renforcer et préserver son rôle protestataire au nom des « pauvres », et non plus gouverner la France ; il refuse la responsabilité de faire face à la crise et le risque de déstabilisation de l'équilibre mondial que comporte l'ouverture de la voie à un socialisme différent. Le 23 septembre 1977, la rupture de l'union de la gauche est consommée.

Les élections de mars 1978 voient donc les partis de la majorité présidentielle gagner facilement en sièges une bataille que la gauche divisée a gagnée en voix (49,67 % au premier tour à l'opposition, 47,36 % à la majorité, 2,14 % aux écologistes).

Ainsi, la bipolarisation a transcendé les divisions internes de chaque camp. Le champ politique français, devenu quadrangulaire depuis 1976-1977, n'a pas changé de structure fondamentale. L'alternance n'a pas eu lieu et la question reste posée de savoir si le cadre institutionnel de la Ve République peut permettre une autre politique fondée sur d'autres couches sociales et d'autres intérêts.

5. Les alternances : Mitterrand président

L'élection présidentielle de 1981 va apporter à cette question une réponse positive.

Au premier tour, le 26 avril 1981, Giscard d'Estaing, qui a décidé de se représenter, affronte ce qu'il appelle le « chœur des neuf pleureuses ». Mais, parmi ces autres candidats, l'un, après avoir longuement réfléchi, se présente pour la troisième fois : François Mitterrand estime possible de l'emporter. Il semble cependant que les deux camps politiques ont éclaté. La gauche n'est plus unie : Marchais pour le PC, Crépeau pour les radicaux de gauche, Laguiller et Bouchardeau pour les extrêmes gauches, et encore Lalonde pour les écologistes contestent au premier des socialistes le droit de parler seul en leur nom. A droite, Chirac affronte celui qu'il a naguère soupçonné, dans un « appel » qui se voulait dramatique, d'être le représentant du « parti de l'étranger » ; en outre, Debré pour les gaullistes historiques et M.-F. Garraud pour elle-même tentent de troubler le jeu bipolaire.

Le corps électoral, une fois de plus, tranche sans état d'âme. Giscard devance Mitterrand de moins de trois points (28,31 % contre 25,84 %) ; Chirac atteint à peine 18 % ; Marchais, avec 15,34 %, retrouve le score du PC en... 1936. Tous les autres candidats sont en échec, mais Lalonde, avec 3,87 %, ouvre au mouvement écologiste les portes de la respectabilité.

Le 10 mai 1981, F. Mitterrand l'emporte nettement (51,75 %) et rassemble sur son nom, outre toute la gauche — car le PC n'a pas osé prendre le risque de lui refuser son soutien officiel —, une partie de l'électorat du centre et de droite.

Ainsi était vérifiée l'analyse faite par certains politologues : la gauche ne peut accéder au pouvoir sous la Vᵉ République que par l'élection présidentielle et non par la voie des législatives. Ainsi était ratifiée l'action tenace d'un homme qui avait su rénover le socialisme démocratique en France et lui donner la prééminence sur le courant communiste.

La « force tranquille », slogan de Mitterrand candidat, s'exprima alors, après la formation d'un gouvernement dirigé par Pierre Mauroy et composé d'une écrasante majorité de socialistes et de quelques radicaux de gauche, dans les élections législatives que le nouveau président a suscitées en dissolvant l'Assemblée nationale.

La France socialiste, ici et maintenant

Les raisons de la victoire de Mitterrand sont d'abord celles de la défaite de Giscard d'Estaing. Il ne fait pas de doute en effet que le président sortant n'a pas su rassembler son électorat. Il avait déclaré que « la France souhaite être gouverné au centre », mais cela ne signifie pas qu'elle souhaite être gouvernée par le centre. La sociologie électorale et le mécanisme de l'élection présidentielle imposent un combat gauche-droite. Toute tentative de se faire élire par le centre est vouée à l'échec. La cause principale de l'échec de Giscard réside dans un positionnement électoral centriste, que lui imposait certes la candidature de J. Chirac, mais qu'il n'a pas cherché à éviter.

En revanche, le positionnement de Mitterrand était clairement à gauche, non seulement du fait de ses précédentes candidatures, et de son action comme premier secrétaire du PS, mais aussi par le contenu de son programme (les 110 propositions). Le PC, en présentant son secrétaire général et en axant sa campagne sur la critique du candidat socialiste, le libérait en outre de l'inquiétante alliance du programme commun de gouvernement.

Certes, la victoire de Mitterrand n'aurait sans doute pas été possible sans la candidature Chirac et l'extrême tiédeur de celui-ci à faire voter Giscard le 10 mai, mais elle a été vécue et reçue par l'opinion publique comme celle de la gauche, de toute la gauche. En témoignent les festivités, plus ou moins spontanées, de la nuit du 10 au 11 mai 1981 et le symbolisme appuyé des cérémonies de la prise de fonctions le 21 mai.

Aux élections législatives de juin 1981, l'implacable logique du phénomène présidentiel, alliée aux espoirs un peu fous suscités par une victoire longtemps attendue, aboutit à donner la majorité absolue aux députés socialistes. PS et MRG atteignent 38 % des suffrages ; le PC, avec 16 %, confirme son affaiblissement. La droite (RPR et UDF) dépasse les 40 %, mais le système électoral majoritaire est sans pitié pour les vaincus.

Mitterrand offre alors aux communistes de participer à un gouvernement dirigé par P. Mauroy. Pour la première fois depuis l'époque de la Libération, les communistes sont partie prenante de la direction du pays, mais à une place modeste (4 ministres sur 44) et pour appliquer un programme qu'ils n'ont pas discuté, les 110 propositions.

L'alternance à gauche est donc à la fois l'aboutissement de la bipolarisation et le renforcement de celle-ci. Elle donne au système politique de la Ve République une légitimité accrue en apportant la preuve qu'il ne fonctionne pas à sens unique. Il est donc normal que le système des partis en sorte renforcé, bien que légèrement modifié dans les composantes de chacun des camps.

A gauche, la victoire de Mitterrand profite d'abord, bien sûr, au Parti socialiste, qui, en conquérant la présidence de la République, celle de l'Assemblée nationale et le poste de Premier ministre, devient le parti dominant pour la durée de la législature. En même temps, le PS perd son premier secrétaire, remplacé par Lionel Jospin, et doit apprendre la difficile pratique de son nouveau rôle institutionnel. Il est clair que les précédents connus (1936 et 1956) ne sont pas utilisables. La politique des gouvernements à direction socialiste était alors conçue, et parfois définie, par les instances dirigeantes de la SFIO. Ni le tempérament de Mitterrand ni la pratique constitutionnelle de la Ve République ne le permettent.

Cependant, le PS — notamment à son premier congrès après la victoire (Valence, octobre 1981) — et le groupe parlementaire socialiste à l'Assemblée nationale auront beaucoup de difficultés à s'adapter à une fonction de soutien et de popularisation des orientations présidentielles et des décisions gouvernementales. Après le tournant dans la politique économique et sociale du gouvernement Mauroy, en juin 1982, le parti sera amené à faire sienne une « culture de gouvernement » qui ne sera réellement reconnue et acceptée qu'au congrès de Toulouse en octobre 1985.

C'est précisément la nécessité contestée de la rigueur économique qui conduit le Parti communiste à la décision de se dégager de la solidarité gouvernementale pour tenter de retrouver une audience qui s'amenuise. Les avantages d'une participation au gouvernement paraissaient en effet, en juin 1981, l'emporter sur le risque de voir les socialistes percevoir seuls les dividendes de la victoire. Mais, dès l'instant où la direction du PC sent poindre une certaine déception de la politique socialiste (pour paraphraser la formule de Giscard d'Estaing de septembre 1982), elle estime que s'ouvre pour les communistes un espace politique où ils pourraient retrouver leur fonction tribunicienne de porte-parole des petites gens et des victimes de la société moderne. Le Parti hésitera cependant quelque temps. Il sait en effet que son électorat reste unitaire, mais aussi qu'une partie des cadres et des militants refusera le retour à une stratégie classe contre classe des années vingt-trente. De toute façon, les élections municipales de mars 1983 imposent, pour conserver les acquis de 1977, des listes d'union dans le plus grand nombre possible de communes. Après l'échec relatif de la gauche aux municipales, et un an de critiques de la politique socialiste en matière économique, le PC refuse de participer au gouvernement Fabius formé en juillet 1984.

Cette décision ne l'empêche pas de poursuivre son affaiblissement électoral et de connaître une contestation interne accrue. Irrémédiablement distancé par le PS, le PC rejette alors comme une erreur historique la politique d'union de la gauche.

Le Mouvement des radicaux de gauche n'a ni ces états d'âme ni les moyens de faire autre chose que s'accrocher à la locomotive socialiste. Mais il subit de ce fait une grave crise d'identité qui va le conduire, de crises internes en querelles de personnes, à une existence crépusculaire.

Le pôle de gauche tend donc à se réduire à un Parti socialiste qui rêve d'atteindre durablement 40 % des suffrages.

A droite, la situation est moins évolutive. Le RPR et son président Jacques Chirac, apparaissent comme les piliers de l'opposition. Mais dans ce rôle nouveau, et difficile à remplir, ils commettent les erreurs de tous les néophytes : ils « en font trop ». Il leur faudra apprendre à gérer le temps institutionnel et à ne pas exiger, à chaque difficulté, la démission du président de la République. A cet égard, les élections cantonales de mars 1983, et surtout les municipales de mars 1984 et les européennes de juin 1984, leur donnent bien des raisons d'espérer.

L'UDF est dans une situation moins confortable. Créée par Giscard d'Estaing, elle est confrontée à la question centrale de sa raison d'être. Après une période de silence et de réflexion, l'ancien président de la République entreprend de recommencer une carrière politique par la base en Auvergne. Son ancien Premier ministre, Raymond Barre, entame, de son côté, une prudente remontée dont l'objectif est sa candidature à la présidence de la République indépendamment de toutes les formations politiques.

Les deux principales composantes de l'UDF renouvellent leurs dirigeants politiques nationaux. François Léotard devient secrétaire général du Parti républicain en septembre 1982 : Pierre Mehaignerie, président du Centre des démocrates sociaux. Mais l'UDF conserve à sa tête Jean Lecanuet et accepte les propositions d'unité d'action du RPR pour les consultations électorales, ce qui permet de tenir en attendant les clarifications inévitables.

Le vrai problème de l'opposition vient en réalité de la renaissance de la droite extrême. Les élections municipales de Dreux en septembre 1983 font surgir la question inattendue : le Front national de Jean-Marie Le Pen peut-il être admis dans une alliance RPR-UDF ? Simone Veil répond *non ;* d'autres dirigeants sont plus discrets. Or, aux européennes de juin 1984, la liste Le Pen dépasse les 11 % alors que la liste unique RPR-UDF dirigée par S. Veil obtient 42,75 %. La majorité absolue ne peut être atteinte qu'avec le FN.

C'est cependant en dehors des partis d'opposition que le pouvoir socialiste rencontrera le refus le plus significatif de sa politique sur un sujet particulièrement sensible : le statut de l'enseignement privé. La négociation conduite sous l'autorité du ministre de l'Éducation nationale, Alain Savary, avec la hiérarchie catholique et les représentants de l'école privée, n'allait pas empêcher la mobilisation des parents d'élèves de l'enseignement libre. Une série de puissantes manifestations régionales durant le printemps 1984 aboutissent à une impressionnante manifestation nationale le 24 juin 1984 en riposte à des amendements socialistes au projet de loi sorti des négociations.

L'ampleur de la réaction de l'opinion publique contraint le président de la République à retirer l'ensemble du projet le 12 juillet ; Savary démissionne. Le gouvernement Mauroy se retire le 17 juillet. Mitterrand échoue dans sa tentative de réviser l'article 11 de la Constitution (possibilité d'organiser un référendum sur les libertés publiques) devant l'hostilité de la majorité du Sénat.

Le gouvernement Fabius, qui entre alors en fonctions, ne comprend que des socialistes et des radicaux de gauche. Il va tenter d'apaiser les conflits et de donner un second souffle à la politique socialiste sur le thème de la modernisation.

Le retour de la droite et la cohabitation

La dégradation de l'influence des socialistes apparaît nettement dans les élections cantonales de mars 1985 et dans les sondages d'opinion. La défaite de la majorité présidentielle aux élections législatives de juin 1986 est probable.

Ainsi va se poser le problème que tous les observateurs envisagent depuis près de trente ans : que se passera-t-il si la majorité de l'Assemblée nationale est hostile au président de la République ? Le 27 janvier 1978, V. Giscard d'Estaing avait clairement indiqué, à Verdun-sur-le-Doubs, qu'il resterait à son poste et qu'il respecterait le verdict des urnes si les électeurs choisissaient la gauche alors unie, et qu'il ne pourrait s'opposer à l'application du programme commun de celle-ci. Mais les électeurs avaient fait le « bon choix ». F. Mitterrand affirme également très nettement qu'il restera à son poste et qu'il respectera la décision de l'électorat, mais il précise qu'il ne renoncera à aucun de ses droits et qu'il « assumera les devoirs de sa charge ».

La perspective de la cohabitation divise la droite. R. Barre la refuse totalement et estime que le président devra démissionner. J. Chirac et V. Giscard d'Estaing pensent que le président est maître de sa décision.

Encore faut-il que les résultats des élections permettent de désigner clairement un vainqueur. Or, la majorité socialiste décide, après une longue attente, de modifier le régime électoral. Certes, parmi les engagements du candidat Mitterrand figurait (proposition n° 47) l'institution de la représentation proportionnelle pour les élections législatives, régionales et municipales. Mais, au-delà du débat classique entre l'efficacité et la justice des différents modes de scrutin, il est clair que l'abandon du scrutin majoritaire uninominal à deux tours a des raisons tactiques. Le maintien du « scrutin d'arrondissement » serait très favorable à une droite unie face à la gauche désunie. Par ailleurs, le Front national et le Parti communiste sont favorables à la proportionnelle, qui évite le laminage de leurs candidats au second tour.

Le gouvernement Fabius fait adopter le système de la représentation proportionnelle départementale à la plus forte moyenne (loi du 10 juillet 1985) et augmenter le nombre des députés (577, dont 555 pour la métropole et 22 pour l'outre-mer[1]). Est également décidée la limitation du cumul des mandats à deux pour les fonctions de député, sénateur, député européen, conseiller régional, conseiller général, maire des communes de plus de 20000 habitants, adjoint des villes de plus de 100000 habitants, conseiller de Paris (loi du 30 décembre 1985).

Contrairement à la secrète attente des socialistes, le système partisan bipolaire sort renforcé du scrutin du 16 mars 1986. Les législatives donnent une victoire courte, mais nette, à la coalition RPR-UDF ; avec 291 députés, elle dispose, à 2 sièges près, de la majorité absolue sans les 35 élus du Front national. Le PS, avec plus de 31 % des suffrages et 216 élus, loin de s'effondrer, obtient le deuxième meilleur résultat de son histoire ; mais le PC passe en dessous de la barre des 10 % et, avec 35 députés, est de la même force que le Front national.

La bipolarisation a donc structuré le comportement électoral et permis à la cohabitation de s'imposer sans manœuvre possible, mais la proportionnelle a joué son rôle de « brise-lame » et empêché une forte majorité de droite.

Le président Mitterrand nomme immédiatement (le 20 mars 1986) J. Chirac Premier ministre, conformément

1. Ce qui donne en moyenne 1 député pour 108000 habitants ; en 1958, la moyenne était de 1 pour 93000, mais les évolutions démographiques et géographiques avaient abouti à de fortes distorsions entre les circonscriptions.

au vœu de la nouvelle majorité parlementaire. Dans un message au Parlement, lu le 8 avril 1986, Mitterrand indique avec précision comment la Constitution fixe les modalités de la coexistence des pouvoirs du chef de l'État, « que ne peut en rien affecter une consultation électorale où sa fonction n'est pas en cause », et ceux du gouvernement investi de la confiance de l'Assemblée. Les prérogatives du président sont de deux sortes, écrit-il : « fonctionnement régulier des pouvoirs publics, continuité de l'État, indépendance nationale, intégrité du territoire, respect des traités », d'une part, en vertu de l'article 5 de la Constitution qui lui « désigne de la sorte les domaines où s'exercent son autorité ou bien son arbitrage » ; « à quoi s'ajoute l'obligation pour lui de garantir l'indépendance de la justice et de veiller aux droits et libertés définis par la Déclaration de 1789 et le préambule de la Constitution de 1946 ». Quant au gouvernement, il a pour charge, en application de l'article 20, de déterminer et de conduire la politique de la nation ; « il assume, sous réserve des prérogatives du président de la République et de la confiance de l'Assemblée nationale, la mise en œuvre des décisions qui l'engagent devant les Français ». Enfin, « président et gouvernement ont à rechercher, en toutes circonstances, les moyens qui leur permettront de servir au mieux et d'un commun accord les grands intérêts du pays ».

Dès le 10 avril 1986, l'Assemblée vote la confiance au gouvernement Chirac par 292 voix contre 285 ; il n'y a pas d'abstention, la bipolarisation parlementaire est parfaite puisque le FN joint ses voix à celles de l'opposition de gauche. Ainsi va être menée, non sans heurts, mais sans drame, une expérience assez étonnante que le sens civique et la qualité des acteurs principaux éviteront de transformer en guerre picrocholine.

Chacun a cependant conscience des risques de la situation : impuissance et paralysie dans la gestion de la chose publique ou, pis, double et contradictoire pilotage de la politique du pays. Encore a-t-il fallu que le rapprochement des positions entre les socialistes, le RPR et l'UDF, en matière de défense et de politique extérieure, permette d'éviter les heurts frontaux dans les domaines de compétence concurrente du président et du gouvernement.

Le gouvernement veut aller vite. Il demande donc au Parlement le vote d'une loi l'habilitant à prendre par ordonnances les principales décisions législatives de sa politique économique et sociale. Mais le président refusera de signer certaines ordonnances, et il faudra reprendre la voie législative ordinaire. Est également immédiatement supprimée la représentation proportionnelle pour l'élection des députés (loi du 11 juillet 1986), mais pas pour les élections municipales ni pour les régionales. On craint en effet que Mitterrand ne dissolve l'Assemblée. Mais, comme le nombre des députés reste fixé à 577, il faut procéder au découpage des circonscriptions électorales. Après bien des polémiques et des péripéties, la loi du 24 novembre 1986 y pourvoit.

La cohabitation a pour effet quasi mécanique de renforcer la cohésion des partis majoritaires au Parlement et leur solidarité avec la politique du gouvernement. L'idée d'une fusion, ou au moins d'une confédération, des partis composant la majorité parlementaire gagne du terrain. A gauche, au contraire, le Parti communiste tente d'exploiter contre le parti socialiste le maintien de Mitterrand à l'Élysée. Le Front national, non sans crises internes, est enfermé dans un isolement surtout parisien, car il participe efficacement à la constitution de majorités de droite dans plusieurs régions (Aquitaine, Languedoc-Roussillon, Franche-Comté, Haute-Normandie) et prend alors sa part dans la mise en place des nouveaux exécutifs régionaux qui se mettent à l'œuvre en application des lois de décentralisation.

La réélection de F. Mitterrand et le retour des socialistes

L'élection présidentielle, au terme du mandat de Mitterrand, est attendue avec impatience par tous pour mettre fin à la cohabitation, J. Chirac entend tirer profit de son action de Premier ministre et de la fidélité de sa majorité parlementaire pour accéder à l'Élysée. Il sait qu'il devra compter avec la candidature de J.-M. Le Pen, mais craint surtout R. Barre, dont l'influence réelle est inconnue.

Le PC présente André Lajoignie et espère limiter les pertes prévisibles en le drapant dans le manteau de l'union des forces populaires, qui est son étiquette officielle. Aux habituels candidats trotskistes, s'ajoute en effet la candidature de Pierre Juquin, qui hésite entre le rassemblement des déçus du communisme selon Marchais et l'appel aux écologistes et aux marginaux de toutes obédiences. Mais les Verts, sur le thème ni droite ni gauche, présentent Antoine Waechter.

Reste l'inconnu Mitterrand. Après avoir entretenu un savant suspense et laissé Michel Rocard conduire une campagne de candidat à l'investiture, le président sortant décide de briguer un second mandat. Il s'en explique dans une « lettre à tous les Français », dont la hauteur de ton et la qualité de la langue tranchent sur la littérature programmatique ordinaire.

Le 24 avril 1988, le peuple vote si nettement que le second tour apparaît de pure forme. 82 % des électeurs se déplacent ; Mitterrand, avec 34 % des suffrages, obtient un succès raisonnable. C'est surtout l'insuccès des autres candidats qui est significatif. J. Chirac devance R. Barre, mais, avec deux points seulement de plus qu'en 1981, n'atteint pas les 20 %. La grande surprise est le résultat considérable de Le Pen (14,39 %) qui laisse loin derrière lui le candidat communiste (6,76 %). Lajoignie réalise ainsi le plus mauvais score de l'histoire du PC (8,3 % en 1932) et ne l'atteint que si on y ajoute le résultat de Juquin (2,1 %). Waechter obtient un pourcentage honorable (3,78 %), mais peu significatif.

Le second tour, le 8 mai 1988, est une éclatante victoire de Mitterrand sur Chirac (54 % contre 46 %). Ainsi Mitterrand devient-il le premier homme politique élu deux fois au suffrage direct à la tête de l'État.

Le président nomme immédiatement Rocard Premier ministre et dissout l'Assemblée nationale (10 et 14 mai

1988) après avoir constaté : « l'ouverture que j'appelle de mes vœux n'a pu se réaliser jusqu'ici aussi largement que je l'avais souhaité ». Le 22 mai, à Solutré, il affirme qu'« il n'est pas sain qu'un seul parti gouverne ».

Le thème de l'ouverture, pendant quelques semaines, domine le débat politique et trouble la bipolarisation sans parvenir à la remettre en cause. Pour Mitterrand, il s'agit de trouver une nouvelle configuration de la majorité présidentielle autour du Parti socialiste qui s'inquiète d'une possible dérive centriste et ne veut pas abandonner au PC le mythe de l'union de la gauche. Pour le RPR et la plus grande partie de l'UDF, c'est une tentative de débauchage à traiter comme telle.

Les élections législatives de juin 1988 montrent à la fois la lassitude du corps électoral (30 % d'abstentions), un certain désarroi et la force de la structure bipolaire. La majorité présidentielle (PS et MRG) dépasse 37 % et échoue de peu à obtenir la majorité absolue des sièges. Le RPR et l'UDF, unis sous un sigle commun, font jeu égal avec la majorité présidentielle. Le Front national (9,65 %) est victime du système électoral et n'obtient qu'un siège. En revanche, le PC, grâce à ses 11,32 % au premier tour et à l'accord de désistement avec le PS au second tour, conserve 27 députés et assurera l'élection de L. Fabius à la présidence de l'Assemblée. La majorité de gauche, ainsi reconstituée temporairement, modifie le règlement de l'Assemblée pour permettre au PC de garder un groupe parlementaire par l'abaissement de 30 à 20 du nombre exigé de députés.

Le deuxième gouvernement Rocard — qui comprend 6 ex-UDF et 14 personnalités non politiques, rebaptisés représentants de la « société civile » — n'a donc pas de majorité absolue à l'Assemblée et ne pose pas la question de confiance. Mais l'opposition de droite ne peut elle-même atteindre la majorité absolue que si les communistes décident de censurer le gouvernement. Rocard est donc conduit à rechercher, par la négociation parlementaire, des « majorités d'idées », selon la formule d'E. Faure, et en cas d'échec, à recourir à la procédure de l'article 49 alinéa 3 de la Constitution qui permet de faire adopter un texte sans majorité, si l'opposition ne peut elle-même en rassembler une.

Le Parti socialiste, en dépit des attaques incessantes du PC, et le MRG sont donc les seuls soutiens parlementaires du gouvernement. Mais le PS demeure attaché à l'alliance à gauche et porte P. Mauroy à sa tête en mai 1988, après que Jospin est devenu ministre, et pratique, non sans de nombreuses difficultés, le désistement à gauche au second tour lors des cantonales d'octobre 1988. Les élections municipales de mars 1989 montrent cependant la difficulté de ces alliances électorales sans contenu programmatique, surtout quand elles ne profitent qu'au PC.

A droite, l'amertume de la défaite alimente une crise de conscience. A l'UDF, les députés du CDS décident en juin 1988 de se constituer en groupe indépendant, l'Union du centre, tout en faisant partie d'un intergroupe avec l'UDF et le RPR. Au RPR, apparaît un mouvement de rénovation dont la direction est disputée entre plusieurs « colonels de province » (A. Carignon, M. Noir, Ph. Séguin...) et que parvient à maîtriser le nouveau secrétaire général, Alain Juppé.

R. Barre est hors jeu mais considère avec satisfaction les remous qui agitent l'UDF et avec compréhension l'action de Rocard. Giscard d'Estaing, pour tenter d'empêcher l'éclatement de l'UDF, prend alors la présidence de la confédération et relance l'idée d'une grande organisation commune au RPR et à toute l'UDF. Prêchant l'exemple, il dirige la liste commune RPR-UDF aux élections européennes de juin 1989. Il arrive en tête, mais avec 28,7 % seulement, cependant que la liste centriste de S. Veil n'obtient que 8,4 %.

La contestation la plus radicale de la bipolarisation vient alors non point du Front national — qui, en dépit des foucades de son leader, maintient ses positions et rêve de prendre la tête d'une opposition pure et dure —, mais du mouvement écologiste. Depuis quinze ans le mouvement des Verts, tiraillé entre l'action ponctuelle à la base et l'engagement politique au plan national, déchiré par les querelles de personnes, hésitant entre la marginalité et l'entrée dans les institutions, semblait vouer à un rôle de témoin. La crise de conscience des partis de gauche, communiste mais aussi socialiste, la contestation des appareils partisans et des chefs traditionnels dans le camp de la droite, l'agonie de l'extrême gauche marxiste permettent de relancer l'idée d'un refus symétrique de la droite et de la gauche. Antoine Waechter va incarner ce courant « vert inoxydable ». Les élections municipales de mars 1989 et surtout les européennes de juin 1989 lui permettent d'occuper le terrain électoral et de dépasser les 10 % de suffrages en juin.

Il ne semble cependant pas que le mouvement écologiste puisse remettre en cause le système bipolaire des partis en France. Il en est plutôt une soupape de sécurité. Plus inquiétante est à cet égard la persistance d'un fort taux d'abstentions que ne peut expliquer seulement la succession de trop nombreux scrutins de 1986 à 1989. La bipolarisation ne peut être réellement perturbée que par un changement d'attitude des grands partis dans chacun des camps, ou par une remise en cause du système institutionnel de la Ve République.

2

Les raisons d'être du système actuel de partis

Pourquoi un tel système de partis s'est-il instauré en France ? La réponse la plus fréquente est que la faillite de la IVe République rendait nécessaire un nouveau régime. Mais cette réponse ne touche pas au vrai problème. Elle explique l'abandon du régime parlementaire et du système souple de partis ; elle expliquerait la décrépitude et la disparition des partis depuis l'élection du président de la République au suffrage direct, elle ne rend pas compte de la nécessité pour le président de représenter un courant politique organisé et de s'appuyer sur les partis le composant pour gouverner.

Il est donc plus exact de dire que la Ve République a détruit un système de partis multiples, faibles et souples, pour le remplacer par un système de parti dominant (système majoritaire) conduisant nécessairement à la bipolarisation. Mais, ce faisant, nous ne faisons que poser autrement le même problème.

Il ne fait pas de doute à notre sens que le système actuel de partis est d'abord la conséquence des nouvelles institutions politiques créées entre 1958 et 1962. Le régime politique nouveau imposait un nouveau système partisan. Mais ce nouveau régime est lui-même la conséquence de l'évolution économique et sociale.

1. Le système partisan, conséquence du régime politique

Dans le régime actuel, nous avons en effet un système apparemment simple avec un organe principal : le président de la République ; une survivance du passé : le Parlement ; et un organe secondaire les reliant entre eux : le gouvernement. Les décisions sont prises selon un mécanisme de répartition des tâches entre le pouvoir parlementaire et le pouvoir gouvernemental ; ce mécanisme est fixé par la Constitution et par la pratique. L'autorégulation est assurée par un ensemble d'organes et de procédures permettant de régler les conflits secondaires (Conseil constitutionnel), de transférer les conflits plus graves sur le terrain électoral (référendum, droit de dissolution de l'Assemblée, responsabilité du gouvernement devant l'Assemblée) et de faire face aux agressions extérieures contre le système (jeu de l'article 16).

Le pouvoir d'État contre les partis

Dans l'esprit de ses fondateurs, le nouveau régime doit permettre à la fois de donner une tête et un pouvoir à l'État et de conserver la démocratie, c'est-à-dire le pluralisme partisan. Au niveau du pouvoir d'État, donc au plus haut niveau, il n'y a pas de discussions ou de contestations qui tiennent : « Il est capital que la volonté de la nation se manifeste globalement quand il s'agit du destin » (de Gaulle, conférence de presse du 5 septembre 1965) ; le chef de l'État est donc au-dessus et au-delà des querelles et des divisions. En revanche, au niveau du pouvoir parlementaire, donc du pouvoir subordonné, il faut le libre jeu des intérêts, des appétits et des opinions pour que le Parlement puisse remplir son rôle représentatif. C'est un rôle subordonné afin que ne triomphe point un « arrangement momentané entre professionnels de l'astuce » (de Gaulle, allocution du 17 décembre 1965). Pouvoir global, suprême et unifié d'une part, pouvoir parcellaire, subordonné et divisé d'autre part : telle est l'image contrastée que présentent les institutions politiques créées de 1958 à 1962.

Un tel mécanisme relègue les partis politiques à un rôle modeste, presque dérisoire — celui qui est précisément défini par l'article 4 de la Constitution : « concourir à l'expression du suffrage », en d'autres termes présenter les candidats qu'ils ont sélectionnés et proposer des programmes à l'électorat. Encore faut-il souligner que, pour de Gaulle, ils ne peuvent jouer ce rôle pour l'opération la plus importante d'expression du suffrage, l'élection présidentielle, sans ruiner le nouveau régime.

Et, même si l'on descend au niveau parlementaire, les partis politiques ne sont-ils pas des structures sclérosées et dépassées ? Les syndicats et les organisations professionnelles ne sont-ils pas les interlocuteurs principaux du pouvoir et les représentants réels des intérêts des couches sociales ? Le soutien qu'ils apportent ou refusent, les demandes qu'ils formulent n'ont-ils pas plus de poids que les votes émis au Parlement par les représentants des partis, faibles et incapables de s'enraciner dans la société globale ?

De là, le pas est aisément franchi qui conduit à affirmer que la vie politique, et surtout partisane, est une illusion, un jeu gratuit et vain ; que pour l'essentiel les décisions sont imposées par l'intérêt national et pour le détail par des impératifs techniques ; que le champ du possible s'est réduit à un point tel qu'il est légitime de parler de dépolitisation. Curieusement, la notion de dépolitisation a été utilisée par la gauche comme par la droite. Pour celle-ci, on comprend l'avantage qu'elle a à faire apparaître comme découlant de la « nature des choses » et de l'intérêt du pays les choix politiques qu'elle fait et comme objectivement scientifiques les mesures qu'elle prend. Pour celle-là, il s'agit surtout de critiquer la pratique du divertissement remplaçant, dans les moyens de communication de masse, l'éducation et la discussion, la manie du secret caractéristique de tout pouvoir autoritaire, la primauté des techniciens sur les hommes politiques. Il est cependant clair que la dépolitisation prétendue n'est trop souvent pour la gauche que le nom dont elle affuble ses échecs électoraux et pour la droite l'argument pour se débarrasser des partis qui contestent sa politique.

L'unité du pouvoir assurée par les partis

La réalité est bien différente. La prédominance du président de la République et la subsidiarité du Parlement n'ont pu se maintenir et s'affirmer que par le biais des partis politiques, c'est-à-dire par la constitution et le maintien d'un pôle majoritaire. Le régime politique français, tel qu'il résulte de la Constitution de 1958-1962, n'est pas le creuset d'une mystérieuse alchimie qui ferait des électeurs des êtres différents selon qu'ils votent pour élire un président ou des députés, voix de la nation et de l'intérêt supérieur global dans un cas, simples représentants de leurs propres intérêts et divisions dans l'autre. La désignation du président au suffrage direct est un puissant réducteur de divergences, certes, car pour obtenir la majorité absolue exigée, au premier comme au second tour, il ne faut point cultiver les différences et les nuances et ne pas être l'homme d'un seul parti. C'est un instrument de simplification de la vie politique, ce n'est en aucune façon une voie vers l'unanimité nationale. Au niveau du gouvernement d'une société globale, l'unanimité est soit une façade officielle, soit un consensus tacite. Si gouverner c'est choisir, c'est d'abord diviser, puis opter, donc prendre parti. Le président, dans la mesure où il a du pouvoir, est l'homme des forces qui le soutiennent, des intérêts qu'il représente et des buts qu'il veut atteindre. C'est un organe partisan. La structure du régime est telle que sa pleine efficacité découle de l'homogénéité partisane de cet organe et du Parlement. Depuis 1962, c'est le cas et c'est ce qui a scellé l'unité du pouvoir d'État.

Rien n'empêche cependant, dans notre régime, un

dualisme du pouvoir que la Constitution permet et que la vie politique a finalement fait apparaître de 1986 à 1988. La pratique de la cohabitation entre deux organes, le président et l'Assemblée nationale, exprimant deux « majorités » antagonistes a montré où pouvaient surgir les difficultés : nomination des agents publics en Conseil des ministres, signature d'ordonnances prises en application d'une loi d'habilitation, et surtout représentation de la France dans les négociations internationales, en particulier au sein de la Communauté européenne. Tout s'est joué dans la relation entre le président et le chef du gouvernement, et non pas entre ceux-ci et le Parlement.

Depuis longtemps certains ont proposé d'éviter cette situation en faisant coïncider la durée des mandats du président et de l'Assemblée, c'est-à-dire en réduisant de sept à cinq ans le mandat présidentiel. G. Pompidou avait proposé cette révision constitutionnelle et obtenu des deux Chambres qu'elles l'approuvent en octobre 1973. Mais, le 24 octobre 1973, il renonçait à la réforme. En effet, pour être adoptée définitivement, la révision devait obtenir le vote des trois cinquièmes des suffrages au Congrès (Assemblée nationale et Sénat siégeant ensemble) ou être soumise au référendum. Les deux voies semblaient trop périlleuses. Le président Giscard d'Estaing avait promis de mener à bien cette réforme, ce qui n'a pas été fait. Mitterrand, en 1981, avait proposé soit un seul mandat de sept ans, soit deux mandats possibles de cinq ans (proposition n° 45 du candidat), mais aucune suite ne fut donnée à cette proposition.

En fait, la réforme pose autant de problèmes qu'elle tente d'en résoudre. Le mandat de l'Assemblée est d'une durée de cinq ans, mais le droit de dissolution de celle-ci par le président permet de l'abréger. Faut-il alors priver le président de son plus efficace pouvoir propre, c'est-à-dire sans contreseing du Premier ministre ? Ou faut-il prévoir que le mandat du président prendra fin à la même date que celui de l'Assemblée ? Cela ne résoudrait pas la question : rien n'empêche le corps électoral d'élire le même jour et pour la même durée un président d'une tendance et une Assemblée d'une autre tendance.

Certes, la dualité du pouvoir, ou dyarchie, est en elle-même un danger pour l'autorité de l'État, à l'intérieur comme à l'extérieur. Mais sauf à revenir à un régime parlementaire classique, et à condition qu'il existe une majorité parlementaire stable, il n'est pas possible de l'éviter. On oublie en effet trop souvent que le régime dit « présidentiel », que certains appellent de leurs vœux, est aussi un régime « congressionnel », c'est-à-dire dans lequel les assemblées élues ont tous les moyens de s'opposer à la politique du président.

État neutre et État partisan

On voit que le régime politique actuel ne peut vraiment fonctionner que s'il trouve son unité dans un parti ou une coalition de partis politiques doublement majoritaire. La Constitution de 1958-1962 impose un système de partis capables d'atteindre la majorité, c'est-à-dire qu'elle impose la bipolarisation, mais non point le bipartisme, et qu'elle condamne le centre au choix de faire éclater l'un des pôles pour le remplacer ou de se réduire à l'impuissance politique. L'État français d'aujourd'hui ne peut être qu'un État partisan, il ne peut pas être une structure neutre.

Le sens profond du changement constitutionnel et politique apporté par la Ve République est d'ailleurs là. La notion abstraite et formelle de l'État comme une structure vide qu'il appartient aux partis d'animer sans se l'accaparer est condamnée, si elle a jamais existé. L'État libéral classique correspondait à un marché économique et politique atomistique ; il est dépassé. L'évolution économique et les transformations sociales ont condamné l'État faible et le pouvoir modéré auquel les classes dominantes ne demandaient qu'une chose : les protéger contre les classes dangereuses. L'État moderne capitaliste est désormais investi d'un rôle qui exige continuité — donc stabilité — et autorité — donc concentration et unification des pouvoirs. Ce rôle est double : positivement, il doit aider le développement des forces économiques et faciliter l'intégration sociale des

« classes laborieuses » ; négativement, il doit détruire les obstacles à la croissance économique profitable et isoler les contestataires de l'unification sociale et idéologique.

Dans l'état actuel du développement capitaliste, le pouvoir n'est plus l'enjeu d'un combat, mais l'instrument nécessaire pour remporter le combat, et en régime de démocratie électorale cet instrument se conquiert et se garde grâce à un parti capable d'encadrer les électeurs. Il ne s'agit pas de mettre l'État en coupe réglée, mais de l'utiliser comme moyen d'intégration sociale.

Il en résulte pour les partis d'opposition un choix décisif. Ou bien ils acceptent le système politique et ses conséquences, et ils ont alors le droit d'espérer infléchir le système de l'intérieur, mais, ce faisant, ils acceptent les lois du système et ses fondements. Ou bien ils refusent et se situent en dehors du système pour le détruire et construire un autre modèle de société, mais, ce faisant, ils risquent de se marginaliser et de laisser le champ libre à leurs adversaires.

Le débat qui s'est instauré dans les années 1980 sur l'État a donc été largement artificiel. Sur les thèmes du « tout à l'État », « trop d'État », « moins d'État », « mieux d'État », « État minimal et Etat modeste », on a vu l'importation en France des thèses des conservateurs américains et la riposte de leurs adversaires libéraux, c'est-à-dire de gauche. Largement ésotérique, l'analyse de la crise de l'État-providence et de la politique économique keynésienne, ainsi que des réalisations de la social-démocratie européenne, a été popularisée par la polémique des partis de droite contre la politique de la gauche au pouvoir.

Or, le véritable problème est celui non pas de la trop grande puissance de l'État dans les régimes démocratiques, mais de son impuissance à maîtriser par les moyens classiques de la souveraineté et de la puissance publique les phénomènes économiques et sociaux et les évolutions culturelles. La régulation par la loi et le décret, la direction par l'appropriation publique, le contrôle social par la sanction pénale deviennent inefficaces dans un monde ouvert, non seulement dans le domaine économique et financier — le gouvernement Mauroy en a fait l'expérience en 1981-1982 —, mais aussi dans les affaires sociales et culturelles, comme le prouvent les problèmes posés par l'immigration et la pauvreté, l'invasion des produits culturels américains et japonais, l'évolution des sciences et des techniques, les ravages de la drogue.

Par ailleurs, la complexité croissante de nos sociétés révèle les limites de la légitimité démocratique. Le pouvoir central peut bien émaner du libre consentement des gouvernés, il n'est pas reçu dans ses décisions et son fonctionnement comme l'expression de la volonté de tous. Les lois de décentralisation de 1982 ont tenté de diffuser du pouvoir à de nouveaux centres de décision régionaux et aux autorités locales existantes. Mais un phénomène plus profond et de plus vaste portée s'est développé : la remise en cause de l'infaillibilité parlementaire en matière législative.

Le rôle du Conseil constitutionnel

Depuis 1971, s'affirme dans notre pays un pouvoir suprême de préservation et d'adaptation des principes juridiques qui fondent l'État et la société qu'il gouverne. L'article 6 de la Déclaration des droits de 1789 pose : « La loi est l'expression de la volonté générale. Tous les citoyens ont le droit de concourir, personnellement ou par leurs représentants, à sa formation... » On en avait conclu que tout contrôle du contenu des lois votées par le Parlement, ou par référendum, par une juridiction ou par une autorité morale ou religieuse, était une atteinte à la volonté du peuple.

La Constitution de 1958, en créant le Conseil constitutionnel, n'entendait pas créer une juridiction suprême chargée du contrôle de la constitutionnalité des lois, mais un organe indépendant des pouvoirs constitués, quoique nommé par eux, chargé d'assurer la « régulation des pouvoirs publics » et, en particulier, de contrôler les opérations électorales nationales et les relations entre le Parlement et le gouvernement.

Mais le triomphe de l'État partisan sur le mythe de l'État neutre appelait une évolution. Dès la décision du 16 novembre 1962, le Conseil constitutionnel s'engageait, sans qu'on s'en aperçût clairement, dans la voie du contrôle de constitutionnalité des lois. Il avait fallu au XIXe siècle près d'un siècle pour que naisse le contrôle juridictionnel des actes administratifs du pouvoir exécutif national. Dix-neuf ans suffiront pour que naisse le contrôle des lois.

Dans la décision du 16 novembre 1962, le Conseil déclare qu'il n'est pas compétent pour connaître des lois qui sont l'expression directe de la souveraineté nationale, c'est-à-dire adoptées par référendum. C'était laisser implicitement ouverte la possibilité d'apprécier la conformité à la Constitution des lois votées par le Parlement. Encore fallait-il que cette appréciation trouve une base dans une règle constitutionnelle. Sur la forme (organes compétents, procédure, matières législatives définies par la Constitution), cette base se trouve aisément dans les articles de la Constitution. Mais, sur le fond, l'examen du contenu même de la loi est rendu souvent inopérant par l'absence de dispositions constitutionnelles pertinentes.

Dans la célèbre décision du 16 juillet 1971 sur la liberté d'association, le Conseil incorpore au « bloc de constitutionnalité » que doivent respecter les lois votées par le Parlement la Déclaration des droits de 1789, le préambule de la Constitution de 1946 — expressément visés par la Constitution de 1958 — et les principes fondamentaux reconnus par les lois de la République auxquels renvoie le préambule de 1946. Cette dernière catégorie ouvre au Conseil une liberté d'interprétation dont il usera.

Après que la loi constitutionnelle a ouvert le droit de saisine du Conseil à 60 députés ou 60 sénateurs (loi du 29 octobre 1974), le Conseil devient une sorte de tribunal d'appel des décisions de la majorité parlementaire sur saisine de l'opposition [1].

1. En avril 1990 a été engagée la procédure de révision de la Constitution pour permettre aux particuliers de soulever, au cours des procès de toute nature, l'exception d'inconstitutionnalité des lois. La

« Vous avez juridiquement tort parce que vous êtes politiquement minoritaires », avait cru pouvoir déclarer un député socialiste en s'adressant à l'opposition (A. Laignel, 13 octobre 1981, à l'Assemblée nationale). Tout au contraire, l'arrivée au pouvoir de la gauche en 1981, la cohabitation de 1986 à 1988, le retour de la gauche en 1988 ont abouti à donner au Conseil constitutionnel la charge de fixer les limites juridiques de la liberté des majorités politiques. Les critiques du Conseil n'ont pas manqué ; elles sont venues de la gauche d'octobre 1981 à décembre 1982, puis de la droite de juillet 1986 au printemps 1987 ; mais les pouvoirs constitués se sont inclinés sans discussion devant les décisions prises.

Sans analyser au fond la jurisprudence du Conseil constitutionnel, il suffit ici de souligner qu'elle est désormais une partie des règles du système politique. Non point que le Conseil soit devenu un gouvernement des juges au-dessus des partis et du corps électoral, mais parce que toute action législative, tout programme politique est désormais susceptible d'être soumis à la censure juridique du Conseil. C'est d'ailleurs ce que Michel Rocard, Premier ministre, a tenu à rappeler aux membres de son gouvernement dans la circulaire qu'il leur a adressée le 25 mai 1988 et qui se veut un « code de déontologie de l'action gouvernementale ».

Est ainsi renforcé en France l'État de droit. L'effort séculaire de la jurisprudence administrative pour contrôler juridiquement l'exécutif est complété par le contrôle du législatif. Si rien n'est impossible au peuple s'exprimant directement et régulièrement dans le cadre des procédures fixées par la Constitution, les organes politiques institués par elle sont tenus de respecter les règles de conduite qui structurent la société française et l'État qui veut et agit en son nom. Ces règles que le Conseil tire des textes fondateurs de l'État moderne en France forment un code de

---

loi ainsi critiquée pourra être soumise au jugement du Conseil constitutionnel si la Cour de cassation ou le Conseil d'État estime l'argumentation sérieuse.

sociabilité politique qui est l'expression juridique de l'identité française.

Aujourd'hui accepté par la quasi-totalité du peuple et du corps électoral, ce code n'est pas immuable. Il comporte des lacunes, il connaîtra des évolutions. Dans certains domaines nouveaux — telles l'écologie, la biologie, la comunication audiovisuelle, l'informatique —, il serait souhaitable de lui donner une formulation juridique plus précise et mieux adaptée. Mais tel qu'on le constate aujourd'hui, il est un instrument puissant de paix civile.

2. Les données socio-économiques et leurs conséquences politiques

La structure socio-économique de la France a considérablement changé depuis 1958. Ces changements expliquent-ils l'évolution des partis et du système des partis ? C'est une grande question ; avant de tenter d'y répondre, il faut rapidement fixer les grandes lignes de cette évolution et les résultats qu'elle a produits.

Une économie capitaliste avancée

1958 n'est pas une date importante du point de vue de l'évolution économique française. Mais il se trouve que le début de la Ve République correspond au début de la construction du Marché commun européen. Coïncidence fortuite, certes, mais significative. Depuis l'entrée en vigueur du traité de Rome créant la Communauté économique européenne, l'économie française suit résolument la voie du développement capitaliste moderne. Les velléités du début de la IVe République de constituer une économie mixte fondée sur la coexistence et la coopération, sous la direction de l'État par le Plan, de deux secteurs, public et privé, obéissant à des rationalités différentes sont définitivement abandonnées. L'économie française sera une économie de plein vent, c'est-à-dire complètement intégrée au marché international. Le modèle américain est désormais unanimement admis par les gouvernants et les dirigeants économiques, publics et privés.

Il n'est pas question de résumer en quelques mots une évolution si rapide et spectaculaire que ceux qui la vivent s'en rendent eux-mêmes imparfaitement compte. Plusieurs points sont cependant à rappeler. En premier lieu, la croissance économique devient un dogme, après avoir été seulement un espoir. De 1958 à 1973, la croissance annuelle est de l'ordre de 5,8 % — ce qui place la France au deuxième rang, après le Japon, avant l'Italie, l'Allemagne fédérale et les États-Unis — et la croissance de l'investissement en volume est de 8 % par an pendant la période 1960-1970, juste derrière le Japon.

De 1976 à 1988, la croissance moyenne du produit intérieur brut est de 2,3 % par an. Quant à l'inflation, après avoir culminé à 13,7 % en 1973 et à 13,6 % en 1979, elle a diminué régulièrement depuis 1980 et descend sous les 3 % en 1986.

Mais le chômage, presque ignoré avant 1968 (1,7 % de la population active) devient un problème grave après 1975 (5,5 % en 1978) et ne cesse de s'aggraver jusqu'en 1988 (10,7 % en 1987, 10,1 % en 1988) ; le nombre des demandeurs d'emploi dépasse toujours 2 500 000. Les systèmes d'aide financière aux chômeurs et les nombreux plans de traitement social du chômage mis en œuvre par les différents gouvernements ont cependant évité que la situation ne devienne explosive.

Cette économie en expansion, capitaliste et libérale, facilite le développement de l'État. Celui-ci n'est plus seulement un centre de décisions, ni un mécanisme de redistribution des ressources qu'il prélève ; il est un appareil d'action économique, à la fois pour orienter et pour gérer certains secteurs de la production et des services. L'Etat comme entreprise s'enfle considérablement.

Il y avait en 1958 1 500 000 agents civils et militaires de

l'État ; en 1968, on compte 1 800 000 agents, dont 1 500 000 sont civils ; en 1988 le total est d'environ 2 500 000 dont 1 million relèvent de l'Éducation nationale. Il faut y ajouter 1 million d'agents des collectivités territoriales et 650 000 agents des hôpitaux publics. Les agents publics proprement dits représentent 18 % des salariés.

Les personnels des entreprises publiques ne sont pas des agents publics, mais ils sont généralement considérés comme des salariés de l'État-patron, ce qui est juridiquement inexact.

Le budget de l'État a franchi la barre symbolique des mille milliards de francs en 1985 et continue de croître un peu plus que l'inflation. Il est alimenté par la taxe à la valeur ajoutée (TVA) pour 44 %, par l'impôt sur les revenus pour 20 %, l'impôt sur les sociétés pour 9 % et par les autres impôts et taxes pour 27 %. Le poids de la fiscalité d'État a relativement décru depuis dix ans (18,1 % du produit intérieur brut en 1982 ; 17,2 % en 1987). En revanche, le poids des impôts prélevés par les collectivités territoriales a nettement augmenté du fait notamment de la mise en place de la décentralisation. De 1977 à 1987, il a crû de près de 40 %, passant de 4,3 % du produit intérieur brut à 5,9 %.

Il en est résulté une « socialisation » croissante de la France. Les prélèvements obligatoires, qui regroupent les impôts de toute nature et les différentes cotisations obligatoires aux organismes de protection sociale, ont crû régulièrement jusqu'en 1984, où ils atteignent 44,7 % du produit intérieur brut. Depuis cette date, ils sont repassés en deçà des 44 %, mais les prélèvements sociaux représentent plus de 24 % du PIB, c'est-à-dire nettement plus que l'ensemble des prélèvements fiscaux (19,5 %). Les systèmes de protection sociale coûtent plus cher à la nation que la puissance publique.

En second lieu, l'économie française est le théâtre d'une puissante concentration des unités économiques, industrielles et commerciales et de la disparition corrélative des petites unités. Le rapport général du VIe Plan affirme : « Ce n'est pas à la concurrence qu'il faut imputer la concentration du pouvoir économique, ni même à la propriété privée des moyens de production, mais aux exigences de la technologie et de l'organisation moderne, qui entraînent l'existence des grandes entreprises, centres de décision autonome. » Mais le Plan réaffirme fortement l'attachement au mode de production capitaliste et « au système du marché [...] que le pays s'est librement donné, parce qu'il reconnaît en lui une condition fondamentale d'une gestion efficace de l'économie et le garant du pluralisme de notre société »[1].

Les nationalisations d'entreprises industrielles et de service décidées par la gauche en 1981-1982, puis la privatisation de certaines d'entre elles réalisée par le gouvernement Chirac en 1986-1987 n'ont pas modifié sensiblement les structures économiques françaises, dans la mesure où les entreprises publiques, même celles gérant un service public, sont soumises à la loi du marché ou incitées, par conventionnement avec l'État, à trouver l'équilibre financier[2]. L'économie mixte que le président Mitterrand a souhaitée à maintes reprises est une réalité quant à la propriété des entreprises, non du point de vue de leur fonctionnement économique. On a même pu dire que le rôle historique des socialistes, surtout après 1984, aura été de réconcilier le peuple français avec l'esprit d'entreprise et de faire comprendre la nécessité du profit comme indicateur de bonne gestion économique et comme source de toute politique sociale de redistribution.

La signature de l'Acte unique européen, les 17 et 28 février 1986, et son application en vue de parachever

1. « VIe Plan 1971-1975 », t. I, p. 13 et p. 67, n. 2, imprimerie des Journaux officiels, rapport général annexe à la loi du 15 juillet 1971. Il y a eu 931 concentrations d'entreprises en 1959, et 2240 en 1968. En 1969, 0,86 % des entreprises françaises réalisaient 61,3 % du chiffre d'affaires de toutes les entreprises.

2. Après les privatisations de 1986-1988 (12 groupes, soit 29 entreprises), le secteur public comprend en 1989 57 établissements publics, employant 520000 salariés, et 51 sociétés nationales, employant 337000 salariés; avec leurs filiales (environ 2000), ces entreprises publiques emploient 1,4 million de personnes (rapport 1989 du Haut Conseil du secteur public).

enfin les objectifs fixés à la Communauté économique européenne par le traité de Rome de 1957 marquent l'option, apparemment irréversible, de l'intégration de l'économie nationale dans l'espace économique européen et, par là, dans le marché mondial. Mais la libre circulation des biens, des services, des capitaux et des personnes et le libre droit d'établissement — bref, le marché unique européen — se réalisent plus vite que l'union économique et monétaire et les disciplines communes qu'elle implique. Il en résulte désormais pour tout gouvernement et tout parti politique une importante limitation à leur liberté programmatique en matière économique, et conséquemment en matière de fiscalité et de protection sociale.

Économie de croissance, de plus en plus imbriquée dans l'économie capitaliste mondiale, l'économie française engendre un modèle de civilisation productiviste.

Une société en mutation

En 1958, la population totale française dépassait 44 millions d'habitants ; en 1980, 54 millions ; en 1989, 56 millions. C'est donc un pays plus « lourd » que gouvernent les institutions de la Vᵉ République. Mais la population active a relativement moins augmenté (19,5 millions en 1958, 21,5 en 1985), du fait de l'accroissement de la durée de la scolarité et du chômage.

L'accroissement de la population est dû surtout à l'allongement de l'espérance de vie. En deux cents ans, elle est passée de 28,1 ans pour les femmes et 27,5 ans pour les hommes à 80,6 ans et 72,3. Il en résulte un vieillissement de la population. Les personnes de plus de 60 ans représentent 19 % du total en 1989 (8,5 % en 1789) et les moins de 20 ans 28 % (40 % en 1789).

Parallèlement, le dynamisme démographique s'est affaibli. La courbe des naissances s'infléchit ; le point maximal est atteint en 1964 avec 874 000 naissances, le point minimal en 1976 avec 720 000. Depuis 1974, le taux de fécondité s'est fixé à 1,86 % et ne permet plus le renouvellement des générations (qui exige 2,08 %). Il reste cependant supérieur à celui de la plupart des pays développés, mais manifeste une profonde crise de confiance de la société en elle-même et entraîne de lourdes conséquences sur les systèmes de retraite.

Le nombre des mariages a diminué considérablement. Le taux de nuptialité (nombre de mariages pour 1 000 personnes) est passé de 9 % en 1960 à 4,8 % en 1987. Le taux de « divorcialité » (nombre de divorces par rapport aux mariages) a doublé en dix ans (10 % en 1975, 20 % en 1985). La cohabitation juvénile (couples non mariés de moins de 35 ans) a quadruplé. Les naissances d'enfants hors mariage sont passées de 6 % des naissances dans les années soixante à 15 % dans les années soixante-dix et à près de 25 % dans les années quatre-vingt.

Le nombre des étrangers en France a peu évolué depuis 1962 (+ 7 % entre 1962 et 1982), du fait de la limitation de l'entrée des travailleurs étrangers. Il est en 1989 d'environ 3 700 000 personnes, soit 6,8 % de la population totale. Les plus nombreux sont les Portugais, puis les Algériens et les Marocains. Cette population tend à se féminiser (croissance de 80 % en vingt ans du nombre des femmes), du fait du regroupement familial qui reste autorisé. Il en résulte une forte croissance du nombre d'enfants étrangers nés en France, compte tenu d'un taux de fécondité plus élevé ; il a doublé entre 1962 et 1982 et dépasse alors 13 % des naissances en France. En 1986, l'acquisition de la nationalité française par ces enfants à leur majorité (nationalisation automatique, sauf refus antérieur) se chiffre à environ 80 000 personnes, sur 126 000 étrangers devenus français la même année.

La France agricole disparaît lentement et la France rurale cherche la voie d'un développement diversifié. Mais l'urbanisation croissante aboutit à ce que la population dite « urbaine » (communes de plus de 2 000 habitants agglomérées au chef-lieu) est passée de 62 % du total en 1957 à 77,6 % en 1988. A cette date, 44 % de la population française habite dans les agglomérations de plus de 100 000 habitants.

La structure de la population active a profondément évolué. La part du secteur primaire (agriculture, pêche, forêt...) est passée de 28 % en 1957 à 15,7 % en 1968 et 7,3 % en 1986 (moyenne dans la CEE : 8,3 %, mais 5,3 % en Allemagne et 2,6 % en Grande-Bretagne) ; les activités secondaires (industries, bâtiment...) ont crû de 37 % à 39,6 % entre 1957 et 1968 et décru à 31,3 % en 1986 (moyenne dans la CEE : 33,4 % ; 40,9 % en Allemagne, 31,1 %, en Grande-Bretagne). Le secteur tertiaire (services, administrations...) est passé de 35 % à 44,7 % de 1957 à 1968 et à 61,3 % en 1986 (moyenne dans la CEE : 58,5 % ; 53,7 en Allemagne, 66,4 % en Grande-Bretagne).

Le taux d'activité a diminué chez les hommes, du fait du chômage surtout (70,4 % en 1977, 65,4 % en 1987). En revanche, et en dépit d'un taux de chômage plus élevé, il a crû pour les femmes (43 % en 1977, 45,8 % en 1987) du fait de leur forte progression dans les activités hors du foyer.

La population active est de plus en plus salariée (65 % du total des actifs en 1968, 85 % depuis 1978). La structure socioprofessionnelle de ces actifs a connu une évolution contrastée. Les exploitants agricoles n'ont cessé de décroître (26 % en 1958, 6 % en 1988). Les chefs d'entreprises, grandes et petites, ont décru de 12 % à 9 % entre les mêmes dates, du fait de la disparition de nombreux petits commerçants et artisans. Les cadres supérieurs et les professions libérales ont plus que triplé (3 % à 9,87 %). Les cadres moyens ont presque quadruplé (5,8 % à 19,4 %). Les employés ont triplé (10,8 % à 30,2 %). Les ouvriers, qualifiés ou non, après avoir crû de 1958 à 1975 (33 % à 38 %), ont diminué depuis (34,6 % en 1988).

Les inégalités des revenus a toujours été une des caractéristiques de la société française[1]. Les revenus salariaux, sous la pression des syndicats et de certains partis politiques, ont connu une évolution tendant à restreindre

1. Voir Jean Lecaillon, *L'Inégalité des revenus*, Cujas, 1970 ; et le CERC (Centre d'études des revenus et des coûts), *Les Français et leurs revenus*, La Documentation française, 1989.

leur disparité entre 1968 et 1984. Le rapport du montant des rémunérations des 10 % de salariés les mieux payés au montant des salaires des 10 % les moins payés est passé de 4,1 en 1967 à 3,09 en 1984. Mais la tendance s'est inversée depuis cette date ; il est de 3,2 en 1987.

Cependant, entre 1982 et 1988, l'augmentation des inégalités est surtout la conséquence d'un énorme écart entre la croissance des revenus du travail (salarié ou indépendant) et celle des revenus du capital, immobilier et surtout mobilier. En francs constants, la masse des salaires a baissé entre ces deux dates de 1,4 %, tandis que la masse des revenus mobiliers augmentait de 111 %. Le chômage explique en partie cet écart, mais il faut bien constater que la défiscalisation des revenus financiers ne peut que l'accroître.

Les gouvernements de gauche, après 1981, ont tenté de réduire ces inégalités à la fois par une politique fiscale (impôt sur la fortune, par exemple) et par la politique sociale (création d'un revenu minimum d'insertion en 1988 pour les plus démunis). Mais cette action publique n'a qu'un effet marginal. La poursuite de l'intégration européenne et la mondialisation des mouvements financiers des bourses de valeurs favorisent puissamment les revenus du capital.

Des données culturelles contrastées

La France est aujourd'hui encore un pays de tradition massivement catholique. Le dernier recensement où la question de la religion fut posée est celui de 1872 (98 % s'y déclarent catholiques). Les sondages d'opinion permettent aujourd'hui d'indiquer des ordres de grandeur. En 1966, 86 % d'un échantillon représentatif de la population se déclarent catholiques, 81 % en 1986. La proportion des « sans-religion » et des incroyants est passée entre les mêmes dates de 8 % à 14 %. Jusqu'aux années soixante-dix, la pratique religieuse régulière est en 1966 de 26 % des catholiques ; à la fin des années quatre-vingt, elle est inférieure de moitié. Plus de la moitié des « catholiques » se déclarent étrangers à l'Église, mais font baptiser leurs enfants (97 %) et veulent s'y marier (87 %). Les pratiquants occasionnels sont le quart (26 %).

En dépit d'une forte baisse de son influence et de son « personnel » permanent (prêtres, religieux et religieuses), l'Église catholique demeure la plus importante structure sociale en France.

Les minorités religieuses sont d'abord les musulmans (2 500 000 personnes, soit 4,5 % de la population, dont 1 million sont de nationalité française). Les protestants sont environ 800 000 (1,4 %) et les juifs 650 000 (quatrième communauté au monde après les États-Unis, Israël et l'URSS). La montée des sectes après 1968 a beaucoup ému l'opinion publique et les médias, mais reste statistiquement un phénomène marginal.

Les régions où la pratique religieuse catholique reste forte sont l'Ouest, le Massif central et le Nord-Est. Ce sont aussi celles où le syndicalisme d'origine chrétienne obtient ses meilleurs résultats. Il existe toutefois un décalage de plus en plus net entre le christianisme sociologique et l'Église catholique au sens des prêtres et des laïcs pratiquants réguliers. Le premier reste très attaché aux traditions et au rôle conservateur du catholicisme, même s'il rejette en pratique les règles de la morale chrétienne dans la vie privée, notamment sexuelle. L'autre est en recherche liturgique, soucieux d'intériorisation personnelle et facilement contestataire.

Les associations et les « œuvres » catholiques ont subi les effets du déclin général des organisations collectives dans la société moderne française, dominée par l'individualisme et l'hédonisme. Mais elles forment toujours un réseau très important, qu'elles soient purement religieuses (220 000 catéchistes en 1986), sociales et caritatives, ou encore éducatives. L'école privée est en France essentiellement catholique, et les événements de 1984 ont montré la force de mobilisation qu'elle peut susciter.

Le syndicalisme de salariés est, après la religion, la plus importante structure de la société française. Il subit depuis le début des années quatre-vingt une crise profonde. Le taux de syndicalisation est tombé en France en 1988 à 10 % des personnes actives. Il est supérieur à 80 % en Belgique et au Danemark, et à 40 % en Allemagne et en Italie. Encore faut-il tenir compte d'un taux de syndicalisation plus élevé dans le secteur public (17 % chez les fonctionnaires, 20 % dans le secteur nationalisé) ; dans le secteur privé, le taux descend à 5,6 %, diminuant de moitié en six ans (selon l'enquête du Centre de recherches pour l'étude et l'observation des conditions de vie [CREDOC] de 1988). Ce sont les personnes les plus jeunes qui se syndiquent le moins.

Les grandes organisations syndicales ont ainsi perdu une partie de leurs adhérents. La Confédération générale du travail (CGT) dépassait les 2 millions d'adhérents en 1973 et n'en a plus que 835 000 en 1984[1]. La Confédération française démocratique du travail (CFDT), d'après les mêmes sources, en regroupe presque autant ; Force ouvrière (FO), environ 400 000 ; et la Fédération de l'éducation nationale (FEN), un chiffre équivalent.

Aux élections pour les comités d'entreprise, selon les statistiques du ministère du Travail, la CGT obtenait 50,8 % des suffrages en 1966 ; vingt ans après, en 1986, 27,1 %. La CFDT, dans le même temps, est passé de 19,1 % à 21,2 % ; FO, de 8 % à 14 % ; la Confédération française des travailleurs chrétiens (CFTC), de 2,4 % à 3,8 % ; les autres syndicats, de 7,7 % à 12,5 % ; et les non-syndiqués, de 12 % à 21,1 %.

Aux élections prud'homales de 1987, la CGT obtient 36,3 % des suffrages : la CFDT, 23 % ; FO, 20,5 % et la CFTC, 8,3 %. Les évolutions sont faibles par rapport à la précédente élection (1979), mais le nombre des inscrits n'est que de 13 500 000 personnes et les abstentions sont très fortes (54 % en 1987).

L'indicateur d'influence des grandes centrales syndicales le plus significatif est le résultat des élections aux organismes de sécurité sociale. Rétablies en 1982, ces élections

1. D'après *Liaisons sociales*, document n° 98, 15 octobre 1987.

concernent les caisses d'assurance maladie (29 millions d'électeurs) et les caisses d'allocations familiales (31 millions d'électeurs). Malheureusement, l'abstention y a été de 50 % en 1983. La CGT a obtenu 29,57 % des voix ; FO, 25,17 % ; la CFDT, 19,22 % ; la CFTC, 12,92 % ; et la Confédération générale des cadres (CGC), 13,1 %.

Le syndicalisme français, dès ses débuts, s'est voulu indépendant des partis politiques. Théorisé dans la « charte d'Amiens » de la CGT (1906), le refus de l'alliance organique avec le Parti socialiste qui vient de s'unifier a interdit la constitution d'un véritable courant social-démocrate. Cette tradition s'est transmise au syndicalisme chrétien après la Première Guerre mondiale et s'est renforcée après la Seconde, lorsque le Parti communiste a pris le contrôle de la direction de la CGT. La CFTC a ainsi interdit la création d'un parti démocrate-chrétien de type italien. Plus tard, FO a fait de l'apolitisme un dogme de sa théorie syndicale. Lorsque la CFTC se transforme en CFDT, en 1964, et réalise sa « déconfessionnalisation », elle est bientôt tentée par un rapprochement avec le Parti socialiste en voie de rénovation, mais finalement refuse de participer en tant que telle aux assises du socialisme en 1974 et réaffirme son orientation purement syndicale après 1978.

La socialisation dans la France d'aujourd'hui est essentiellement assurée par le système scolaire et par les moyens de communication de masse.

Le développement de la scolarisation est impressionnant. La scolarité, depuis 1959, est obligatoire de 6 à 16 ans, mais la demande d'école par les familles s'est manifestée en deçà de 6 ans et par-delà 16 ans. L'enseignement préélémentaire et le deuxième cycle de l'enseignement secondaire ont pris une grande extension. En 1989, le système éducatif compte 13 millions d'élèves, l'enseignement supérieur dépasse les 1 400 000 étudiants. En y ajoutant les jeunes en formation professionnelle (1 600 000), on voit que 16 millions de jeunes sont en formation, soit 28,5 % de la population. Dans les premier et second degrés de l'enseignement (écoles, collèges et lycées), l'enseignement privé, essentiellement catholique, représente 17,2 % des élèves ; l'enseignement public, 82,8 %.

Les moyens de communication de masse ont connu une évolution très contrastée. Pour ce qui est de la presse quotidienne et périodique, on constate la quasi-disparition des journaux des partis politiques et l'échec de toutes les tentatives d'en lancer de nouveaux. La concentration des titres est spectaculaire. A Paris, il y avait 32 quotidiens en 1945, 10 seulement quarante ans plus tard ; la presse quotidienne de province est passée de 175 titres à 67. Dans la plupart des régions, il existe désormais un seul journal régional en position monopolistique. La diffusion des quotidiens a beaucoup baissé. Le plus important quotidien français, *Ouest-France,* tire en 1988 à 760 000 exemplaires. Les recettes publicitaires sont devenues la principale ressource des quotidiens et périodiques ; certains hebdomadaires à fort tirage sont plus des supports publicitaires que des organes de presse.

Aucun gouvernement n'a pu faire voter et appliquer les nombreux projets de moralisation et de transparence des entreprises de presse. L'ordonnance de 1945 est restée à peu près non appliquée et la loi de 1984 a été abrogée avant d'être mise en œuvre. De grands groupes capitalistes multimédias se sont ainsi constitués et ont abouti, par le contrôle de nombreux organes de communication, à réduire le pluralisme des mass media.

Ces débats sont cependant mineurs en comparaison avec la furieuse bataille juridique et financière qui s'est développée autour des médias audiovisuels. On comprend l'enjeu si on tient compte du développement foudroyant de la télévision. Il y avait 1 360 000 récepteurs de télévision en 1960, 6 500 000 en 1966, 11 700 000 en 1971, 18 500 000 en 1988. Désormais, toute la vie sociale, culturelle et économique, mais aussi tout le débat politique sont commandés par la télévision.

Le monopole de l'État pour la diffusion et la programmation en matière de radio et de télévision a été confié dans un premier temps à un établissement public autonome, l'Office de radiodiffusion télévision française (ORTF), par les lois de 1959 et 1964. Le président Giscard d'Estaing, sans toucher au statut public, a fait éclater l'ORTF et a introduit la concurrence entre les sociétés nationales (loi du 7 août 1974). La gauche, par la loi du 29 juillet 1982, a supprimé le monopole de radiodiffusion et autorisé les radios privées, bientôt prises en main par des groupes commerciaux. Elle supprime également le monopole de programmation pour la télévision et autorise les chaînes privées dans le cadre d'une concession de service public. Enfin, elle institue une Haute Autorité de l'audiovisuel chargée du contrôle de l'ensemble des médias audiovisuels.

Le gouvernement Chirac, par la loi du 30 septembre 1986, supprime la Haute Autorité, remplacée par une Commission nationale de la communication et des libertés (CNCL), qui a le même rôle mais dont la composition est élargie. Le retour des socialistes au pouvoir amène la suppression de la CNCL et la création d'un Conseil supérieur de l'audiovisuel (loi du 17 janvier 1989). Il est formé de neuf membres nommés par le président de la République, le président de l'Assemblée nationale et le président du Sénat pour six ans. Il contrôle l'exercice de la liberté de communication.

Cette bataille autour du contrôle de la communication audiovisuelle révèle l'ampleur des enjeux. Mais les solutions apportées par les législations successives révèlent aussi l'impuissance des pouvoirs publics à maîtriser le problème de la communication audiovisuelle. La liberté de la presse a attendu cent ans (1789-1881) un statut juridique. L'audiovisuel ne le trouve pas, du fait de l'évolution trop rapide des moyens techniques de communication et de son caractère propre : immédiateté de la diffusion et de la réception, accès direct du public, force de l'image. Le développement du câblage des villes, la diffusion par satellites, la recherche de l'audience maximale ne font qu'aggraver la difficulté du problème.

Structures sociales et résultats électoraux

L'influence des structures sociales sur la vie politique du pays et notamment sur les résultats électoraux est complexe. Apparemment, les partis prétendant représenter les salariés en général, et la classe ouvrière en particulier, devraient bénéficier de la généralisation du salariat et de l'urbanisation.

Or, les partis de gauche qui prétendent à ce rôle dépassent rarement la moitié des suffrages exprimés. En 1956, la gauche tout entière (PC, SFIO, radicaux et divers) obtenait 55,7 % des voix ; elle ne retrouve ce chiffre qu'une fois, aux législatives de 1981, avec 55,6 % au premier tour. De 1958 à 1969, elle baisse régulièrement et ne dépasse la majorité qu'en 1978 (50,2 %). Depuis cette date, et si l'on s'en tient aux premiers tours des élections, elle ne l'a dépassée qu'en 1981 (49,2 % aux législatives de 1988).

Dans ces résultats, le PC, qui dominait jusqu'en 1969, perd la première place au profit des socialistes à partir de 1973. Le PS n'a donc pas récupéré l'électorat qui a abandonné le PC, bien qu'il ait crû considérablement, atteignant plus de 38 % aux législatives de 1981 et plus de 37 % à celles de 1988.

La droite a connu évidemment une évolution parallèle. Minoritaire sous la IVe République, elle croît beaucoup sans atteindre une position hégémonique. Si l'on réunit toute la droite (RPR, UDF, FN), le maximum est atteint aux élections européennes de 1984 (57,5 %) et législatives de 1986 (54,6 %). Mais, depuis ces dates, le FN pose à la droite libérale et conservatrice un redoutable problème d'alliance. Dans cette dernière, les gaullistes, sous différentes appellations, devancent la droite dite « classique » jusqu'en 1978. Ensuite, les deux grands courants s'allient et se partagent les responsabilités électives ; il est alors difficile de départager la droite dans son ensemble.

Enfin, ce n'est qu'à partir de 1989 que le mouvement écologiste obtient des résultats suffisamment significatifs

(11,8 % aux européennes de 1989) pour être en mesure de perturber la bipolarisation.

Les études de corrélation entre les votes et certaines variables choisies comme significatives font d'ailleurs apparaître des conséquences étonnantes. Une telle étude faite sur le premier tour des élections présidentielles de 1965 retenait quatre variables : la religion, l'âge, le sexe, et la profession[1]. Les indices de liaison sont les suivants : religion, 0,066 ; sexe, 0,017 ; profession, 0,0079 ; âge, 0,0074. Autrement dit, la liaison vote-religion est 4 fois plus forte que la liaison vote-sexe et 8 fois plus forte que la liaison vote-profession. « C'est la religion qui rend le mieux compte du choix électoral des Français le 5 décembre 1965 », conclut l'auteur de l'étude.

Mais les choses ont évolué. En 1973, si les catholiques pratiquants réguliers votent difficilement pour un socialiste et à peu près pas pour un communiste (7 % et 1 % respectivement de ces électorats), les pratiquants occasionnels acceptent un peu mieux le vote communiste et très facilement le vote socialiste (43 % de l'électorat socialiste).

En 1988, au second tour de l'élection présidentielle, 33 % des catholiques pratiquants votent Mitterrand (et 67 % Chirac) ; 56 % des catholiques non pratiquants et 74 % des « sans-religion » votent pour le président sortant (sondage Bull-BVA-*Le Monde,* 11 mai 1988).

Il en est de même pour la détermination par le sexe. Longtemps les femmes ont voté majoritairement à droite. Aux élections présidentielles de 1981 et de 1988 (second tour), le renversement de tendance apparaît nettement : Mitterrand recueille en 1981 49 % de l'électorat féminin et en 1988 54 %, soit plus que sa proportion dans l'électorat dans son ensemble (52 % de femmes).

Les agriculteurs et les petits commerçants et artisans votent toujours très majoritairement pour la droite, les professions libérales et les cadres supérieurs également mais moins nettement. Mais, si la gauche est majoritaire

1. Voir l'article de M. Brule in *Sondages,* revue de l'IFOP, 1966, n° 2, p. 14 *sq.*, citation p. 19.

dans toutes les autres catégories socioprofessionnelles, elle l'est faiblement chez les cadres moyens et les employés (entre 55 % et 60 %) ; mais elle obtient les deux tiers des voix ouvrières et même les trois quarts à la présidentielle de 1988.

L'étude de l'apparition des partis dans les consultations électorales à partir de certains seuils significatifs, au plan national ou au niveau des départements, montre la progression de la bipolarisation partisane. La droite, et en son sein surtout les partis gaullistes, s'est peu à peu nationalisée à partir de 1962, c'est-à-dire que les différences des résultats entre les zones de force et les zones de faiblesse tendent à se réduire. La gauche, et en son sein le parti socialiste, est restée beaucoup plus provinciale jusqu'en 1973, elle a homogénéisé ses résultats dans un sens ascendant à partir de 1974.

Au niveau national, aucun parti n'atteint dans aucune élection les 50 % des suffrages au premier tour. Aucun candidat à l'élection présidentielle n'y a non plus réussi. On sait que de Gaulle en 1965 a ressenti quelque amertume de n'avoir point été élu au premier tour. Il en va différemment au niveau des circonscriptions législatives, où l'élection d'un député au premier tour est fréquente ; en 1968, un tiers des députés (160 sur 487) sont dans ce cas.

Le seuil de 40 % des suffrages au niveau départemental montre bien la progression de la bipolarisation droite-gauche. L'Union des démocrates pour la république (UDR) l'atteint dans 71 départements en 1968, la gauche dans aucun. En juin 1981, l'alliance des deux grands partis de droite, RPR et UDF, franchit ce seuil dans 66 départements. A gauche, le PS atteint ce seuil dans 38 départements, le PC dans aucun. Mais la gauche entière l'atteint dans 91 départements.

Le marché électoral est donc bien à tendance duopolistique. Mais une élection, et à plus forte raison un vote d'un électeur, n'est pas seulement un choix — donc une décision positive de préférence —, c'est aussi un refus — donc une décision négative. L'électeur se comporte comme une plaque sensible qui reçoit et enregistre les influences que le mécanisme laisse passer. Il ne peut donc révéler les réalités que le système n'a pas laissé passer ou qu'il rejette. Il aura alors tendance à émettre un vote de refus plus qu'un choix positif. Or, la bipolarisation filtre sévèrement les thèmes et les candidats qui les incarnent, d'où la possibilité d'offrir sur le marché électoral un choix de refus aux électeurs.

Le Front national a utilisé systématiquement cette possibilité en dénonçant la « bande des quatre ». Le mouvement écologiste n'a réussi sa percée électorale en 1988-1989 qu'en popularisant le thème « ni droite-ni gauche » ; il avait échoué sur ses propres thèmes à rassembler un électorat significatif.

Finalement, l'implantation sociologique et géographique des partis apparaît comme une réalité complexe, fruit de l'influence de trois groupes de facteurs. Les facteurs historiques, eux-mêmes complexes, résultant d'événements, nationaux et internationaux, qui ont marqué la vie locale, politique, économique, culturelle d'une région ou d'un « pays ». Ils aboutissent à des pesanteurs et à des rémanences souvent synthétisées sous le nom de traditions locales. Les facteurs géographiques tiennent à la morphologie, au climat, aux ressources naturelles, et donc à la vie économique et sociale de la zone considérée. Ils ne sont pas des donnés immuables car ils sont souvent modifiés par les évolutions économiques non voulues et par les politiques publiques et privées d'aménagements du territoire, mais ils ont une action à long terme. Les facteurs conjoncturels sont l'expression de phénomènes fortuits qui marquent la vie politique d'une région, ce sont des événements ou des hommes politiques exceptionnels qui impriment leur marque ici, mais auraient aussi bien pu le faire ailleurs.

C'est le jeu de ces facteurs, qu'il est difficile de quantifier et de modéliser, qui conduit un parti à connaître des zones de force ou de faiblesse sur une longue période. Les évolutions se produisent bien évidemment, mais elles sont toujours lentes. La France est en effet une démocratie stabilisée. Les résultats nationaux des élections depuis plus d'un siècle ne traduisent pas de grands bouleversements, mais des glissements et des changements à la marge.

3. Le système expliqué par les partis

Affirmer que le régime politique actuel et le système de partis qui en découle s'expliquent par la situation économique et sociale de la France moderne est une proposition abondamment débattue. L'utilisation abusive du vocabulaire marxiste par de nombreux auteurs et partis politiques, les simplifications caricaturales qui font bon marché des faits les plus avérés, la crainte infantile des intellectuels français de ne pas être le plus à gauche possible ont introduit dans cette question une extrême confusion.

Il est loin le temps où Marx présentait, en 1851 dans *Les Luttes de classes en France (1848-1850)* et en 1871 dans *La Guerre civile en France,* une description nuancée de la structure des classes en France, de ses causes et de ses conséquences. Certes, les analyses de l'évolution économique et des transformations du capitalisme moderne sont nombreuses et de qualité ; certes, les recherches et les hypothèses sur les mutations de la société qui en découlent, notamment au niveau des structures sociales, du processus de socialisation et de l'idéologie dominante, sont abondantes et souvent convaincantes. Mais l'articulation de ces phénomènes avec ceux de la vie et des institutions politiques est toujours difficile à démontrer.

Les recherches sur les structures économiques et sociales dans leur rapport avec les forces politiques, soit au niveau national, soit dans telle région, échouent à dégager des corrélations significatives. Pourquoi le Parti communiste est-il si faible en Grande-Bretagne et si fort en Italie ou en France jusqu'à une époque récente ? Les infrastructures économiques et sociales ne fournissent pas de réponse décisive.

Si l'on interroge les partis français sur ce sujet, on ne peut cependant qu'être frappé par un phénomène impressionnant. Il existe deux camps. D'une part, on rencontre les partis qui refusent l'analyse de classe des partis, pour eux-mêmes et pour les autres. Ce sont les partis de la droite, du centre et de la réforme. Pour ces partis, c'est par un abus de mots et par démagogie que l'on parle de représentation des intérêts d'une classe ou d'une couche sociale par un parti. D'autre part, il y a les partis qui, avec des analyses différentes, fondent leur existence et celle des autres partis sur la structure de classes de la société. Ce sont les partis communiste, socialiste, socialiste unifié.

La nation au-dessus des classes et des partis

Pour les partis de la droite, le problème est réglé avant d'être posé. La seule réalité qui commande est la nation, qui est non seulement la structure de superposition au-delà des clivages économiques, sociaux, idéologiques, mais aussi et bien plutôt la réalité profonde dont ces clivages ne sont que les épiphénomènes. La France est plus réelle que les Français ; l'intérêt national, plus fondamental que les divergences quotidiennes et superficielles des groupes sociaux. C'est dans les épreuves, les crises et surtout dans la guerre internationale que la France s'impose à tous les Français. Le crime commis par les partis n'est pas d'exister, il est de confondre leur existence avec l'essence nationale. De Gaulle, son mouvement et ses animateurs sont les seuls dignes de gouverner le pays, parce qu'ils sont les seuls à parler au nom de la France. Certes, la nation n'est pas immobile, la France doit épouser son temps, mais elle est immuable dans son être. Il faut donc que l'État, expression visible de la nation, soit en état d'imposer sa volonté à la démocratie représentative, expression éphémère des intérêts divergents. « Le gaullisme, écrit son secrétaire général, est une mystique de l'unité nationale [1]. »

Redescendu de ces sommets, le parti gaulliste veut trouver dans les recherches sociologiques sur le terrain la confirmation de sa vocation à exprimer la nation dans sa

1. Robert Poujade, *La Nation*, 29 janvier 1969.

complexité et son unité. Si nous étions en Italie, nous dirions qu'il veut prouver qu'il est un parti interclasses. L'UDR en effet refuse le label de parti de la classe bourgeoise, mais, bien plus, elle refuse le nom de parti et veut être le peuple français. Il lui faut démontrer qu'elle en est l'image, non point en tant que machine et organisation partisane, mais en tant que rassembleur du peuple sur les intérêts du pays. Parti d'électeurs, a-t-on dit [1], car elle n'est tournée ni vers les notables ni vers les masses, mais vers le corps électoral. Elle admet pleinement la démocratie de masse et rejette l'individualisme libéral que faisait trembler la crainte du suffrage universel. Plus que la démocratie chrétienne de naguère, l'UDR est un mouvement républicain et populaire qui attend du peuple électeur la confiance et le soutien, la discipline et le sacrifice qui permettent d'investir un pouvoir d'État de l'autorité nécessaire pour assurer la grandeur de la nation et le soutien du peuple.

Les centristes et les radicaux réformateurs se présentent eux aussi comme des partis interclasses. Ils acceptent comme nécessaire le nouveau régime et ne veulent point l'expliquer par des considérations économiques et sociales qui sont étrangères à leur méthode de pensée. Mais ils ont critiqué, jusqu'en 1974, son fonctionnement sur deux points : la prédominance absolue du président de la République et l'abaissement du rôle du Parlement. Lecanuet, Poher et Defferre ont tenté de donner une définition du rôle du président qui, élu au suffrage universel, ne serait pourtant point le chef d'une majorité politique et l'animateur de la vie politique. Arbitre, au sens de « chargé de faire respecter la loi », le président en tant que pouvoir neutre, garde et applique la règle du jeu et constate les mouvements des joueurs. Le pouvoir politique réside donc dans la majorité parlementaire et dans son expression gouvernementale : le Premier ministre et son équipe. A la vérité, ces propositions et ces critiques visant à changer le régime en gardant la Constitution, c'est-à-dire à vider les

1. Voir Jean Charlot, *Le Phénomène gaulliste,* Fayard, 1970, p. 63 *sq.*

institutions nouvelles de leur signification profonde, ont été totalement oubliées par leurs auteurs lorsque ceux-ci se sont ralliés au nouveau président de la République élu en 1974.

D'ailleurs, lorsque, à la fin de 1976, V. Giscard d'Estaing formule un diagnostic sur la France et publie *Démocratie française*[1] il ne rouvre pas le débat sur les institutions politiques de la Ve République car elles sont « à la fois efficaces et démocratiques », et il faut « tout faire pour les maintenir » (p. 153). L'essentiel du livre est consacré à une description de la société française d'aujourd'hui ; ce n'est plus la nation qui l'exprime et qui l'unifie, c'est une réalité plus prosaïque. « L'évolution en cours [...] se traduit par l'expansion d'un immense groupe central aux contours peu tranchés et qui a vocation, par sa croissance numérique exceptionnellement rapide, par ses liens de parenté avec chacune des autres catégories de la société, par son caractère ouvert qui en assure largement l'accès, par les valeurs modernes dont il est porteur, d'intégrer en lui progressivement et pacifiquement la société française tout entière » (p. 56), donc « la France n'est pas coupée en deux [...] le centre sociologique de notre nation a déjà une unité réelle » (p. 57). Il appartient aux hommes politiques et au « jeu propre des forces sociales », « en s'épaulant mutuellement », d'accentuer cette évolution (p. 58).

Ce constat et cette volonté sont cependant refusés par la gauche.

L'État aux mains de la bourgeoisie capitaliste

Le Parti communiste français analyse le régime actuel depuis son XVe congrès de juin 1959 comme le « pouvoir des monopoles ». « Avec de Gaulle et son gouvernement, l'État est plus complètement que jamais aux mains de la haute banque et des monopoles [...]. La politique des monopoles, quelles que soient ses nouvelles variantes, aggrave la tendance à la paupérisation de la classe ouvrière.

1. Fayard, 1976, 176 p.

Elle est absolument contraire à l'intérêt national. » Le XVIe congrès (mai 1961) réaffirme que la politique gaulliste « est dans tous ses aspects celle du capital monopoliste » et condamne le groupe Servin-Casanova-Kriegel-Valrimont qui faisait une analyse différente. Le mot de paupérisation a depuis disparu du vocabulaire ; le Parti a introduit une nuance dans son analyse de la politique étrangère, mais le jugement reste substantiellement le même. Le programme de gouvernement de 1971 rappelle « qu'il y a une contradiction criante entre, d'une part, les besoins de la nation et, d'autre part, la politique du grand capital étroitement lié au pouvoir en un mécanisme unique qui domine, pressure, régente le pays », mais il élargit l'analyse à tous les centristes (de Lecanuet à Servan-Schreiber) et à Giscard d'Estaing : « Le grand capital a totalement accaparé la direction et les rouages essentiels de l'État [...]. Exprimant les vues et les besoins du grand capital, la politique du pouvoir giscardien s'inscrit totalement dans cette stratégie mondiale de l'impérialisme » (résolution du XXIIIe congrès, mai 1979).

L'ensemble de la démonstration a été présenté par la section économique du comité central du PC dans un ouvrage collectif, *Le Capitalisme monopoliste d'État*[1]. Elle implique que la lutte contre le pouvoir passe par l'union des forces ouvrières et démocratiques, c'est-à-dire par l'union de l'ensemble des couches antimonopolistes, victimes du capitalisme monopoliste.

Cette thèse a été combattue avec vigueur par certains marxistes, dont le plus connu est Roger Garaudy. « Un rassemblement antimonopoliste peut servir à constituer une coalition électorale en juxtaposant les promesses de satisfaire les revendications même contradictoires de tous ceux qui ont à se plaindre, à un titre quelconque, des grands monopoles capitalistes [...]. Une alliance antimonopoliste ne peut donc pas mener à une révolution ou à une mutation historique[2] » car elle révélera dans la

1. Publié en 1971 aux Éditions sociales.
2. Roger Garaudy, *L'Alternative*, Laffont, 1972, p. 174-175.

pratique « ses contradictions et son impuissance objective ». Garaudy estime au contraire que l'évolution des sociétés capitalistes développées impose la constitution d'un bloc historique nouveau associant aux ouvriers et aux employés prolétarisés les intellectuels (techniciens, savants).

Le Parti socialiste, comme les communistes, voit dans la Vᵉ République un avatar du capitalisme, mais non point du capitalisme monopoliste d'État. « Toute l'évolution de la Vᵉ République, de De Gaulle en Pompidou puis en Giscard, traduit l'émergence progressive de la multinationalisation du capital », lit-on dans le *Projet socialiste pour la France des années quatre-vingt*[1] adopté en janvier 1980. « Tout se passe comme si le gaullisme n'avait été qu'une parenthèse historique destinée à permettre, à travers une relève de générations et de valeurs, la mutation et le retour aux affaires de la vieille bourgeoisie française disqualifiée par son attitude face à la crise des années trente et par ses compromissions vichystes avec l'occupant. L'avènement de Giscard, c'est une restructuration, celle de la grande bourgeoisie, essentiellement financière, dirigeant, pour son compte et pour celui des multinationales, le redéploiement et la restructuration de l'industrie française » (p. 92-93). « Mais la mutation du capitalisme français a sapé les bases sociales qui étaient celles de la classe dominante depuis des décennies » (p. 93), d'où la volonté du PS de rassembler tout le « peuple de gauche » en un « front de classe », ce qui concilie, au moins verbalement, l'union des forces populaires et le bloc historique et alimente l'espoir que la majorité sociologique de gauche se transforme en majorité politique à la faveur des élections.

François Mitterrand, dans sa première déclaration après sa victoire du 10 mai 1981, déclare : « La majorité politique des Français vient de s'identifier avec sa majorité sociale. » Mais il affirme en même temps la nécessité de rassembler « tous les Français pour les grandes causes qui nous attendent », et sa volonté de « créer en toutes circonstances les conditions d'une véritable communauté natio-

1. Club socialiste du livre, 1980, 380 p.

nale ». D'ailleurs, en 1988, pour la campagne présidentielle, il exposera son programme dans une « Lettre à tous les Français ».

La rupture avec le capitalisme n'ayant jamais été sérieusement envisagée, l'alternance n'a donc pas modifié le système économique qui se caractérise par sa mixité entre un secteur public important mais autonome par rapport à l'État et un secteur privé dominant. Les institutions politiques sont demeurées inchangées. Les modestes propositions de réforme constitutionnelle (réduction de la durée du mandat présidentiel, élargissement du rôle du Conseil constitutionnel) ne sont pas de nature à remettre en cause le régime.

2

Les partis du système : le pôle conservateur libéral

Le phénomène d'une majorité parlementaire stable, disciplinée et relativement cohérente est si exceptionnel dans notre pays que l'adjectif « majoritaire » tend à prendre un sens idéologique et politique ; il est synonyme de gaulliste ou favorable au gaullisme de 1962 à 1974. Le « fait majoritaire » est effectivement apparu après les élections de 1962 ; il exprime cette réalité que les députés partisans de l'action de De Gaulle ont la majorité absolue à l'Assemblée nationale. Mais, très rapidement, la réalité devient plus complexe. Le « fait majoritaire » prend la signification d'une coalition de partis, stable et disciplinée, détenant la majorité absolue à l'Assemblée nationale et coïncidant avec la majorité qui a élu le président de la République.

Cette coalition qui se forme pour soutenir de Gaulle unit d'abord les partis gaullistes à des alliés issus de la droite classique libérale et de la démocratie chrétienne. Cette coalition s'élargit en 1969, après le départ de De Gaulle, à de nouveaux hommes venus du centre. La « majorité nouvelle » que V. Giscard d'Estaing constitue en 1974 n'est qu'un nouvel élargissement de l'ancienne coalition gaulliste et pompidolienne vers le centre : elle englobe la totalité du centrisme, las de douze ans d'opposition.

Ce pôle majoritaire correspond, toutes choses égales d'ailleurs, au phénomène conservateur de type britannique, c'est-à-dire à une attitude politique essentiellement pragmatique, soucieuse de conserver pour l'essentiel les structures économiques et sociales et de les réformer dans le détail pour les adapter à l'évolution.

Le style personnel du général de Gaulle conférait au bloc conservateur et réformateur un aspect très particulier que l'on a parfois qualifié de populisme. G. Pompidou apparaîtra de plus en plus avec le recul du temps comme un président de transition. Le gaullisme de changement subit en effet avec lui une profonde mutation : les timides tentatives de De Gaulle pour tracer les grandes lignes d'une troisième voie, entre le capitalisme et le socialisme, par la participation, sont abandonnées. Avec Giscard d'Estaing, s'ouvre une nouvelle page du « livre du temps ». La référence à la grandeur et à l'indépendance de la France est reléguée au musée des gloires passées ; l'appel au peuple pour qu'il assure par son effort le salut de la patrie ne résonne plus dans un théâtre presque vide. La France n'a plus de destin, les Français ont un avenir. Il est fait des chiffres et des courbes du produit national et du revenu par tête.

La défaite de V. Giscard d'Estaing en 1981 semble ouvrir la voie à un néo-gaullisme emmené par J. Chirac et capable de servir d'ossature à un grand parti conservateur. Mais l'échec de ce dernier en 1988 révèle la difficulté de l'entreprise. Il n'a pas en effet été en mesure de rassembler sur son nom et son action toute la droite traditionnelle. De ce fait, les projets de réunion dans une même organisation des différents courants du pôle conservateur et libéral se heurtent à de nouvelles difficultés.

Les deux grandes composantes de ce courant sont confrontées à la résurgence de la droite extrême. Par ailleurs, chacune d'entre elles envisage l'unification à son profit et s'interroge sur les conséquences électorales d'une unité organique si contraire à la tradition politique française.

1

Les gaullistes

L'apparition, le développement et le maintien d'un mouvement gaulliste organisé sont la grande nouveauté du système de partis sous la Ve République. Nouveauté, la construction d'un parti organisé, alors que la droite traditionnelle en France n'a connu et ne connaît que des groupes parlementaires et des réseaux de comités locaux et régionaux de notables. Nouveauté, un parti incontestablement à droite mais à caractère populaire, voire populiste, et qui, de ce fait, prétend s'identifier à la nation et à la République. Nouveauté, enfin, la discipline des élus et des adhérents et l'utilisation systématique des méthodes d'organisation et de communication-propagande les plus modernes.

Les partis gaullistes sont aussi les héritiers du courant du césarisme démocratique dont l'existence se repère aisément tout au long de notre histoire politique depuis deux siècles. La question, depuis le départ du général de Gaulle, est celle de l'avenir d'un tel courant dans un pays qui marche inexorablement vers le rapprochement des systèmes de partis dans l'Europe en construction. Doit-il maintenir son autonomie, au risque de se marginaliser au niveau européen, ou doit-il se fondre dans un grand parti conservateur, au risque de perdre son identité par rapport à la droite traditionnelle ?

1. La formation des partis gaullistes

Après avoir connu l'insuccès sous la IVe République, les gaullistes s'identifient à la Ve République de 1958 à 1974. Exclus alors des responsabilités politiques suprêmes, ils se réorganisent en un grand parti populiste qui tente de reconquérir l'État.

L'apparition du gaullisme partisan

Le gaullisme partisan a eu bien des avatars ; de l'éphémère Union gaulliste de René Capitant en 1946 au Rassemblement pour la République, il s'est manifesté sous des formes très diversifiées. Les hommes qui ont créé le nouveau parti gaulliste en 1958 étaient pour la plupart ceux qui avaient participé, de 1947 à 1953, à l'aventure du Rassemblement du peuple français. Mais les circonstances sont bien différentes. En avril 1947, le général de Gaulle lui-même se pose en fondateur et chef d'un parti qui doit reconquérir l'État et son pouvoir à partir d'une mobilisation populaire. En 1958, de Gaulle est au pouvoir et ne veut pas, « même sous la forme d'un adjectif, que son nom soit utilisé dans le titre d'aucun groupe et d'aucun candidat [1] » ; mais les fondateurs de l'Union pour la nouvelle République sont ses propres ministres et compagnons ; ils vont, à partir de l'État et de son pouvoir, conquérir un électorat et fonder une organisation capable de l'encadrer.

Trois courants gaullistes principaux s'unissent le 1er octobre 1958 pour créer l'UNR : le Centre national des républicains sociaux (de Chaban-Delmas et Frey), créé en 1954 après la mise en sommeil du RPF et ranimé en juin 1958, notamment à partir des organisations locales ;

1. Conférence de presse de De Gaulle du 23 octobre 1958.

l'Union pour le renouveau français (Soustelle), qui a pris ce nom en juillet 1958, après avoir été créé en février 1955 comme une Union pour le salut et le renouveau de l'Algérie française ; la Convention républicaine (Madeleine Fourcade, L. Delbecque), créée en juillet 1958 à partir d'anciens combattants de la France libre et de compagnons du RPF. Roger Frey en assure le secrétariat général et fait triompher l'idée de candidatures spécifiquement UNR aux élections de novembre 1958. Dès cette époque, Soustelle souhaite un parti fort et puissamment organisé, dirigé par un homme de poids. Il est battu, après l'intervention probable du général de Gaulle qui redoute d'être gêné par une cohorte d'activistes.

Le choix décisif vient d'être fait : l'UNR ne sera pas le RPF ; elle ne sera pas un grand parti de masse situé à droite, c'est-à-dire inévitablement un parti d'extrême droite ; elle sera un grand parti de cadres sur le modèle conservateur britannique chargé de canaliser et d'encadrer l'électorat et de soutenir ses chefs au pouvoir sans leur dicter aucune ligne de conduite. Il y aura par la suite bien des tentatives pour revenir sur cette option en dotant le parti d'un président et d'un programme : elles échoueront jusqu'en 1976 et la création du RPR.

Le Ier conseil national du mouvement (car les gaullistes répudient le vocable de parti), à Orsay en juillet 1959, confirme cette orientation qui est définitivement adoptée aux Ires assises nationales de Bordeaux du 13 au 15 novembre 1959. L'UNR est alors conduite à s'épurer pour assurer sa cohésion. L. Delbecque et huit députés démissionnent en octobre 1959 ; Soustelle, chassé du gouvernement en février 1960, est exclu de l'UNR le 25 avril 1960. Aux IIes assises nationales de Strasbourg, en mars 1961, l'UNR refuse de se donner un programme en rejetant un projet de manifeste et ambitionne de devenir un parti majoritaire, ce qui peut paraître outrecuidant : elle a obtenu 17,6 % des suffrages exprimés en 1958, au premier tour.

Le référendum de 1962 va cependant permettre à l'UNR de se renforcer. Dans une allocution prononcée le 7 novembre 1962, de Gaulle lance un appel pressant aux électeurs pour que la majorité référendaire « s'affermisse et s'agrandisse et d'abord qu'elle s'établisse au Parlement ». Or, seuls les gaullistes avaient fait campagne pour le *oui*. C'est le moment du rassemblement de tous les gaullistes ; il ne sera cependant pas complet. En 1958, les gaullistes hostiles à l'Algérie française avaient refusé de participer à l'UNR et avaient créé un Centre de la réforme républicaine devenu peu après l'Union démocratique du travail. Sous la pression de De Gaulle, l'UNR et l'UDT se rapprochent et présentent des candidats communs. Avec 31,90 % des suffrages exprimés au premier tour, l'UNR-UDT devient, de très loin, le premier parti français et détient presque la majorité absolue.

La diversité des nuances et l'unité de ton

La majorité parlementaire résulte de la coalition des députés UNR-UDT et des trente-six élus sous le sigle du Centre national des indépendants mais qui ont rompu avec celui-ci du fait de son hostilité au général de Gaulle ; les élus vont donner naissance à la Fédération des républicains indépendants, dont nous traiterons en son temps.

L'association de l'UNR et de l'UDT est réalisée aux IIIes assises nationales de Nice, du 22 au 24 novembre 1963, mais, comme nous le verrons, de nombreux gaullistes de gauche restent en dehors de l'organisation, se condamnant ainsi à l'impuissance. Aux élections de mars 1967, les candidats gaullistes, investis par un Comité d'action pour la Ve République présidé par G. Pompidou, obtiennent 37,75 % des suffrages au premier tour (dont, semble-t-il, 31,50 % pour l'UNR-UDT et 6,25 % pour les républicains indépendants), ils conservent la majorité absolue à l'Assemblée nationale.

La victoire étroite de 1967 conduit l'UNR-UDT à faire peau neuve. Aux IVes assises nationales de Lille de juin 1967, la fusion des deux formations est réalisée sous le nom d'Union des démocrates pour la Ve République ; de nouveaux statuts sont adoptés, qui donnent un peu plus de poids et de pouvoir aux militants ; en particulier, le secrétariat national de cinq membres supervisé par le gouvernement fait place à un secrétaire général unique. La relève des gaullistes historiques (ceux de la Résistance) est assurée par la jeune génération, les symboles en étant la désignation de Robert Poujade au poste de secrétaire général et le rôle de leader unanimement reconnu à Georges Pompidou.

Le mouvement, affermi sur ses bases et groupé autour du Premier ministre, fait appel de la contestation de mai 1968 devant l'électorat et obtient un éclatant succès avec 43,65 % des suffrages exprimés au premier tour. Les républicains indépendants, de leur côté, obtiennent 8,30 %. L'UDR à elle seule détient la majorité absolue à l'Assemblée nationale, fait unique dans les annales parlementaires françaises.

Un instant désorientée par l'échec du référendum d'avril 1969, l'UDR se mobilise pour soutenir l'élection de G. Pompidou et, en dépit de la grogne des gaullistes gaulliens qui tentent de s'organiser dans une association Présence et Action du gaullisme, maintient son unité et sa discipline aux V[es] assises nationales de Strasbourg, en novembre 1971.

En face de ce bloc imposant, les tentatives inlassables des gaullistes de gauche pour exister et s'affirmer ont quelque chose de puéril. Les mouvements des gaullistes de gauche sont en effet caractérisés par leur extrême diversité, le petit nombre de leurs adhérents et les incessantes querelles de famille qui les divisent. Ils rappellent, de ce fait, les groupes gauchistes, mais les divisions de ceux-ci s'expliquent par des raisons idéologiques et de pratique militante, alors que les clivages séparant ceux-là sont souvent de l'ordre des incompatibilités d'humeur et d'intérêts. Outre l'UDT, dont nous avons vu l'évolution et qui a tenté de revivre après avril 1969, le plus ancien mouvement de ce genre est le Front du progrès (J. Dauer), créé en avril 1966 comme un prolongement du Mouvement pour la communauté, soutien fidèle de la politique algérienne de De Gaulle.

En octobre 1966, se tient à Paris une Convention de la gauche Ve République (secrétaire général : Ph. Dechartre), qui groupe cinq organisations : le Front du progrès, le Centre de la réforme républicaine, le cercle Jules-Vallès, l'association Nouveau Régime, et les clubs Ve République. Mais les clubs en décembre 1966 et le Front du progrès en octobre 1967 s'en retirent.

Restent en dehors du regroupement les anciens UDT qui ont refusé l'association avec l'UNR, le Front travailliste (Y. Morandat) et le groupe des 29 qui avaient lancé un appel en mai 1966 pour soutenir la politique extérieure du général de Gaulle (Maurice Clavel et autres).

Après 1969 et l'arrivée au pouvoir de G. Pompidou, les positions se cristallisent. D'un côté, les gaullistes de gauche hostiles à la nouvelle majorité et au président de la République se réunissent à l'initiative de G. Grandval en octobre 1971 dans une Union travailliste regroupant le Front du progrès (J. Dauer), l'Union populaire progressiste (Debu-Bridel) et son émanation le Front des jeunes progressistes, et l'Union gaulliste populaire (Bonneville et Bensaïd). Mais l'Union travailliste éclate peu après. En 1972, l'Union populaire progressiste et le Front des jeunes progressistes fondent, en vue des élections de 1973, le Front progressiste, qui s'affirme favorable à l'autogestion et se rapproche de la gauche. En mai 1974, le Front progressiste soutient la candidature de Mitterrand à l'élection présidentielle. L'Union travailliste disparaît pratiquement en mai 1973. De l'autre côté, les gaullistes de gauche favorables au président de la République créent un Mouvement pour le socialisme par la participation à l'initiative de Ph. Dechartre, regroupant l'Union de la gauche Ve République, Démocratie et Travail (L. Hamon) et le Front travailliste (Y. Morandat). Le congrès réuni à Paris en novembre 1971 porte à sa présidence d'honneur E. Faure, animateur depuis 1969 d'un Comité d'études pour un nouveau contrat social, qui se veut une structure de réflexion et de propositions, et à sa présidence P. Billotte.

Les chefs de ces organisations squelettiques, souvent atteints par l'âge et par la mort, sont pour la plupart issus de la Résistance et de la période du RPF. Leurs organisations disparaissent avec eux. Après 1976, le RPR que vient de fonder J. Chirac réussira à en absorber plusieurs (10 en avril 1980), et surtout la plus importante, l'Union des jeunes pour le progrès, en novembre 1983. Il en survivra plusieurs, dont la Fédération des gaullistes de progrès, créée en avril 1979 et favorable à l'union de la gauche.

Le Rassemblement pour la République

A la mort de G. Pompidou, l'UDR se divise. Jacques Chirac, qui se prononce pour V. Giscard d'Estaing contre le candidat du mouvement, J. Chaban-Delmas, reprend le parti en main après la victoire et sa nomination au poste de Premier ministre. Mais l'UDR accepte mal de ne plus être le parti du président ; elle est déboussolée.

Après la démission de J. Chirac de ses fonctions de Premier ministre, démission présentée le 26 juillet 1976 mais acceptée le 25 août seulement par le président de la République, l'UDR a perdu le dernier poste clef dans les institutions gouvernantes. Il semblait difficile qu'un parti créé pour gouverner pût longtemps subsister tel quel privé de sa fonction essentielle. La voie semblait ouverte vers un rééquilibrage de la majorité présidentielle au profit des républicains indépendants et des centristes.

J. Chirac, persuadé que l'offensive contre l'union de la gauche doit être menée rapidement et fermement, c'est-à-dire sans vain espoir de composer avec telle ou telle fraction de celle-ci, lance le 14 septembre 1976 un « message » de ton gaullien dans lequel il « appelle à l'union toutes les forces qui luttent pour la démocratie, la justice et le progrès social [...] c'est l'heure du rassemblement et du renouveau ». Ce message, c'est d'abord à l'UDR qu'il s'adresse. Le mouvement qu'il s'agit de créer ne sera pas une coalition de partis autour de l'UDR mais un parti nouveau, fortement unitaire, construit à partir de l'UDR. Celle-ci disparaît sans difficulté ; seuls J. Chaban-Delmas et l'Union des jeunes pour le progrès, qui s'en était séparé depuis 1974, sont hostiles à l'action du nouvel homme providentiel. Le 4 novembre 1976, le bureau exécutif et, le 28 novembre, le comité central discutent et approuvent les textes constitutifs du nouveau mouvement.

Le 5 décembre 1976, à la porte de Versailles à Paris, les dernières assises nationales de l'UDR et les premières assises nationales du Rassemblement pour la République se tiennent devant 50 000 à 60 000 militants enthousiastes. Plus de 96 % des mandats approuvent les statuts du RPR et portent à sa présidence J. Chirac. Le parti qu'il vient de créer par sa seule volonté est bien son parti. La structure statutaire ne masque guère la formidable centralisation du pouvoir.

Cette prééminence apparaît bien dans le fait que, lorsque Chirac est en campagne présidentielle (comme en 1981 et 1988) ou exerce la fonction de Premier ministre (de 1986 à 1988), il quitte la présidence du parti, conformément à la coutume de la Ve République, mais il n'est pas remplacé à ce poste et le reprend aussitôt après.

Cependant le RPR ne s'identifie pas complètement à son leader ; il a une existence propre qui tend évidemment à se manifester lorsque le chef est affaibli. Après la défaite de Chirac à l'élection présidentielle de 1988, s'est ainsi développée une contestation interne et externe. Certains réclament la « rénovation » du mouvement et mettent en cause l'exercice du pouvoir dans le parti. D'autres mettent en cause l'existence même du RPR, prônant la constitution d' « une grande formation politique commune, pluraliste et décentralisée, rassemblant l'ensemble de l'opposition » (selon les termes du « serment de Lyon » prêté le 24 juin 1989 à la convention réunie par le nouveau maire RPR de Lyon, Michel Noir).

D'autres enfin proposent une approche contournant les partis politiques pour la désignation du candidat de la droite à l'élection présidentielle. C'est ainsi que Charles Pasqua propose en juin 1989 un projet de charte instituant des « primaires à la française ». Les élus et les électeurs se reconnaissant dans les partis de droite s'inscriraient sur des listes dans chaque arrondissement et voteraient, selon un calendrier préétabli, pour le candidat de leur choix parmi les candidats à l'investiture. Les résultats seraient pondérés et globalisés par département et par région, puis au plan national. Un organisme privé et indépendant contrôlerait le tout.

Les assises nationales de février 1990 ont eu à trancher, pour la première fois dans l'histoire des partis gaullistes, entre deux « projets politiques ». Le texte Chirac-Juppé a obtenu 68 % des mandats et le texte Pasqua-Séguin 31 %, mais l'unanimité s'est refaite pour confirmer Chirac à la présidence du mouvement.

2. L'organisation des partis gaullistes

Le meilleur observateur de l'UNR, Jean Charlot, définissait ce mouvement de la manière suivante : « C'est d'abord une équipe ministérielle, puis un comité central, un organisme de sélection des candidats aux élections législatives, puis le groupe parlementaire le plus nombreux, enfin seulement un parti. » Cette définition reste valable pour l'UDR, mais la volonté de ne former qu'un groupe de soutien aux gouvernants en place, si elle a triomphé pour l'essentiel, a dû se plier aux réalités. L'UNR-UDR n'a jamais été un parti de masse de droite, du type du Rassemblement du peuple français, mais elle est plus qu'une organisation électorale et parlementaire de notables. Les gaullistes qualifient cette réalité nouvelle en France de « mouvement », en reprenant l'expression des démocrates-chrétiens de 1945-1946 ; J. Charlot propose la formule de « parti d'électeurs », « qui n'est tourné ni vers les notables, ni vers les masses, mais admet pleinement la démocratie de masse, la solidarité de groupe, récuse l'individualisme libéral, c'est-à-dire admet la discipline en vue de l'objectif ». Ce type de parti est bien connu à l'étranger. Le Parti conservateur britannique est d'ailleurs le modèle que les gaullistes veulent copier. Mais l'expression « parti d'électeurs » ne correspond qu'à un aspect de cette réalité. Les partis de ce genre, tel le Parti conservateur britannique, sont doubles ; ce sont à la fois une organisation d'encadrement de l'électorat et une organisation d'encadrement des élus. Les Britanniques donnent à celle-ci le nom de « parti parlementaire ».

Les structures et les adhérents de l'UDR

L'organisation de l'UDR résulte des statuts adoptés aux assises de Lille en novembre 1967. Ce texte est un compromis entre la réalité oligarchique des anciens statuts et les revendications de démocratie interne des adhérents. Les anciens statuts confiaient le pouvoir dans le parti à des organes formés de membres nommés ou de droit ; en pratique, le cercle dirigeant se réduisit à une trentaine de « gaullistes historiques »[1]. Les statuts actuels, sans changer fondamentalement la distribution du pouvoir, donnent un plus grand rôle aux organes élus.

L'adhésion à l'UDR doit être acceptée par les organes locaux du parti et, sur appel, par les organes centraux. Elle se fait dans les organes de base, qui sont les unions de circonscription législative (qui peuvent se subdiviser en sections communales ou cantonales). Les unions forment les fédérations départementales ; il y a actuellement cent dix fédérations, car certains départements sont divisés en plusieurs fédérations. La fédération peut seule correspondre avec la direction nationale ; elle est dirigée par un comité fédéral formé de membres élus par la base et par les parlementaires et les conseillers généraux, membres de droit. Le secrétaire fédéral est nommé par le secrétaire général du mouvement, sous réserve de l'acceptation du

1. La structure de l'UNR avant 1967 a été étudiée par Jean Charlot, *L'UNR, étude du pouvoir au sein d'un parti politique,* Armand Colin, « Cahiers FNSP », 1967.

comité fédéral. Les fédérations des différentes régions de programme sont coordonnées par un conseil régional.

Le nombre des adhérents est l'objet de polémiques, les chiffres paraissant souvent fantaisistes. En octobre 1958, l'UNR revendique 280 000 adhérents, mais en juillet 1959 le chiffre confidentiel est de 24 000 ; en juillet 1963, les deux chiffres sont respectivement 150 000 et 86 500. Le premier secrétaire général de l'UNR recommandait en janvier 1959 de « rechercher les adhésions de qualité : cadres du pays, élites locales, médecins, ingénieurs, techniciens, jeunes militants ouvriers et professionnels » ; il condamnait « tout recrutement de masse mal contrôlé et dangereux pour l'unité et la réputation du mouvement »[1]. A l'inverse, après les assises de Lille en 1967, le mot d'ordre est : « Il faut recruter largement. » En octobre 1971, R.Tomasini lançait une campagne d'adhésions, annonçait, en janvier 1972, 210 000 adhérents et fixait l'objectif à 400 00 pour 1973. Ces chiffres sont très surfaits, l'UDR reste un parti de notables et d'élites. L'activité militante en dehors des périodes électorales est absolument nulle.

Les instances nationales de l'UDR sont d'abord les assises nationales, c'est-à-dire le congrès du mouvement. Organe théoriquement suprême chargé de définir l'orientation politique du mouvement, il ressemble de plus en plus à la conférence annuelle du Parti conservateur : très grand nombre de participants (4 000 environ) interdisant tout débat ; organisation impeccable et très publicitaire le faisant ressembler à une réunion publique ; domination absolue des grands leaders et notamment du Premier ministre dans la définition de l'orientation politique. Sorte de parlement du parti, réuni une fois par an, le conseil national n'a pas non plus de rôle politique : il comprend les ministres, les parlementaires et les membres du comité central, les représentants des fédérations.

Le comité central comprend (mai 1974) 119 membres : 58 représentant la base (élus par les assises et par les fédérations) et 61 membres représentant le sommet fixé par

1. Cité par Jean Charlot, *ibid.*, p. 116.

l'article 29 des statuts, notamment 30 parlementaires et 14 cooptés, plus les associés représentant l'Association pour la Ve République, le Centre féminin d'études et d'information, les démocrates-chrétiens de la Ve République, l'Union de la gauche Ve République, l'Union des jeunes pour le progrès. Le comité central se réunit quatre fois par an et dirige le mouvement en appliquant les décisions des instances délibératives. En pratique, il a un rôle modeste.

Le bureau exécutif qui a remplacé l'ancienne commission politique comprend actuellement les 12 membres de droit du comité central (les Premiers ministres en exercice ou anciens, les présidents des assemblées et anciens présidents, le ministre délégué aux Affaires parlementaires et les présidents des groupes parlementaires) et 18 membres élus par le comité central. Le bureau exécutif a un rôle politique réel mais secondaire.

Il en est de même du secrétaire général du mouvement élu par le comité central ; il est assisté de secrétaires généraux adjoints qu'il désigne. Le secrétariat général n'a pas de rôle politique réel.

La direction de ce parti a été, en réalité, assurée jusqu'en 1974 par les titulaires du pouvoir de l'État ; pour les affaires importantes, c'est le président de la République qui décide ; dans les affaires quotidiennes, le Premier ministre et le petit groupe de membres de droit ou cooptés du comité central. C'est ainsi qu'aux V^es^ assises nationales de Strasbourg, en novembre 1971, G. Pompidou a fait échouer une fois de plus la tentative de désigner un président du parti qui aurait pu battre en brèche le leadership des dirigeants réels du mouvement.

Les structures et les adhérents du RPR

Les statuts, adoptés en 1976 et révisés en 1978 et 1979, ont conservé au RPR les structures de base de l'UDR. Mais les instances nationales ne sont plus, et pour cause, entre les mains des titulaires du pouvoir d'État. Les assises nationales, instance suprême, se tiennent tous les deux ans.

Elles élisent le président du parti et 100 membres du conseil national auquel siègent de droit les députés et sénateurs ; organe délibérant du parti, le conseil national élit une partie du bureau politique. Mais la réalité du pouvoir est ailleurs, dans les mains du président qui nomme le secrétaire général et la commission exécutive (12 membres), c'est-à-dire le secrétariat général. Le conseil politique, le gouvernement du parti, ne comporte que 15 membres élus par le comité central, les Premiers ministres et anciens Premiers ministres membres du Rassemblement, et un nombre indéterminé de personnalités nommées par le président « en fonction de leur audience et de leur compétence ».

Les secrétaires généraux du RPR ont été J. Monod de 1976 à 1978, B. Pons de 1979 à 1984, J. Toubon de 1984 à 1988, A. Juppé après 1988. Le droit d'organiser des tendances a été reconnu en 1989 après la fronde des « rénovateurs » et a suscité une floraison de textes autour de leaders forts de leur implantation électorale locale.

Quant au programme, il devra s'inspirer des grandes options du manifeste qui constitue le préambule des statuts. On y retrouve les grands thèmes gaullistes de toujours : l'indépendance, l'Europe des nations, la défense ; la liberté d'entreprendre, la planification et la participation ; la stabilité et l'équililibre des pouvoirs ; la lutte contre les privilèges et les inégalités. Mais le ton est modernisé et « gauchisé » : « il est temps d'inventer la démocratie du quotidien ». Le manifeste fait une place importante à l'écologie, au droit à la différence, aux aspirations de la jeunesse, mais reste muet sur les institutions et discret sur l'autorité de l'État.

A la veille de la création du RPR, l'UDR revendiquait 282 000 adhérents, chiffre probablement grossi. Il est certain que le nouveau parti a recruté au-delà des anciens adhérents de l'UDR, notamment en région parisienne. Mais le chiffre revendiqué (en 1979, 760 000 adhérents ; en 1986, 850 000) semble très supérieur à l'implantation réelle du parti.

Mais le RPR est aussi un parti d'élus. Le parti parlementaire, formé des groupes parlementaires à l'Assemblée nationale et au Sénat, est constitutif du parti d'électeurs, comme nous venons de le voir. L'amalgame entre élus et adhérents est assuré de la base au sommet. Mais l'organisation des parlementaires, surtout des députés, est fondamentale pour le pouvoir. Le groupe RPR à l'Assemblée est en effet le plus important de tous, mais, surtout, c'est un groupe discipliné, ce qui ne s'était jamais vu en France au centre ou à droite. Le groupe élit un président et un bureau de trente-neuf personnes, auxquels s'ajoutent les membres de droit. Le bureau du groupe a un rôle très important ; c'est lui en particulier qui assure la liaison avec le gouvernement et le mouvement, et qui détermine et fait appliquer la discipline de vote. Le système est copié sur le modèle britannique des *whips* et des *front-benchers,* sorte de chefs de travées s'assurant de la bonne tenue des troupes et de leur cohésion. Par ailleurs, le groupe se structure en sous-groupes régionaux et en groupes d'études spécialisés qui ont surtout pour rôle d'encadrer et d'occuper les députés RPR pour leur donner l'illusion de participer au travail d'élaboration des projets gouvernementaux.

L'UNR, puis l'UDR et le RPR ont tenté de mettre sur pied des organisations parallèles d'encadrement des sympathisants. La plupart sont des cadres vides ; c'est le cas de l'Action ouvrière et professionnelle (relancée en 1960 et pratiquement disparue depuis 1963), de l'Action paysanne, de la Délégation nationale du commerce et de l'artisanat, du Comité féminin d'études et d'information, de l'Union des jeunes.

L'UDR publiait un quotidien à Paris, *La Nation,* qui a cessé de paraître en juillet 1974 et est devenu un bulletin quotidien *(La Lettre de la nation)* du RPR. Le parti publie de nombreuses brochures spécialisées.

3. L'implantation des gaullistes

Même si l'on ne considère pas de Gaulle et Pompidou comme des candidats UDR à la présidence de la République, puisqu'ils se sont présentés sans étiquette, on ne manquera pas d'être frappé par l'ascension continue de l'UDR et de ses alliés dans l'électorat national.

Au premier tour des élections législatives, les candidats favorables à la majorité obtiennent, en novembre 1958, 17,60 % des suffrages exprimés ; en novembre 1962, 31,94 % pour l'UNR-UDT et 3,5 % pour les républicains indépendants, soit 35,4 % au total ; en mars 1967, 31,55 % pour l'UDR-UDT et 6,19 % pour les RI, soit 37,7 % au total ; en juin 1968, 37,72 % pour l'UDR et 8,30 % pour les RI, soit 46 % au total ; en mars 1973, 34,48 %, dont 23,86 % vont aux candidats UDR, 6,90 % aux républicains indépendants et 3,71 % au CDP. En 1978, le RPR seul rassemble, 22,77 % des suffrages ; mais, à l'élection européenne de juin 1979, il descend à 16,31 % à peine plus que Chaban-Delmas en 1974 (14,55 %).

J. Chirac a fait remonter ce chiffre à 18 % puis à 20 % des suffrages au premier tour de l'élection présidentielle, en 1981 et 1988, ce qui est sensiblement moins que les résultats des candidats du RPR aux législatives de 1978 (22,5 %). Il est difficile d'apprécier le poids électoral du RPR aux élections législatives et européennes depuis 1981 du fait que l'UDF et le RPR ont présenté le plus souvent des listes ou des candidats communs sous un sigle unique.

Le système électoral français a permis par ailleurs de donner une importante prime aux partis gaullistes grâce à leur efficace politique d'investiture et de répartition des circonscriptions entre les différentes nuances de la majorité. Les députés UNR sont 212 en 1958, 233 en 1962, 199 en 1967, 296 en 1968, 183 en 1973, 154 en 1978. Les républicains indépendants sont 34 en 1962, 40 en 1967, 61 en 1968, 55 en 1973. Le RPR a eu 155 députés en 1986 (131 à l'UDF) et 130 en 1988 (90 à l'UDF).

Il a accru son implantation locale, aux élections municipales et cantonales, et donc au Sénat. Certes, il a rencontré de grandes difficultés du fait de la résistance des notables locaux, centristes notamment, qui disposaient d'un électorat fidèle. En trente ans, les choses ont changé. Le RPR a depuis 1986 le plus important groupe au Sénat (91 sur 321 depuis 1989), bien qu'il soit encore sous-représenté au niveau municipal. La conquête de la mairie de Paris par Chirac en 1977, sa réélection en 1983 et en 1989 lui ont assuré un prestige considérable. La conquête de la mairie de Lyon par Noir en 1989 est de nature à produire les mêmes effets.

La structure de l'électorat gaulliste a fait l'objet de travaux approfondis que résumait un observateur en 1967 de la manière suivante : « L'électorat de la Ve République a la structure la plus proche de la population française adulte... [sauf] en ce qui concerne la répartition par sexe... il compte près de 6 femmes pour 4 hommes[1]. » Sans reprendre les travaux effectués à chaque élection, on peut les résumer en constatant une sensible évolution entre l'électorat gaulliste et celui du RPR. Ce dernier se rapproche de l'électorat de la droite traditionnelle.

En 1986, par exemple, l'électorat RPR est un peu plus féminin que la moyenne nationale, mais à peine (53 % contre 52 %). Il correspond à la moyenne nationale chez les 35-65 ans, mais il y est inférieur chez les moins de 35 ans (28 % contre 33 %) et supérieur chez les plus de 65 ans (27 % contre 20 %). Il est très supérieur à la moyenne nationale chez les agriculteurs (10 % contre 6 %), les patrons (12 % contre 8 %), les cadres supérieurs (18 % contre 9 %) ; et surtout les ouvriers (16 % contre 30 %) sont sous-représentés, ainsi que les employés (17 % contre 21 %).

En 1958 et 1962, l'UNR s'implante surtout dans les zones fortes de la droite et du MRP : Bassin parisien, Nord et

1. Jeanne Labrousse, in *Sondages*, 1967, n° 3, p. 51.

Nord-Est, Ouest breton et littoral aquitain ; c'est nettement un phénomène de la France du Nord. Mais en 1967, et surtout 1968, la majorité pénètre en force dans le Centre et le Sud, traditionnellement à gauche et laïques. Les zones de faiblesse se rétrécissent à quelques départements isolés au nord d'une ligne Belfort-La Rochelle, au littoral méditerranéen et à quelques départements du Sud-Ouest.

4. Objectifs et programme

De 1958 à 1974, les gaullistes ont un objectif prioritaire : demeurer la majorité et par conséquent exercer le pouvoir. Pour réaliser cet objectif, ils ont une ligne de conduite immuable : les partis de la majorité ne doivent point avoir de programme. Michel Habib-Deloncle, chargé du rapport sur le rôle de l'UDR dans la Ve République aux assises nationales de Bordeaux en novembre 1959, a clairement indiqué cette ligne dont la majorité de la majorité ne devait plus dévier : « Essayer de nous différencier par rapport à l'action du gouvernement, c'est signer notre arrêt de mort pour les prochaines consultations électorales... » ; tirant les leçons des expériences étrangères de parlementarisme majoritaire, il soulignait que, pour les parlementaires du parti majoritaire, « leur doctrine, c'est la politique du gouvernement » ; le rôle des parlementaires et des militants est clair, c'est d'« être l'amplificateur de son action, se répandre dans le pays pour informer, expliquer, convaincre » et « [...] si d'aventure ils sentent que la qualité baisse, leur devoir est de le signaler à la direction... ».

Le programme de l'UDR est donc résumable en deux propositions : soutien inconditionnel du président de la République et de son gouvernement au Parlement et dans le pays, et transmission au pouvoir des propositions et des critiques recueillies dans le pays.

En dépit de tous les efforts faits pour les leaders doctrinaux du mouvement (de Soustelle à Sanguinetti), l'UDR est demeurée le parti du président et de son gouvernement. Les statuts de 1967 définissent les buts du mouvement de telle sorte qu'ils ne peuvent limiter l'action du pouvoir : « Ce sont, dit l'article 2 : la démocratie, organisée par les institutions de la Ve République, l'indépendance nationale et la paix, le progrès économique et social tels qu'ils sont définis dans le document intitulé *Manifeste du Comité d'action pour la Ve République*[1]. »

Les assises nationales de Strasbourg de novembre 1971 ont adopté une motion sur « l'UDR et la France » qui constitue la preuve éclatante que ce qui était vrai du temps du général de Gaulle le reste sous la présidence de Pompidou. « Le mouvement, dit ce texte, a la charge d'assurer la pérennité de l'héritage du général de Gaulle, volonté permanente de rassemblement et d'unité qui se réalise autour des options fondamentales du gaullisme. Liée étroitement au président de la République par le ciment que constituent ces options communes, l'UDR, qui prend ses racines dans les couches populaires de la nation sans distinction d'origines, de classes, d'activités, d'âges, de régions, s'emploie à être l'expression de la volonté nationale et rappelle qu'elle est la force de soutien et de proposition du président de la République, lui-même issu du gaullisme et choisi par le pays. »

Le RPR ne pouvait en rester là ; il a donc tenté de se doter d'une doctrine et d'un programme. La première est exposée dans le texte adopté en novembre 1984 et publié sous le titre *Libres et Responsables. Un projet pour la France*[2]. Le second résulte de l'« accord pour gouverner ensemble » conclu entre le RPR et l'UDF en avril 1985 et surtout du « pacte pour la France » adopté au congrès extraordinaire de juin 1985, ainsi que des propositions du candidat Chirac en 1988.

On y constate un infléchissement des grands thèmes du gaullisme vers les positions de la droite libérale. C'est le cas

1. Le comité en question, dirigé par G. Pompidou, était un organisme chargé de donner les investitures électorales ; le manifeste est la plate-forme électorale de ce comité.

2. Flammarion, 146 p.

en politique extérieure pour ce qui concerne la politique européenne, acceptée par nécessité. Mais c'est surtout la question clef du rôle de l'État dans la vie économique et sociale qui révèle cette évolution. « L'État républicain, lit-on, fait confiance à la liberté et à l'initiative des citoyens et se consacre à ses missions essentielles de sécurité, défense et justice » (accord d'avril 1985). Les thèmes gaullistes de l'intervention de l'État dans l'économie, par le Plan, l'aménagement du territoire et les entreprises publiques, sont abandonnés : « c'est par la libération des choix individuels et des initiatives de l'entreprise » que seront assuré le redressement de l'économie et menée la lutte contre le chômage. Si la « participation accrue des travailleurs » dans l'entreprise est rappelée, la politique sociale est axée sur la « sécurité des personnes et des biens, exigence primordiale des Français ». Cependant le RPR, contrairement aux accusations dont il est parfois l'objet, n'a jamais repris les thèmes programmatiques du Front national sur ce sujet, non plus que sur l'immigration et la condition des étrangers légalement installés en France.

Les différents courants qui sont apparus au RPR au cours de 1989 ont renouvelé le débat programmatique au sein de ce parti. Contrairement à sa propre histoire et à la tradition de la droite libérale, le RPR est susceptible de s'engager dans des discussions idéologiques et pragmatiques qui le rapprocheraient alors des pratiques suivies par les Partis socialistes.

2

Les républicains indépendants et l'UDF

La droite républicaine et libérale a en France une longue tradition d'inorganisation. Les différents partis appartenant à ce courant en sont restés à la situation du Parti conservateur britannique d'avant 1945. Ils sont formés d'un ou de plusieurs groupes parlementaires (ou partis parlementaires) reliés d'une manière souple et inorganique à des comités électoraux formés de notables issus des milieux dirigeants économiques et sociaux.

L'union pour la démocratie française, créée en 1978, correspond assez exactement à ce schéma. Elle est un cartel électoral — ce que les Britanniques appellent joliment une *electoral umbrella* — regroupant les partis de la droite et du centre non gaullistes : Parti républicain, Centre des démocrates sociaux, Parti radical, auxquels s'ajoutent les clubs Perspectives et Réalités, le Parti social-démocrate et les adhérents directs. Comme son nom l'indique, puisqu'il reprend le titre du livre de V. Giscard d'Estaing publié en 1976, l'UDF est, à l'époque, le parti du président de la République. Les exigences du scrutin uninominal à deux tours imposaient sa création : en cas de multiplicité de candidatures, le candidat gaulliste aurait été le plus souvent en tête de la droite.

Depuis 1978, l'UDF a continué à jouer ce rôle de distributeur d'investitures aux élections législatives ; puis, à partir de 1981, elle a négocié les candidatures uniques RPR-UDF. Elle s'interroge rituellement et régulièrement sur ce qu'elle est et ce qu'elle doit devenir, et rêve parfois de se transformer en un grand parti. Mais elle se heurte alors à la réalité des courants politiques qu'elle allie sans les faire disparaître : la droite traditionnelle, la démocratie-chrétienne et le radicalisme.

1. La naissance des républicains indépendants

Les républicains indépendants sont à l'origine une branche secondaire de ce tronc commun. Le Centre national des indépendants et paysans, qui, sous la IVe République, tente de réunir les membres dispersés de la famille conservatrice et libérale, a accepté de Gaulle en 1958 par réalisme et dans la résignation. Mais, en octobre 1962, la guerre d'Algérie terminée, il entre dans l'opposition à propos du projet de réforme constitutionnelle et l'élection du président de la République. Un petit groupe de députés, animé par Valéry Giscard d'Estaing élu pour la première fois à l'Assemblée en 1956, refuse de se joindre au « cartel des *non* ». Ils estiment que le retour à la IVe République est impossible et qu'il faut se préparer à recueillir un jour l'héritage du gaullisme.

La Fédération nationale des républicains indépendants

Les trente-six députés du CNI qui, en novembre 1962, soutiennent l'action du général de Gaulle ne souhaitaient pas créer un parti nouveau. Le refus de l'UNR de les accueillir dans un groupe unique de la majorité les amène à se constituer en un groupe parlementaire et à créer un Comité d'études et de liaison des républicains indépendants. Les RI sont et demeurent un exemple presque pur de parti parlementaire. Ce n'est en effet qu'en mai 1965 que M. Poniatowski lance les clubs Perspectives et Réalités, qui vont conduire à la création d'un nouveau parti, non sans que Giscard d'Estaing ait hésité. Finalement, le 3 juin 1966, est créée la Fédération nationale des républicains indépendants, après l'élimination de V. Giscard d'Estaing du gouvernement en janvier 1966.

Il est clair que c'est l'UNR, et notamment G. Pompidou, qui a contraint ce groupe de députés à se former en parti nouveau, en dépit de leurs réticences à cette forme d'action politique.

La droite classique en France, c'est-à-dire la droite républicaine et libérale, répugne en effet à s'organiser. Il est à l'évidence contraire à la nature même de ce courant de se structurer ; fondé sur l'acceptation satisfaite de l'ordre économique, social et idéologique existant et formé de notables qui doivent une autorité sociale à une investiture qui n'est pas électorale mais familiale, économique, sociologique, le courant de la droite classique est un reflet de la structure sociale française, il n'en est pas le moteur. Le Centre national des indépendants, fondé en 1945 par trois sénateurs soucieux d'éviter les compétitions électorales entre gens du même monde, devenu en 1951 Centre national des indépendants et paysans, se définissait lui-même comme « une cour suprême d'arbitrage qui accordera au niveau national les investitures pour désigner aux électeurs les plus représentatifs de cette tendance ».

Le CNIP, bien qu'il n'ait jamais réussi à unifier toute la droite classique, a joué un rôle déterminant dans la vie politique française de 1951 à 1955 et de 1958 à 1962. La rupture de 1962 l'a laissé dans une situation inconfortable d'opposition durable à un pouvoir dont il contestait surtout la politique étrangère.

A partir de cette date, le CNIP a tenté de se donner une raison d'être en prétendant représenter les classes moyennes et défendre les petites et moyennes entreprises, commerciales, industrielles, artisanales et agricoles. Mais, écartelé entre le RPR et l'UDF, il ne parvient pas à exister par lui-même. Après 1981, sous la direction de Philippe Malaud, il cherche à servir de relais entre la droite classique et le Front national, dont il adopte les thèmes principaux. Une telle évolution, contraire à la tradition de la droite modérée, lui fait perdre beaucoup de ce qu'il restait de son audience. Aussi, après 1988, en accord avec le RPR et l'UDF, ses dirigeants, le général Jeannou Lacaze et Yvon Briand, entreprennent une opération de débauchage des élus du Front national, excédés par les excès verbaux de leur parti, au profit de la droite raisonnable. Au contraire, les républicains indépendants apparaissent de plus en plus comme les porte-parole de la grande entreprise moderne, financière et industrielle, et les représentants de la haute bourgeoisie d'affaires privées et publiques.

La Fédération nationale des républicains indépendants se définit comme libérale, centriste et européenne. Elle est surtout, comme le CNIP, une organisation de notables. Il n'y a ni adhésion, ni carte, ni recrutement, mais l'existence des clubs Perspectives et Réalités, des Jeunes républicains indépendants (fondés en octobre 1966) et d'une commission féminine permet d'avoir une certaine implantation. La Fédération a fonctionné comme un organisme d'investitures électorales et comme un groupe parlementaire. Finalement, en octobre 1971, les RI ont franchi le pas et ont tenu à Toulouse leur congrès national, d'où est sortie une direction qui n'est pas entièrement formée de parlementaires.

Au sein de la majorité, les RI ont toujours été des partenaires utiles mais encombrants, et supportés avec agacement par les parlementaires UDR. L'éviction de V. Giscard d'Estaing du gouvernement en janvier 1966, la formule du « oui, mais... », (c'est-à-dire du soutien critique) qu'il proclame en janvier 1967, son éviction de la présidence de la commission des finances de l'Assemblée nationale en juillet 1968, sa décision de s'abstenir au référendum du 27 avril 1969, l'ambition proclamée du congrès de Toulouse de faire des RI la « majorité de la majorité » et de multiples autres incidents mineurs révèlent en fait deux tendances dans ce groupe. L'une, qui estime que le rôle des RI est d'apporter un soutien sans défaillance au gouvernement et au chef de l'État seuls capables d'éviter la subversion gauchiste qui amènerait les communistes au pouvoir — c'est surtout la position des députés. L'autre, animée par le secrétaire général M. Poniatowski et soutenue par les non-parlementaires, estime qu'il ne peut s'agir que d'un soutien critique et compétitif car l'UDR ne peut durer longtemps, de Gaulle disparu ; il faut donc se tenir prêt à recueillir l'héritage électoral et gouvernemental et, pour cela, ne pas hésiter à entrer en compétition avec l'UDR partout où il n'y a pas de réel « danger communiste ». Entre les deux, Giscard d'Estaing attend son heure.

C'est la mort de G. Pompidou qui lui fournit l'occasion longtemps attendue d'une revanche sur les gaullistes. Elle est éclatante. Le 5 mai 1974, Chaban-Delmas est écrasé au premier tour de l'élection présidentielle par le leader des républicains indépendants, qui obtient plus du double des suffrages recueillis par lui. Le 19 mai, Giscard d'Estaing conquiert la magistrature suprême. Jacques Chirac, nouveau Premier ministre, venu de l'UDR, et Michel Poniatowski deviennent les chefs effectifs de la majorité nouvelle.

Du Parti républicain à l'Union pour la démocratie française

La rupture entre J. Chirac et V. Giscard d'Estaing en août 1976, le départ de M. Poniatowski du gouvernement en septembre créent un climat de doute à la FNRI. Une équipe nouvelle, animée par Jean-Pierre Soisson, élu secrétaire général de la Fédération en avril 1977, décide de rompre avec la tradition antiparti des indépendants et de surmonter leur allergie à l'égard d'encombrants et inutiles militants.

A Fréjus, le 19 mai 1977, est créé le Parti républicain par les différentes branches de la famille giscardienne : la FNRI, Génération sociale et libérale (c'est-à-dire les jeunes giscardiens), Agir pour l'avenir, (un club recréé en juin 1975) et les comités de soutien à la candidature, puis à l'action de Giscard. Seuls les clubs Perspectives et Réalités se tiennent en dehors du nouveau parti.

Son secrétaire général, Jean-Pierre Soisson, puis Jacques Blanc depuis mai 1978, entend en faire un véritable parti sur un modèle mixte mi-Parti conservateur britannique, mi-Parti républicain américain. Le IIIe congrès du PR à Paris, en octobre 1979, veut prouver que l'objectif est atteint : c'est un vaste meeting rassemblant plus de 10 000 personnes, sur le thème de l'acclamation des chefs et du chef suprême, le président de la République.

Pourtant, le PR n'a pas osé affronter seul les électeurs en mars 1978. Comme de 1962 à 1973, où il est l'allié modeste des gaullistes dans un cartel électoral, il se cherche des partenaires pour former un autre cartel électoral mais dont il sera l'élément principal. Ainsi la droite, fidèle à elle-même, change son sigle électoral à chaque consultation. Cette fois l'étiquette s'impose : le 1er février 1978, est constituée l'Union pour la démocratie française qui fédère le PR, le Centre des démocrates sociaux, le Parti radical, les clubs Perspectives et Réalités et le petit Mouvement démocrate socialiste de France. Michel Pinton est choisi comme délégué général et, le 28 mars 1978, l'UDF porte à sa présidence Jean Lecanuet. Le Ier congrès de l'UDF se tient à Paris en février 1979 sans régler le problème central : restera-t-elle un cartel de partis autonomes ou deviendra-t-elle un parti nouveau par fusion des formations qui l'ont créée ? Il semble pourtant évident que ni les radicaux ni les démocrates-chrétiens ne peuvent renoncer à leur existence propre.

En mars 1978, l'UDF recueille 20,23 % des suffrages et sa liste, conduite par Simone Veil, culmine à 27,6 % aux élections européennes de juin 1979 ; mais, si l'UDF forme bien un groupe parlementaire à l'Assemblée nationale française, elle a éclaté entre les groupes libéraux et démocrates-chrétiens (parti populaire européen) à l'Assemblée européenne.

L'UDF à la recherche d'elle-même

L'échec de Giscard d'Estaing en 1981 porte un coup sévère à l'UDF et au Parti républicain. Le trouble va s'aggraver par la tentative de Raymond Barre de se tailler un espace politique en dehors des partis, donc en pratique contre le RPR et l'UDF, et par son refus de la cohabitation d'une majorité parlementaire de droite et d'un président de la République de gauche.

Le PR se donne une direction nouvelle et plus jeune en portant François Léotard au secrétariat général en septembre 1982, alors que l'UDF conserve Jean Lecanuet à sa présidence. Les « léotardiens » souhaitent une alliance étroite avec le RPR afin de remporter la victoire aux élections législatives de 1986 et infléchissent leurs positions vers un néo-libéralisme extrême qui entraîne un malaise chez leurs alliés centristes au sein de l'UDF.

Celle-ci subsiste sous la forme du seul groupe parlementaire à l'Assemblée nationale. Dirigé de juillet 1981 à octobre 1989 par Jean-Claude Gaudin, le groupe UDF ignore la discipline de vote mais joue un rôle actif d'opposition pugnace à la majorité socialiste. Après la victoire de la droite en 1986 et l'entrée de la direction du PR dans le gouvernement Chirac, l'UDF apporte un soutien fidèle au gouvernement de cohabitation de 1986 à 1988 et n'est guère troublée par les positions personnelles de Barre.

Mais la préparation de l'élection présidentielle de 1988 jette la zizanie dans ses rangs. Enclins à soutenir un seul candidat de droite — qui ne peut être que Chirac —, les notables de l'UDF sont contraints, sous la pression du patriotisme de parti, à accepter la candidature de Barre puisqu'il demande finalement leur soutien. Ses positions sont cependant trop éloignées de celles du PR, notamment sur les questions économiques et sociales, pour ne pas apparaître comme inspirées par les seuls démocrates sociaux. L'échec de Barre au premier tour (16,5 % des voix) apparaît donc moins grave que la défaite de Chirac au second.

V. Giscard d'Estaing, qui s'était abstenu de choisir entre ses deux anciens Premiers ministres, tente alors de redonner vie à l'UDF. Il en prend la présidence en juin 1988 pour tenter d'enrayer les tendances centrifuges. En effet, Barre lance l'idée d'une Convention libérale, sociale et européenne, dont les contours sont flous mais qui risque de diviser un peu plus la droite vaincue. Plus grave est la fronde des députés du CDS qui refusent de se fondre dans le groupe UDF à l'Assemblée nationale et créent leur propre groupe. En juillet 1988, l'UDF tend à se retrécir au seul PR.

Dans ces conditions, et pour « prendre de la hauteur », Léotard fait créer par le PR un poste de président auquel il se fait élire en novembre 1988. Les radicaux explorent la voie d'un rapprochement vers les radicaux de gauche qui n'est évidemment possible que si le Parti radical quitte l'UDF.

Les élections européennes permettent à Giscard d'Estaing, en dépit de la contestation dont il est l'objet de la part des jeunes rénovateurs du RPR et de l'UDF, de donner de sa personne. Tête de la liste UDF-RPR, il obtient un modeste succès en juin 1989 (28,7 %) mais écrase la liste centriste de Simone Veil (8,4 %).

Souvent moribonde mais jamais décédée, l'UDF n'a pas réussi à devenir un parti politique. Elle est restée un cartel électoral avec de vagues organes de direction au sommet et des structures épisodiques et impuissantes à la base. En réalité, et sans paradoxe, c'est cette faiblesse organisationnelle qui fait son utilité et donc sa force.

2. Organisation

Les républicains et l'UDF sont d'abord et demeurent avant tout un groupe parlementaire de la droite classique, c'est-à-dire sans discipline stricte de vote. La FNRI est composée de fédérations régionales correspondant aux régions de programme, mais ces fédérations ne sont que des comités électoraux de notables. Au plan national, le congrès est l'instance suprême ; le conseil fédéral, composé des députés et sénateurs et de leurs suppléants — 30 représentants des fédérations et 9 représentants des organisations parallèles (3 clubs Perspectives et Réalités, 3 jeunes RI, 3 femmes RI) —, est le parlement sans rôle ni pouvoir du parti. Le comité directeur est formé des membres du bureau exécutif, des bureaux des deux groupes parlementaires et des présidents des fédérations régionales ; il se réunit tous les deux mois ; son rôle est mince. Le bureau exécutif, ou bureau politique, présidé par Giscard d'Estaing, comprend 17 parlementaires et 14 non-parlementaires ; son rôle est plus réel. Mais la direction du parti appartient sans contestation à V. Giscard d'Estaing, assisté du secrétaire général, M. Poniatowski.

Le PR garde les structures de base de la FNRI (comités de circonscription électorale, fédérations départementales et régionales) mais modifie les instances nationales. Les statuts initiaux (1977) ont été modifiés plusieurs fois, et notamment en septembre 1982 et octobre 1988. Le congrès général bisannuel, instance suprême, est en réalité sans pouvoir ; le conseil national est une énorme assemblée de plus de 1000 personnes (60 % élus par les adhérents ; s'y ajoutent les parlementaires, conseillers régionaux, généraux, maires des communes de plus de 2500 habitants, présidents des fédérations départementales) qui se réunit théoriquement deux fois par an et élit pour deux ans le comité directeur et le bureau politique, selon un système fortement majoritaire et faiblement proportionnel.

Le comité directeur comprend les membres du bureau politique (30 membres, plus les anciens secrétaires généraux et présidents), 30 militants, les présidents des groupes parlementaires, 10 sénateurs, 10 députés européens et 30 présidents de fédérations départementales (soit environ 120 personnes). Le président du parti est la tête de liste élue par le conseil national ; il désigne des collaborateurs qui forment le secrétariat national, avec l'approbation du bureau politique.

Le PR revendique 142 000 membres et prétend donc former plus de la moitié de l'UDF qui annonce 250 000 adhérents, dont 20 000 adhérents directs. Ces chiffres incontrôlables ont pour but de contrebalancer ceux affichés par le RPR.

Mais il est vrai que l'UDF s'est dotée de structures partisanes classiques — conseils départementaux, conseil national de 17 membres et bureau exécutif de 9 membres — et a tenu un congrès national. Elle publie une lettre quotidienne et un bimensuel dont les diffusions sont confidentielles.

En octobre 1981, l'UDF s'est dotée de structures sur la base du principe confédéral d'égale répartition des sièges entre chacune des composantes. Lecanuet avait proposé des structures de type fédéral, mais elles ont été rejetées. Les organes nationaux sont le conseil national et le bureau politique. Le bureau est composé de 14 membres qui sont les chefs des partis formant l'UDF, du club Perspectives et Réalités et des adhérents directs, eux-mêmes organisés comme un parti depuis octobre 1984. Le conseil national comprend les membres du bureau politique, 20 représentants des partis (5 par parti) et 4 adhérents directs. Le congrès est une sorte de meeting sans pouvoir et d'ailleurs difficile à organiser.

3. Influence et programme

Il n'est pas possible de faire une étude de l'influence nationale des RI. Aux élections législatives, ils ont fait cause commune avec les autres partis de la majorité, et notamment l'UDR. Les circonscriptions où plusieurs candidats de la majorité s'affrontent au premier tour ne sont pas assez nombreuses pour être significatives. Rappelons donc, sans pouvoir en tirer de conséquences sur leur influence réelle, que les candidats RI obtiennent 3,5 % des suffrages en 1962, 6,19 % en 1967, 8,30 % en 1968, 6,90 % en 1973. Mais Giscard d'Estaing obtient au premier tour de l'élection présidentielle de mai 1974 32, 60 % des suffrages exprimés, alors que Chaban-Delmas n'en réunit que 15,10 %. Encore faut-il noter qu'il n'y avait pas de candidat centriste et que l'ensemble de l'électorat centriste a été sollicité en sa faveur.

Aux élections législatives de 1978, les candidats UDF, qui sont présents dans presque toutes les circonscriptions, obtiennent 17,4 % (RPR : 18,4 %) et font élire 123 députés (RPR : 154). En revanche, en 1981, RPR et UDF se partagent les circonscriptions à égalité et se présentent sous le sigle UNM (Union pour la nouvelle majorité). L'UDF a 63 élus, le RPR 88. En 1986, avec le système de la représentation proportionnelle, les listes d'union RPR-UDF ne couvrent que 61 départements (soit les deux tiers environ) ; l'UDF obtient 129 élus, dont 60 au PR, qui double sa représentation. En 1988, comme en 1981, les candidats RPR et UDF se présentent sous le sigle commun URC (Union du rassemblement et du centre) et ne se font pas concurrence. L'UDF a 131 élus et le RPR 130, mais les députés du Centre des démocrates sociaux constituent en juin 1988 leur propre groupe parlementaire, l'Union du centre, auquel s'apparente R. Barre, avec 41 membres. Le groupe UDF est donc réduit à 90 membres.

L'UDF, avec ses composantes, a une bonne implantation locale (conseils généraux et municipaux), mais très diversifiée dans des communes moyennes et petites. Il est très difficile de distinguer ses candidats des diverses droites sans appartenance partisane.

Au Sénat, l'UDF n'a pas de groupe unique. Le groupe des républicains indépendants a été le plus important jusqu'en 1977 (69 membres sur 295). Depuis 1989, il compte 52 membres sur 321, tandis que le groupe centriste (68 membres) est devenu le deuxième groupe du Sénat et que les sénateurs radicaux continuent de siéger avec les radicaux de gauche dans le groupe de la Gauche démocratique qui a pris le nom de Rassemblement démocratique européen en juin 1989.

La droite classique n'a jamais été tentée par le démon programmatique. Au congrès de Toulouse, en octobre 1971, la FNRI s'est bien gardée de se doter d'un manifeste ou d'un programme. Son président déclarait alors : « Ce mouvement est plus l'expression de l'esprit civique qu'un parti politique [...] reposant plus sur la bonne volonté que sur une machine politique. »

Le PR et l'UDF ont trouvé dans les ouvrages de V. Giscard d'Estaing — *Démocratie française* (1976) et *Deux Français sur trois* (1984) — l'expression parfaite de ce qui les fait agir.

Cependant, à son Ve congrès en juin 1982, le Parti républicain a adopté un manifeste républicain, mais l'impact de ce texte a été des plus limité. L'« Accord pour gouverner ensemble » conclu par le RPR et l'UDF en avril 1985, concrétisé par la plate-forme de janvier 1986, est un mélange de formules très générales et de propositions conjoncturelles.

Au vrai, l'inspiration profonde des républicains est issue des courants néo-libéraux du monde occidental, notamment de l'œuvre de Friedrich A. Hayek et des travaux de l'école monétariste américaine. C'est ce qui explique que le PR ne sera jamais un parti du centre, en dépit des efforts pour l'englober au sein de l'UDF dans une confédération où les centristes jouent un rôle important. Au-delà des querelles de personnes et des disputes partisanes, le clivage au sein de l'UDF passe entre ceux qui dénoncent les dangers des politiques de redistribution et de justice sociales — qui sont des « routes de la servitude », selon Hayek — et ceux qui les estiment indispensables pour la réalisation du bien commun ou de l'intérêt général.

3

Les partis du centre et de la réforme

Dans le système politique français, le courant centriste et réformateur se caractérise par un double refus : refus de la bipolarisation, c'est-à-dire rejet simultané de l'alliance gouvernementale avec le gaullisme et avec le communisme, et refus finalement de l'axe des institutions politiques nouvelles : le pouvoir du président de la République. En cela le centre est fidèle à son passé ; si le Parti radical a pu être confondu avec la IIIe République, le Mouvement républicain populaire s'identifiait à la IVe. Savoir si la démocratie parlementaire de type français aboutissait ainsi à un gouvernement sans le peuple, comme on l'a soutenu brillamment, est un point qui reste historiquement controversé. En revanche, ce qui l'est moins, c'est la difficulté dans le système actuel à être, suivant le mot d'un dirigeant radical devenu gaulliste, E. Faure, « la caution de droite d'un gouvernement de gauche, la caution de gauche d'un gouvernement de droite ».

Les centristes connaissent ainsi un écartèlement inévitable dans le système politique et électoral de la Ve République. Leur histoire politique est de ce fait fort complexe. Mais les tendances sont simples.

Dans un premier temps ils ont été attirés par la droite. Une petite fraction des démocrates-chrétiens reste fidèle à de Gaulle en 1962 ; une autre fraction rejoint Pompidou en 1969 et forme le Centre démocratie et progrès (CDP) ; le gros des troupes soutient Giscard d'Estaing le 5 mai 1974 ;

la totalité le rejoint pour le second tour de l'élection présidentielle. Pour les centristes, cette acceptation de la bipolarisation a donc été longue et pénible, mais elle leur a permis de survivre et de contrecarrer l'hégémonie des partis gaullistes sur la majorité.

Dans un second temps, les centristes sont attirés par la gauche, surtout si elle est aux affaires. Dès 1972, une partie des radicaux acceptent l'éventualité d'un gouvernement socialiste et communiste. Ils rompent avec les radicaux siégeant place de Valois, dits « radicaux valoisiens », qui y sont hostiles. Après la seconde victoire de Mitterrand, en mai 1988, des centristes radicaux et démocrates-chrétiens entrent dans le gouvernement de Rocard. Les démocrates sociaux forment un groupe autonome à l'Assemblée nationale et se présentent seuls aux élections européennes de juin 1989.

Toutefois, le peuple du centre ne suit guère. Les échecs de Barre et de Simone Veil, en mai 1988 et juin 1989, montrent les limites de l'évolution à gauche. Les radicaux de gauche ne survivent eux-mêmes qu'à l'ombre du Parti socialiste. La prédominance du pôle de droite, en dépit des critiques rituelles de la bipolarisation, se fait durement sentir dans les compétitions électorales et sonne comme un rappel à la raison. Or, le centrisme n'a évidemment de sens que dans la mesure où l'axe du pouvoir passe par lui. Sinon, il n'est plus au centre du système politique. Il est alors contraint de se définir non plus comme un centrisme systématique, mais comme un centrisme idéologique, programmatique. Terrible épreuve ; le centrisme en se posant se limite, donc se mutile ; la réforme proposée hors du pouvoir devient abstraite. Le centrisme a échoué à rester lui-même pour la raison fondamentale que le centre du pouvoir s'est déplacé. Depuis 1958, il a perdu un grand nombre d'hommes et de composantes. Mais grâce au talent de quelques hommes (Lecanuet en 1965, Servan-Schreiber en 1970), grâce à une conjoncture inespérée (l'élection présidentielle de 1969), il a beaucoup fait parler de lui. Force politique mineure de notre système politique, il constitue une réserve non négligeable de cadres politiques prêts à prendre la relève en cas de craquements de l'actuelle majorité et décidés alors à arrêter le mouvement du balancier au centre.

1. L'histoire du centrisme : le travail de Pénélope

Le centrisme d'aujourd'hui prend son origine dans les premières années de la IVe République. A cette date, le parti républicain radical et radical-socialiste est en difficulté et souhaite faire une cure d'oubli. Premier, dans l'ordre chronologique, des partis français puisque fondé le 23 juin 1901, le Parti radical avait sous la IIIe République été à plusieurs reprises le plus important groupe parlementaire et l'exemple typique des partis de cadres ou de notables. Mais l'échec du radicalisme est patent en 1945 et les radicaux sont de trop fins politiciens pour prendre le risque de se laisser emporter par la bourrasque. En mars 1946, après les divers échecs du référendum et des élections d'octobre 1945 (6,8 % des suffrages exprimés), ils décident de former avec l'Union démocratique et socialiste de la Résistance (UDSR) le Rassemblement des gauches républicaines. Comme disent les Anglais, le RGR est une *electoral umbrella.*

Les centrismes de la IVe République

Nous avons déjà parlé de l'UDSR, dont l'aile droite a rejoint la majorité gaulliste, et nous en reparlerons plus longuement puisque son aile gauche a rejoint le Parti socialiste. Ce qui nous intéresse ici, c'est que cette petite formation a finalement éclaté par sa prise de conscience de l'impuissance du centrisme.

Mais, en 1945-1946, le RGR est la seule formation

centriste. En effet, le Mouvement républicain populaire, qui vient de naître sous la forme d'un parti de militants et donc de masse, s'il se situe idéologiquement au centre, est au gouvernement en coalition avec les communistes et les socialistes. C'est la rupture du tripartisme, en mai 1947, qui déplace l'axe politique à droite et va permettre le jeu centriste sous la IVe République comme sous la IIIe. Le Parti radical a perdu son importance de naguère mais sa richesse en hommes et la finesse de ses analyses vont lui permettre non seulement de revenir aux affaires, mais de doubler le MRP sur sa gauche. Le premier président du conseil radical de la IVe République est investi en juillet 1948. Le radicalisme fournira en ministres la plupart des gouvernements de la IVe et, à partir de 1951, la question scolaire ayant repoussé le MRP au centre droit, il retrouve son partenaire de toujours : le Parti socialiste. Condamnant également le gaullisme partisan de cette époque et le communisme, il trouve à son congrès de 1949 des accents nouveaux pour célébrer son appartenance au courant libéral européen : « Non, le libéralisme n'est pas la doctrine de la facilité : la libre concurrence, la libre entreprise sont dominées par la loi de l'effort ; c'est une lutte sans arrêt où les incapables et les médiocres succombent, où les meilleurs triomphent. Debout, les libéraux ! »

Ce chauvinisme économique et social n'est pas du goût de l'ensemble du radicalisme. Sous l'impulsion de P. Mendès France, le parti est repris en main par de jeunes adhérents qui triomphent au congrès de mai 1955. Mais le RGR reste aux mains de E. Faure et des radicaux plus classiques, c'est-à-dire centristes, tandis que l'aile droite crée en 1956 le Centre républicain, avec André Morice. Ainsi, en 1958, il y a en fait trois radicalismes allant de la gauche à l'extrême droite. Certes, le Parti radical avait toujours tiré sa force de sa tripartition, mais le radicalisme de 1958 n'est plus le lieu où s'expriment les différentes nuances des politiques possibles. Il est un groupe désorienté et sans prise sur l'événement, qui apporte son soutien majoritaire à de Gaulle (18 radicaux, les « mendésistes », votèrent *contre* sur les 56 députés) et qui, au début de 1959, exclut P. Mendès France et ses amis.

De son côté, le MRP, avec son style propre plus naïvement moralisateur et moins bien adapté à son électorat, connaît la même évolution. D'un programme social, économique et colonial assez à gauche, il tire une politique gouvernementale nettement axée à droite, combat durement la tentative mendésiste de renouveau du centre gauche et se retrouve en mai 1958 écrasé d'une responsabilité gouvernementale qu'il ne peut plus assumer. A cette date, il ne voit d'autre moyen de sauver le centrisme contre le communisme et la montée des forces anti-démocratiques que de confier à de Gaulle le soin de rétablir l'autorité de l'État ; 3 députés MRP seulement sur 71 refuseront l'investiture le 1er juin 1958.

Aux élections de novembre 1958, le MRP obtient 9,10 % des suffrages exprimés (11,15 % avec les candidats de la Démocratie chrétienne de France[1]) ; le centre gauche (UDSR et radicaux dissidents), 3,50 % ; le Parti radical, 4,80 % ; le Centre républicain, 3,02 % ; soit, au total, 22,47 %. Or, en 1956, les radicaux et le MRP avaient obtenu 24,43 %. Le centre semble donc avoir bien résisté ; mais les pertes des radicaux « orthodoxes » sont sévères et le sauvetage n'est dû qu'à la multitude des visages pris par les centristes devant les électeurs. Dans l'assemblée de 1958 à 1962, les centristes se répartissent en deux groupes : l'Entente démocratique (radicaux et apparentés) et le Groupe républicain populaire.

Le centre à la recherche de lui-même

A partir de là, l'histoire du centrisme est essentiellement électorale et parlementaire. Le centrisme va essayer par trois fois de s'affirmer comme l'axe d'une nouvelle coalition capable d'obtenir la majorité. Ce triple échec le

1. La DC, créée par G. Bidault, regroupait à cette élection la droite du MRP.

conduit à se diviser. Une quatrième tentative s'achève par l'entrée dans la majorité giscardienne.

La première tentative est celle d'octobre 1962. La chute du cabinet Pompidou, le 5 octobre 1962, est due à la position hostile à l'élection au suffrage universel direct du président de la République de l'Entente démocratique, du MRP et du Centre national des indépendants. Le « cartel des *non* » qui en sort échoue au référendum du 28 octobre 1962. Aux élections législatives qui suivent, c'est une défaite sévère : 16,52 % des suffrages exprimés. Les radicaux orthodoxes tombent à 3,71 %, les radicaux dissidents à 3,85 % ; seul le MRP, avec 8,92 %, sauve le centrisme du désastre.

A son congrès de La Baule en mai 1963, le MRP envisage de se saborder pour permettre la constitution d'une force politique neuve à vocation majoritaire [1]. Mais à l'Assemblée nationale les centristes de gauche (radicaux) sont séparés de ceux de droite (MRP et indépendants d'opposition) ; les premiers forment le Rassemblement démocratique, les seconds le Centre démocratique. Cependant, en avril 1963, un Comité d'étude et de liaison des démocrates français (plus souvent appelé Comité des démocrates) permet des contacts entre des leaders radicaux (M. Faure), démocrates-chrétiens (J. Lecanuet), indépendants (B. Motte) et même des socialistes.

La deuxième tentative d'un centre élargi (ou troisième force) se fait jour. Il s'agit d'unir tous ceux qui ne sont ni gaullistes ni communistes. En mai 1965, un manifeste est publié qui propose de réunir les trois courants fondamentaux de la famille démocratique : le courant libéral, le courant socialiste, le courant chrétien, dans un Centre démocrate. En même temps, G. Defferre entame (décembre 1963) sa campagne pour être candidat aux élections présidentielles de 1965. Les deux mouvements sont parallèles et espèrent être convergents.

1. La motion affirme la nécessité de créer une formation entièrement nouvelle, et non pas un simple regroupement de partis, en vue de promouvoir la démocratie sociale, économique et politique et les États-Unis d'Europe.

La tentative de Defferre — étudiée au chapitre suivant car elle appartient à l'histoire récente de la social-démocratie plus qu'à celle du centrisme — est un échec du fait de l'hostilité de l'aile gauche du centrisme (les radicaux opposés à M. Faure, notamment R. Billères) à une alliance avec des hommes de droite (le courant libéral, c'est-à-dire indépendant) et avec des forces peu attachées à la laïcité de l'État. Finalement, le projet de grande fédération de G. Defferre échoue le 18 juin 1965 faute d'accord sur quatre points : les relations avec le PC, la question scolaire, l'inclusion du mot « socialiste » dans le titre, le calendrier de la création de la fédération.

Les grandes espérances centristes

Le Centre des démocrates soutient donc la candidature de J. Lecanuet à la présidence de la République, mais le radical Maurice Faure le fait à titre personnel, son parti soutenant la candidature de F. Mitterrand. Les résultats obtenus par Lecanuet (15,57 % des suffrages exprimés) sont en retrait par rapport aux élections législatives de 1962 (16,52 %, y compris les voix radicales). Mais la crainte d'une défaite cuisante transforme cet échec relatif en demi-succès. D'autant qu'il apparaît clairement que c'est la présence de Lecanuet qui a permis la mise en ballottage de De Gaulle au premier tour, et que F. Mitterrand (avec 31,72 % des suffrages exprimés) est loin des résultats de l'ensemble de la gauche, radicaux compris (40,20 % des suffrages exprimés) ; il est donc clair qu'une partie de l'électorat radical a voté Lecanuet.

J. Lecanuet en tire la conséquence qu'il est temps de créer un mouvement politique nouveau qui aura, pense-t-on, un rôle décisif à jouer quand le général de Gaulle sera parti. En décembre 1965, le Centre démocrate est formé sous la présidence de J. Lecanuet ; de février à avril 1966, la nouvelle organisation est mise en place à partir des militants du MRP, des élus indépendants et de nouveaux venus à la politique. Le MRP décide d'ailleurs en septembre 1967 de se mettre en sommeil ; sans être dissous, le parti disparaît de la scène politique.

Mais les élections de mars 1967, entre l'accord de désistement à gauche et la discipline des partis de la majorité, ont montré la force et les limites du centrisme réduit au centre droit : 12,79 % des suffrages exprimés. Pour former un groupe propre à l'Assemblée, les centristes s'associent avec quelques députés situés nettement à droite dans le groupe Progrès et Démocratie moderne, présidé par J. Duhamel. En juin 1968, les centristes se présentent sous le sigle CPDM (Centre progrès et démocratie moderne) et obtiennent 10,34 % des suffrages exprimés ; ils sont donc au niveau du MRP seul de 1958 et 1962.

La victoire du *non* au référendum d'avril 1969, la popularité soudaine de Poher — centriste, président du Sénat — constituent pour les centristes la divine surprise. La victoire est en vue. La troisième tentative d'un grand centre de gouvernement semble s'imposer. En effet, les malheurs de la Fédération de la gauche démocrate et socialiste, l'isolement apparent de G. Pompidou, le départ hautain du général de Gaulle et son silence laissent supposer une victoire facile de A. Poher à la prochaine élection présidentielle. Celui qui souhaite devenir « un président pour tous les Français », suivant son slogan électoral, se révèle cependant incapable de réunir autour de lui toutes les familles centristes. Le retour des radicaux de M. Faure ne compense pas la défection d'une partie du Centre démocrate amenée par J. Duhamel au secours de G. Pompidou. A. Poher, avec 23,42 % des suffrages au premier tour, est bien second, mais loin derrière G. Pompidou. La consigne d'abstention du PC et du PSU pour le second tour condamne cette troisième tentative.

Les centristes de la majorité élargie de Georges Pompidou

En avril 1969, en effet, une partie des députés centristes, emmenés par J. Duhamel, décide d'apporter son soutien à

G. Pompidou dans l'élection présidentielle. C'est un choix tactique, plus que politique, entre Pompidou et Poher ; il s'agit surtout d'éviter une crise de régime après le départ de De Gaulle, crise inévitable si Poher est élu, compte tenu de la composition de l'Assemblée nationale élue en 1968. C'est aussi l'affirmation qu'il n'y a pas de centrisme possible sans l'association avec l'UDR et la participation au pouvoir. C'est enfin la certitude que l'on ne peut infléchir la politique gaulliste, notamment dans les affaires extérieures, que de l'intérieur du fait majoritaire.

Les centristes favorables à la majorité s'organisent alors dans un Centre démocratie et progrès qui reprend en l'inversant le nom donné au groupe parlementaire centriste en 1967. A l'Assemblée nationale, le groupe Progrès et Démocratie moderne continue d'associer les centristes de Lecanuet et Abelin, le Centre républicain de A. Morice (que nous retrouverons plus bas), les indépendants du CNIP à la quinzaine de députés progouvernementaux.

Le Mouvement réformateur et le ralliement à Giscard d'Estaing

Le centrisme est donc plus divisé que jamais. Les radicaux, désemparés, décident en octobre 1969, sur la proposition de leur président Maurice Faure, de se donner un secrétaire général connu pour ses succès comme dirigeant d'entreprises de presse et d'essayiste, J.-J. Servan-Schreiber.

Une commission de réforme est constituée et prépare un manifeste qui est présenté à la presse le 29 janvier 1970 ; Servan-Schreiber est élu député de Nancy en battant au second tour un gaulliste et un communiste ; il refuse à l'Assemblée de s'apparenter au groupe socialiste et devient non-inscrit. Il est donc clair à cette date que la « rénovation » du Parti radical consiste non pas en un retour au radicalisme d'origine et à la tradition de gauche du radical-socialisme, mais en une nouvelle tentative de constituer une force centriste à vocation majoritaire contre la majorité au pouvoir et l'union des gauches communiste et socialiste.

Dès lors, le Parti radical est conduit à se retrouver aux côtés des différentes formations centristes. Servan-Schreiber, qui propose cette orientation, se fait élire président du parti au congrès de Suresnes le 17 octobre 1971 par 431 voix contre 267 à Maurice Faure qui se retrouve en opposition avec celui qu'il avait appelé à l'aide deux ans plus tôt. M. Faure devient avec d'autres députés radicaux (R. Billères, R. Fabre...) chef de l'opposition à l'orientation centriste du parti et des partisans d'une alliance électorale de gauche (ils constituent en septembre 1972 la gauche radicale et socialiste).

De son côté, le Centre démocrate de J. Lecanuet, satisfait des résultats obtenus aux élections municipales de février 1971, décide à sa IVe convention nationale à Nantes le 22 octobre 1971 de se rapprocher des radicaux et des autres centristes.

Au cours d'une réunion tenue à Saint-Germain-en-Laye le 3 novembre 1971, était annoncée la création d'un « Mouvement réformateur » par le Parti radical, le Centre démocrate, le Centre républicain (dirigé par A. Morice et formé de radicaux dissidents, comme il a été dit plus haut) et le Parti de la démocratie socialiste, devenu en novembre 1971 Parti social-démocrate (petite formation créée par E. Muller, maire de Mulhouse, en mars 1970 par scission de certains membres de la SFIO hostiles à l'unité avec le PC, et dont le secrétaire général est A. Lecœur, ancien secrétaire à l'organisation du PC exclu en mars 1954). Deux autres petites formations sont intéressées par cette création : le Parti libéral européen (organisation fantôme créée par un ancien radical, J.-P. David, un moment célèbre pour son anticommunisme) et le mouvement Progrès et Liberté (créé par J. Soustelle, ancien ministre gaulliste et connu pour son antigaullisme).

Mais le Parti radical ne résistera pas aux tensions créées par le Mouvement réformateur d'un côté et la signature du programme commun de gouvernement entre le PC et le PS le 27 juin 1972 de l'autre. Les négociations entre les radicaux et le PS en vue d'un accord électoral échouent en mai 1972 sur le problème du désistement éventuel pour un communiste. La plupart des députés radicaux savent qu'ils ne peuvent être élus sans un tel accord. En juin 1972, ils créent le Mouvement des radicaux de gauche (MRG) qui est allié électoralement avec le PS en 1973, 1978 et 1979. Mais, après la rupture de l'union de la gauche, R. Fabre quitte le MRG, qui se cherche une place sur le champ politique. En mai 1978, Michel Crépeau devient président et fait adopter en juin 1980 un manifeste très marqué par l'écologie et l'influence du Parti radical italien.

Le congrès extraordinaire du Parti radical approuve le 26 juin les positions de J.-J. Servan-Schreiber. Mais le 7 juillet 1972 les radicaux de gauche adhèrent au programme commun de la gauche. Une fois de plus, la famille radicale est déchirée entre le centre gauche et le centre droit.

Aux élections de 1973, les réformateurs obtiennent 12,43 % des suffrages exprimés, mais le mécanisme électoral les lamine au second tour : ils ont à peine trente élus, parmi lesquels les députés du Centre démocrate sont les plus nombreux. Les centristes ressentent durement cet échec et cherchent un moyen de sortir de leur isolement et de leur impuissance.

L'élection présidentielle de mai 1974 va leur fournir l'occasion d'accepter la bipolarisation sans admettre l'hégémonie de l'UDR. Jean Lecanuet apporte immédiatement son soutien et celui du Centre démocrate à Giscard d'Estaing contre Chaban-Delmas et Mitterrand ; Servan-Schreiber attendra la veille du second tour pour en faire autant. La victoire de Giscard permet enfin aux centristes d'entrer dans le gouvernement.

En même temps, la réunification des groupes parlementaires centristes s'effectue et, en juin 1974, elle est acquise à l'Assemblée nationale, en attendant la réunification des organes locaux.

L'échec de la réunion des centres

L'entrée de tous les centristes dans la majorité présidentielle ne leur a pas permis de se réunifier. Un incroyable ballet de leaders sans troupe se déroule pendant deux ans pour aboutir à un retour aux deux formations principales du centre depuis 1945 : les démocrates-chrétiens et les radicaux libéraux.

Un Mouvement de la gauche réformatrice vise, en janvier 1975, à regrouper tous les démocrates sociaux à l'initiative de M. Durafour et tente de s'organiser en mars 1975. Mais le Parti radical ne se laisse pas séduire. Immédiatement, son partenaire, le Centre démocrate (sous l'impulsion de J. Lecanuet), le Parti radical, le Centre démocratie et progrès, le Centre républicain (A. Morice), le Mouvement démocrate socialiste de France (M. Lejeune), le mouvement Progrès et Liberté (J. Soustelle) et quelques autres, tous plus riches d'ambition que de militants, lancent la Fédération des réformateurs qui tient ses assises nationales en juin 1975. Le résultat est un échec commun des deux regroupements.

Le Parti radical, à son XXXVIe congrès de décembre 1975, remplace J.-J. Servan-Schreiber, président démissionnaire, par G. Péronnet et rêve de retrouver sa longue tradition de parti charnière.

Il ne reste plus à J. Lecanuet qu'à reconstituer sous un nom nouveau le MRP, en réunifiant le Centre démocrate et le Centre démocratie et progrès. C'est chose faite en mai 1976 par la tenue à Rennes du congrès constitutif du Centre des démocrates sociaux (CDS) qui élit Lecanuet président et J. Barrot secrétaire général.

En fait, comme nous l'avons vu, les centristes se fédèrent avec la droite libérale à l'occasion des élections législatives de 1978 et forment l'Union pour la démocratie française, dont J. Lecanuet devient président en mars 1978.

Les centristes dans l'UDF

Les centristes ont présidé l'UDF avec Lecanuet pendant dix ans. V. Giscard d'Estaing, qui a pris sa suite en 1988, déclarait : « Le centre, c'est l'UDF. » Pourtant les centristes ont toujours eu des états d'âme au sein de la confédération, surtout après l'échec de Giscard d'Estaing à l'élection présidentielle de 1981.

Certains ont alors vu en R. Barre le leader capable de faire triompher le centrisme dans une élection présidentielle. C'était le cas des démocrates sociaux, qui ont néanmoins accepté la cohabitation de 1986-1988 que refusait l'ancien Premier ministre. Le résultat obtenu au premier tour de la présidentielle de 1988 (16,5 %) est un peu supérieur à celui de Lecanuet en 1965, mais apparaît comme un échec. Le CDS cherche alors une nouvelle personnalité susceptible de montrer la force du courant démocrate-chrétien sur un terrain où il a longtemps excellé, celui de l'Europe. S. Veil conduit donc la liste centriste aux élections européennes de juin 1989 mais n'obtient que la moitié du résultat de Barre.

Ainsi ramené à la dure réalité électorale, le CDS retrouve le dilemme de son IVe congrès (mai 1982), où Pierre Mehaignerie, partisan du maintien dans l'UDF, avait emporté la présidence contre B. Stasi, favorable à l'autonomie du centre, et J. Barrot, plaidant pour la démocratie sociale. La synthèse était pourtant apparue comme faite au VIe congrès de Metz (avril 1986), par un retour aux sources de la pensée démocrate-chrétienne. Le CDS y décide de ne plus siéger au groupe UDF à l'Assemblée nationale, ce qui sera fait en juillet 1988 par la création du groupe de l'Union du centre, mais 8 députés sur 49 refusent de s'y inscrire. Après les élections européennes de 1989, l'Union du centre accepte de former avec les groupes RPR et UDF un inter-groupe de l'opposition à l'Assemblée.

L'autre famille centriste, celle des radicaux, est également traversée de courants opposés. Certains « valoisiens » ne sont pas insensibles à l'attraction du RPR, ne serait-ce que pour des raisons électorales. D. Bariani, qui succède à Servan-Schreiber à la présidence du parti au LXXIXe congrès d'octobre 1979, est un proche de J. Chirac. Son successeur, A. Rossinot, qui reste président de novembre 1983 à décembre 1988, est au contraire d'abord un partisan de Barre, puis, après 1986, devient ministre du gouvernement Chirac, et finalement soutient Barre lors de l'élection présidentielle de 1988. Il est remplacé en décembre 1988 par Y. Galland, un « chiraquien » convaincu. Mais les radicaux n'ont plus d'influence parlementaire depuis 1981 : 2 députés en 1981, 3 en 1986 et en 1988.

Il est vrai que les minuscules formations issues de la famille radicale sont nombreuses. En 1973, des socialistes hostiles à l'alliance avec les communistes créent le Mouvement démocrate socialiste, présidé par M. Lejeune. Le MDS forme une composante de l'UDF en 1978. Il se transforme en octobre 1982 en Parti social-démocrate et poursuit une chétive existence autonome au sein de l'UDF grâce à quelques personnalités locales bien implantées.

En revanche, la tentative de quelques anciens radicaux de gauche et de droite de créer un parti nouveau — le Parti démocrate français — en juin 1982 a échoué dans la mesure où elle apparaissait comme une manœuvre du RPR pour déstabiliser les radicaux. Mais les contacts et les discussions en vue de la réunification des radicaux de droite et de gauche ont été nombreux, notamment par le biais des organisations maçonniques du Grand Orient de France, après les élections de 1986 et 1988. Elles ont jeté le trouble au Parti radical valoisien comme dans le Mouvement des radicaux de gauche, mais elles n'ont pas abouti.

2. L'inorganisation des partis du centre

Il est bien établi que les partis du centre sont, par nécessité fonctionnelle, des partis faiblement organisés et en tout cas des partis dans lesquels l'organisation ne révèle pas la réalité des centres de décision. Partis de cadres, ou plus exactement de notables, économiques, sociaux et politiques (élus), ils ont une méfiance profonde à l'égard des adhérents ou des militants qui présentent deux dangers mortels pour le centrisme : d'une part, leur rigueur doctrinale, ou leur moralisme, risque d'interdire au parti toute stratégie centriste, c'est-à-dire l'art de la volte-face et de l'ambiguïté ; d'autre part, leur amateurisme politique risque d'imposer à des élus ou à des leaders économiques ou sociaux un handicap insurmontable dans la politique professionnelle qui apparaît à ces derniers comme imposant le secret sur la plupart des affaires et l'autonomie des responsables dans l'appréciation des difficultés du terrain et de l'opportunité des décisions.

Les partis du centre sont donc par excellence des partis politiques au sens traditionnel et méditerranéen du terme : le pouvoir du peuple s'épuise dans la désignation de ses représentants, les élus sont des plénipotentiaires d'un jeu diplomatique, intervenant après le combat et chargés de trouver une solution possible à une situation donnée dont ils ne sont point les acteurs.

On comprend alors que l'organisation de ces partis est d'abord une organisation des élus et très secondairement une organisation des « faiseurs d'élections », mais jamais une organisation d'électeurs et à aucun prix une organisation de militants. Il appartient aux chefs des partis de compenser cette faible implantation populaire par l'utilisation intelligente des structures économiques et sociales existantes et des moyens de communication de masse, expression du modèle culturel dominant. D'où l'importance des journaux dans la structure primitive du Parti radical et l'attention apportée à la radio et à la télévision ; d'où aussi la nécessité d'utiliser efficacement les techniques de l'information, de la publicité et du journalisme modernes.

Le Parti radical, ancien ou rénové, a presque atteint la perfection sur ce terrain.

La structure de base est la circonscription électorale où existe un comité de base pratiquement inexistant en dehors des périodes électorales. Les comités de base peuvent former des comités cantonaux ou communaux, mais sont surtout constitutifs des fédérations départementales qui elles-mêmes forment des fédérations régionales. Ces fédérations sont dirigées par des bureaux et parfois par des comités exécutifs fédéraux désignés par les congrès fédéraux.

Sauf exception, les organes locaux n'ont un rôle réel qu'en période électorale et pour préparer les congrès nationaux. Les centres de décision sont en effet au sommet. Le congrès national annuel est formé des membres du comité directeur, des élus locaux et nationaux du parti, des délégués des fédérations et des candidats aux élections nationales. Le Parti radical est probablement, avec le Parti socialiste, le seul parti français où le congrès est l'organe principal de décision ; non seulement les jeux n'y sont pas faits d'avance, mais les délégués n'y sont généralement pas porteurs de mandats impératifs, sauf cas exceptionnels. Le bureau national, qui fixe l'ordre du jour, le règlement du congrès et les rapporteurs des questions à débattre, reste cependant, comme dans tous les partis, le maître des leviers de commande.

Le comité directeur (ex-comité exécutif) dirige le parti dans l'intervalle des congrès. Il comprend les membres du bureau national, les députés et sénateurs du parti, les présidents des fédérations départementales ou leurs suppléants. Le comité désigne et anime les commissions nationales du parti et délibère sur toutes questions non réglées par le congrès.

Le président du Parti radical, personnage central, est désigné par le congrès, il est assisté d'un bureau national élu par le comité dans des conditions complexes qui permettent d'associer les parlementaires du parti et les adhérents responsables des fédérations départementales. Le bureau désigne un secrétaire général et un trésorier.

En 1959, les statuts sont révisés et limitent à deux ans, renouvelables une fois, le mandat du président du Parti radical afin d'éviter le retour d'un président à vie, comme c'était le cas de E. Herriot. Le Parti radical prétend regrouper 20 000 membres mais ne demande à personne de le croire.

Le CDS s'est doté de statuts lors de sa formation en mai 1976. Ils ont été révisés lors de son IVe congrès, à Versailles en mai 1982. Son organisation est faible, parfois inexistante au niveau local. Les fédérations départementales sont plus le regroupement d'élus et de candidats que d'adhérents, bien qu'il ait revendiqué 30 000 membres lors de la constitution de l'UDF en 1978. Au niveau central, l'instance suprême est le congrès national, réuni tous les 2 ans, qui élit le conseil national et le bureau politique, ainsi que le président et le secrétaire général. J. Lecanuet, de 1976 à 1983, puis P. Mehaignerie depuis 1983, en ont été président ; A. Diligent, de 1976 à 1983, puis J. Barrot, depuis 1983, secrétaire général.

3. L'implantation des centristes

Il est très difficile d'étudier sérieusement l'implantation et l'environnement du courant centriste. Tout d'abord, il ne connaît pas le phénomène d'adhésion et de militantisme des partis de masse et il n'est donc pas possible d'étudier la composition sociologique des partis du centre. Il faudrait donc se contenter d'une étude des élus et de l'électorat. Mais, ensuite, il est très difficile de repérer l'électorat et même les élus. En effet, en 1958 et 1962 — élections où figurent des candidats radicaux et MRP —, le centrisme n'existe pas encore comme courant politique propre. En 1965, 1967 et 1968, les radicaux sont associés aux socialistes dans la FGDS, et les centristes favorables à la majorité n'ont pas encore fait leur apparition. Enfin, nous l'avons vu, la campagne de A. Poher en 1969 a débordé les cercles centristes. A l'Assemblée nationale et au Sénat, il n'y a pas de groupe parlementaire centriste ; aux élections cantonales et municipales, le centrisme est souvent difficile à repérer dans la diversité des sigles de défense des intérêts locaux ou d'action cantonale.

Il est cependant possible d'estimer, à partir des statistiques électorales, l'influence des deux forces principales du centrisme. Le radicalisme uni se situe aux alentours de 7 % des suffrages exprimés, et le centrisme d'opposition également. Ce qui donne dans des élections nationales entre 13 % et 15 % au maximum. En mars 1973, les réformateurs (radicaux de droite et Centre démocrate) ont obtenu 12,43 % des suffrages.

A partir de 1978, les centristes sont comptabilisés au sein de l'UDF. Rappelons cependant qu'à l'élection présidentielle de 1965 Lecanuet recueille 15,5 % des suffrages ; Barre, à celle de 1988, 16,5 % ; mais la liste Veil aux élections européennes de 1989 n'obtient que 8,4 % alors qu'elle en espérait le double.

L'implantation locale des centristes reste importante, comme le prouve leur place au Sénat. L'Union centriste, c'est-à-dire le CDS, n'a cessé de progresser, passant de 34 membres en 1959 à 70 en 1986 et 68 en 1989 ; la Gauche démocratique, c'est-à-dire les radicaux, a au contraire diminué : 66 en 1959, 35 en 1986, 23 en 1989, bien que les radicaux de gauche continuent d'y siéger avec les représentants des autres nuances du radicalisme.

Il ne fait pas de doute qu'il demeure un électorat centriste en France, et même deux. Le premier est démocrate-chrétien, il est plus féminin et plus rural, mais aussi plus jeune que le second. L'électorat radical est très masculin, plus âgé et bien implanté dans les professions libérales et chez les petits patrons. Le drame du centrisme est que son électorat est aspiré à la fois par la droite et la gauche. En Bretagne et dans les Pays de la Loire, mais aussi en Alsace et en Lorraine, les socialistes se sont implantés au détriment des démocrates-chrétiens ; dans le Sud-Ouest, ils ont pris le relais des radicaux. Les centristes n'ont pas d'autonomie électorale.

4. Programme et objectifs

Le radicalisme, depuis une cinquantaine d'années, était unanimement considéré comme un parti sans programme. Ayant réussi à réaliser ses principales ambitions dans la période précédant la Première Guerre mondiale, il était devenu un parti gestionnaire. La tentative de Mendès France en 1954-1955 pour donner un nouvel élan au réformisme radical avait échoué. Il semblait bien que l'imagination avait définitivement déserté la place de Valois.

La désignation de Servan-Schreiber au poste de secrétaire général en octobre 1969 aboutit au congrès extraordinaire de la salle Wagram à Paris, qui adopte en février 1970 le manifeste radical. Ce document de trente pages reprend l'essentiel des thèmes développés par J.-J. Servan-Schreiber qui publiera, en collaboration avec Michel Albert, ses thèses dans un livre brillant modestement intitulé *Ciel et Terre, manifeste radical,* en février 1970 [1].

Se situant dans la lignée des grands hommes politiques radicaux du passé, des révolutions de 1789 et de 1917, le manifeste a pour objet « de rompre avec le *statu quo,* de reprendre le commandement politique, d'amener sur la terre, par la mise en œuvre d'un nouvel ensemble de propositions politiques réalisables, ce qui constituait

1. Publié chez Denoël, 1970, 298 p.

l'espérance — à l'époque, l'utopie, mais aujourd'hui l'objectif — de la révolution socialiste » (p. 68). Le vocabulaire, on le voit, est audacieux. Les « quatre axes de nos réformes » permettent de saisir qu'il y a de multiples façons de comprendre la révolution socialiste. Ici, il s'agit de prouver que la « réforme, instrument de la révolution », doit permettre de « libérer l'homme de la contrainte économique » (p. 62). Il faut d'abord « séparer le pouvoir politique du pouvoir économique », ce qui consiste en gros en une meilleure utilisation des ressources publiques, notamment des crédits d'investissements ; il faut ensuite assurer l'égalité sociale par une réforme du système d'enseignement et de formation (éducation préscolaire et formation permanente) ; il faut mettre fin au pouvoir privé héréditaire par l'abolition de la transmission héréditaire de la propriété des entreprises ; il faut enfin redistribuer le pouvoir public « en ouvrant de nouveaux cadres au suffrage universel » par l'« effacement de la souveraineté nationale », c'est-à-dire la mise sur pied d'un pouvoir régional et d'un pouvoir européen.

Ces thèmes, sauf peut-être le dernier, sont depuis 1984 à peu de chose près ceux du Parti socialiste. En octobre 1987, le Parti radical a adopté un « projet radical » destiné à se démarquer du PS. Beaucoup plus vague et modeste, il vise à mettre en œuvre l'« idéal d'épanouissement individuel et d'autonomie personnelle » du radicalisme.

Le Centre démocrate n'a pas estimé nécessaire d'élaborer un document programmatique aussi ambitieux. Pour l'essentiel, les thèses développées par J. Lecanuet dans sa campagne présidentielle de 1965 restent les objectifs du parti repris dans la charte constitutive de 1966 et dans la déclaration des démocrates sociaux de 1976, où on lit notamment : « Nous voulons construire un monde fraternel au service de l'homme. » Ce que reprend la déclaration du Mouvement réformateur de Saint-Germain-en-Laye (novembre 1971) : « assurer le fonctionnement d'une démocratie sociale à la française », par la défense des libertés et de la paix publique, l'accès à l'égalité sociale, la priorité aux équipements collectifs et à la planification démocratique, la création de régions responsables et la construction de l'Europe politique.

Ce sont les mêmes thèmes, mais nettement plus marqués par le libéralisme, que reprend le manifeste du CDS adopté au IVe congrès de mai 1982.

3

Les partis du système : le pôle socialiste et communiste

Les gauches, socialiste et communiste, ont été le pôle d'opposition pendant vingt-trois ans, de 1958 à 1981. D'abord dominée, électoralement et socialement, par le Parti communiste, cette opposition divisée est impuissante. Elle prend le chemin de l'unité à partir de 1962 et arrive au but — l'unité programmatique en vue de gouverner la France — le 27 juin 1972 par la signature d'un programme commun de gouvernement de la gauche. Il s'agit, dit ce texte, « par des changements profonds de la vie politique, économique et sociale de la France [...] d'ouvrir la voie au socialisme ». En juillet 1972, le Mouvement des radicaux de gauche se crée pour adhérer à ce texte.

Il ne s'agit donc pas d'unité organique. « Le PC et le PS gardent naturellement leur personnalité. Ils se réclament l'un et l'autre de principes qui fondent leur existence propre. » Il s'agit d'une union des forces de gauche pour gouverner ensemble par la victoire espérée aux élections législatives de 1973. Mais la droite conserve la majorité, et, à l'élection présidentielle de 1974, V. Giscard d'Estaing l'emporte, de peu, sur le candidat unique de la gauche, F. Mitterrand.

Le programme commun et l'union de la gauche aboutissent à renverser le rapport de force entre le PC et le PS. Pour le PC, ils ne sont plus un pas vers la démocratie avancée mais comme une machine efficace d'affaiblissement de leur influence et de renforcement de celle des socialistes. Il faut s'en dégager.

L'union de la gauche est d'ailleurs dans les démocraties libérales un phénomène étrange qui suscite la méfiance des autres Partis socialistes européens — notamment en Allemagne et en Grande-Bretagne — et les réserves de l'Union soviétique. Formellement, l'union programmatique est rompue le 23 septembre 1977, lorsque les discussions sur la mise à jour du programme commun échouent. Mais, électoralement, l'alliance PC-PS résiste à toutes les crises. L'élection à la présidence de la République de F. Mitterrand le 10 mai 1981 en est une éclatante manifestation qui se prolonge, trois ans durant, par la participation de ministres communistes aux gouvernements socialistes.

En refusant de prolonger cette participation dans le gouvernement Fabius en juillet 1984, le PC ne fait qu'officialiser une rupture qui, espère-t-il, lui permettra de rétablir une influence électorale en déclin. Le rejet de l'union de la gauche au sommet au profit d'une union des forces populaires à la base ne donne pas les résultats escomptés. L'évolution de l'Union soviétique sous l'impulsion de M. Gorbatchev, à partir de 1985, puis l'effondrement des Partis communistes dans la plupart des pays d'Europe de l'Est en 1989, bref, le séisme qui frappe les régimes communistes partout dans le monde, contraignent les communistes français à un repliement sur la défense des intérêts des « gens » en France. Une interminable crise interne s'ensuit qui affaiblit l'appareil du Parti plus que son influence externe.

La réélection de F. Mitterrand en 1988 à la présidence de la République montre que l'électorat reste attaché à l'union de la gauche. Le Parti socialiste domine et gouverne le pays bien qu'il ne dispose pas de la majorité absolue à l'Assemblée nationale. Les députés communistes ne peuvent mêler leurs voix à celles de la droite pour renverser le gouvernement Rocard sans risquer de perdre toute influence électorale.

La bipolarisation qui caractérise le système politique depuis 1962 est donc bien vivante. Quoi qu'ils en aient et qu'ils en disent, les communistes savent qu'ils ne peuvent exister que comme un élément du pôle de gauche, même dominés par les socialistes. Ils peuvent se mettre hors système avec le risque à peu près inévitable de devenir un groupuscule parmi d'autres. Ils peuvent aussi espérer que les socialistes se diviseront et s'affaibliront et/ou rechercheront une alliance au centre, ce qui ferait éclater le pôle de gauche. Mais les socialistes peuvent, de leur côté, espérer accroître leur domination dans ce pôle et, en refusant de franchir la frontière invisible entre la droite et la gauche, incarner à eux seuls le socialisme démocratique.

1

Le Parti socialiste

Représentant en France le courant du socialisme démocratique, membre de la IIe Internationale, le Parti socialiste est le plus important des partis français, mais il est beaucoup plus faible que ses homologues européens : le Labour Party britannique ou le Sozialistische Deutsche Partei en Allemagne fédérale. Le PS français d'aujourd'hui est le résultat d'une évolution de sa principale composante, la SFIO, et du regroupement de quelques organisations sociales-démocrates de moindre envergure. La situation du PS est très originale dans le socialisme démocratique européen : il est idéologiquement le plus marxiste des grands partis socialistes d'Europe, et son évolution récente, à rebours de ce qui s'est passé en Allemagne ou en Italie par exemple, s'est faite vers la gauche. Il est cependant considéré comme réformiste non seulement par le mouvement révolutionnaire français, mais aussi par le PC. Il est certain qu'il se situe à droite du PC et que, depuis quarante ans, le principal problème qu'il se pose par rapport au système politique français est celui de ses alliances. Partagé entre une stratégie frontiste d'alliance avec le PC et une stratégie centriste d'accord avec les radicaux et les démocrates-chrétiens, le PS affirme depuis 1965 avoir choisi la première, mais peut-il vraiment renoncer à la seconde ?

1. De la SFIO au Parti socialiste

Le mouvement socialiste en France a toujours été traversé par des courants divers qui le divisent en tendances ou fractions d'autant plus opposées qu'elles sont proches. Le PS actuel n'est pas le seul héritier de ce mouvement et de ces tendances (le PSU et le PC en sont d'autres), mais c'est celui qui s'y rattache le plus expressément.

En 1893, il existe en France quatre « grandes » formations socialistes, plus les socialistes indépendants. En mai 1901 à Lyon, le IIIe congrès des organisations socialistes aboutit à la constitution de deux Partis socialistes : le Parti socialiste français, qui regroupe les indépendants, les « broussistes » (partisans de Brousse, antimarxistes) et les « allemanistes » (partisans d'Allemane, ouvriéristes, favorables à la primauté de l'action syndicale révolutionnaire) ; et le Parti socialiste de France, formé des partisans de Guesde et de Vaillant, marxiste et hostile à toute participation à un gouvernement bourgeois de gauche. La IIe Internationale va imposer la fusion, en dépit de sa méfiance à l'égard du réformisme de Jaurès, leader du PS. En avril 1905 à Paris, le congrès d'unification donne naissance à la Section française de l'Internationale ouvrière (SFIO), ou Parti socialiste unifié, « parti de luttes de classes », opposé « fondamentalement et irréductiblement à l'ensemble de la classe bourgeoise et à l'État qui en est l'instrument ».

Il fallait rappeler ces faits : unification des socialistes réformistes et révolutionnaires sur un programme dur mais avec des leaders à tendance réformiste. Ils se retrouvent en effet tout au long de l'histoire du socialisme français. La SFIO, dans sa longue histoire de soixante-quatre ans, connaîtra de nombreuses scissions. La plus importante est celle de 1920, qui voit la majorité du parti fonder le Parti communiste. La SFIO de 1921 est un parti très affaibli : il a perdu en 1914 son leader le plus prestigieux, Jaurès ; la scission de 1920 le prive de son journal *L'Humanité*, et des trois quarts de ses membres. Reconstruite par P. Faure et L. Blum, la SFIO s'allie aux radicaux sur le plan électoral en 1924 et redevient un grand parti parlementaire ; en 1936, alliée aux communistes et aux radicaux, elle est le plus important parti français. Après l'épreuve de la guerre, la SFIO redevient en 1945-1946 un puissant parti de masse. Ayant refusé la réunification avec les communistes en août 1945, elle refuse en août 1946 le « néo-réformisme » de D. Mayer et s'affirme à nouveau un parti de luttes de classes, sous l'impulsion de son nouveau secrétaire général, G. Mollet. Mais la rupture Est-Ouest la rejette à droite. En mai 1947, les socialistes Vincent Auriol, président de la République, et Paul Ramadier, président du Conseil, chassent les ministres communistes du gouvernement. Sous la IVe République, la SFIO est l'axe de toute majorité gouvernementale, les communistes étant hors jeu. En politique extérieure, elle soutient et défend l'Alliance atlantique et la construction européenne ; en politique intérieure, elle s'oppose violemment au gaullisme et au communisme et défend une politique de réformes sociales et de laïcité de l'école. Le Parti radical est son allié naturel ; le MRP, son compagnon inévitable de route, que tout rapproche, sauf la question de la laïcité.

Du soutien à l'opposition

En mai-juin 1958, G. Mollet facilite le retour au pouvoir de De Gaulle, en dépit de l'hostilité d'une forte minorité du parti. L'échec complet de la politique coloniale de la SFIO, sauf en Afrique noire, la contraint à choisir entre une alliance avec les communistes et une alliance avec la droite. Elle choisit la seconde, ce qui entraînera une scission de son aile gauche, qui participera plus tard à la fondation du PSU. Mais la SFIO, qui se déclarait en 1959 « à l'avant-garde de la Ve République », glisse rapidement dans l'opposition (congrès de juillet 1959) et se rapproche ainsi du Parti communiste et des nouvelles organisations politiques qui apparaissent sur sa gauche.

Son nouveau rôle oppositionnel n'empêche pas la SFIO de se scléroser peu à peu. Elle garde une forte implantation municipale et une organisation solide dans un petit nombre de départements (Nord, Pas-de-Calais, Bouches-du-Rhône, Sud-Ouest), mais perd beaucoup de militants et n'en attire plus. En 1958, elle regroupe encore 15,50 % des suffrages exprimés aux élections législatives (premier tour) ; en 1962, elle tombe à 12,54 % et perd 1 million de voix.

A son LIe congrès (1963), le parti socialiste s'assigne une double tâche : « regrouper tous ceux qui en France se réclament de l'idée socialiste » et réaliser une « coalition des démocrates susceptible d'imposer un gouvernement de gauche ». Le premier objectif concerne surtout les « élus » et les forces nouvelles (PSU, par exemple) se réclamant du socialisme ; il donne naissance aux quatre colloques socialistes de décembre 1963 à juin 1964 mais échoue car il apparaît contradictoire avec le second objectif. Ce dernier est pris en charge par G. Defferre, qui cherche à mettre sur pied une grande fédération — allant des démocrates-chrétiens d'opposition (MRP) aux socialistes, en passant par les radicaux — capable d'assurer son succès aux élections présidentielles de 1965 (il s'est porté candidat le 19 décembre 1963). La grande fédération est accueillie froidement par le MRP à son congrès de mai 1964 ; acceptée à contrecœur par le même MRP au congrès de mai 1965 et par le LVe congrès de la SFIO en juin 1965, vivement combattue par le PC et le PSU, elle échoue le 25 juin 1965. La SFIO reprend son premier objectif et, le 29 juillet 1965, accepte le projet Mitterrand de création d'une « fédération démocrate-socialiste », c'est-à-dire unissant les radicaux, les clubs et elle-même. La candidature de F. Mitterrand à l'élection présidentielle, soutenue par ses différentes organisations, par le PCF et, avec des réserves, par le PSU, facilite la chose. Le 9 décembre 1965, la Fédération de la gauche démocrate et socialiste est constituée. La composition du comité exécutif désigné résume bien les forces qui la composent : 17 membres représentent la SFIO, 14 le Parti radical, 4 l'UDSR, 7 la Convention des institutions républicaines, 3 les autres clubs, et 7 sont réservés à d'autres adhésions. En dehors du parti radical et de la SFIO, d'où viennent les autres ?

La Fédération de la gauche démocrate et socialiste

L'Union démocratique et socialiste de la Résistance (UDSR) est née de mouvements de Résistance en juin 1945. Après quelques hésitations, l'UDSR se constitue en parti en décembre 1946 ; elle rassemble un petit nombre de militants, mais beaucoup de personnalités ayant participé à la lutte clandestine contre l'Allemagne et partageant une certaine hostilité commune à l'égard des grands partis de l'époque ; elle se situe au centre gauche et devient l'un de ces groupes parlementaires bien connus dans le régime parlementaire multipartisan dont l'importance vient de leur situation aux franges des deux majorités possibles : centre gauche et centre droit. Sous la IVe République, l'UDSR joue intelligemment ce jeu avec R. Pleven dans le rôle dextrogyre et F. Mitterrand dans le rôle lévogyre. Elle est alors associée, au plan parlementaire, avec le Parti radical, dans le Rassemblement des gauches républicaines jusqu'en 1954. En 1958, l'UDSR est majoritairement hostile à de Gaulle ; la minorité, avec R. Pleven, se rallie à la Ve République. Le choix de la FGDS en 1965 permet à l'UDSR de jouer un rôle décisif, grâce à sa position centrale et à la personnalité de F. Mitterrand.

Les clubs sont un phénomène plus complexe. Ils apparaissent à partir de 1960 environ comme une résurgence d'un phénomène bien connu, celui des sociétés de pensée et des groupes diversifiés d'éducation politique. S'adressant surtout aux couches nouvelles (hauts fonctionnaires, techniciens, ingénieurs, cadres supérieurs, enseignants, etc.), ils sont en réalité de plusieurs sortes. Les plus connus (dont le type est le club Jean-Moulin) sont des groupes de pression d'hommes dotés de responsabilités administratives publiques ou privées qui veulent faire triompher leur conception de l'intérêt général « objectif », c'est-à-dire sans référence partisane ; les plus importants numériquement (par exemple, Citoyens 60 ou le cercle Tocqueville) sont des groupes d'éducation et de réflexion politiques de personnes réunies par une idéologie plus ou moins diffuse et qu'effraient les jeux politiques et leurs lois. Les troisièmes (par exemple, le club des Jacobins) sont des groupes d'attente ou de repli constitués autour d'une ou de plusieurs personnalités politiques que l'évolution politique a rendues marginales ; ils sont temporaires et constituent des pierres de réserve pour un futur édifice ; on peut aussi les considérer comme des arguments de négociation dans un processus de fusion.

Les deux premières catégories tiennent à Vichy en avril 1964 les assises de la démocratie et en restent là. Elles poursuivent leur existence, plus ou moins active, suivant la force attractive des partis politiques, mais n'envisagent pas de s'y fondre ; leur existence est garantie par leurs fonctions propres. Les autres tiennent à Paris, en juin 1964, une convention, qui donne naissance à la Convention des institutions républicaines (CIR). A sa deuxième session en avril 1965, la CIR soutient le projet de grande fédération de G. Defferre, puis, après l'échec, appelle à la constitution d'une fédération des forces démocratiques à vocation socialiste (journées de Saint-Gratien, 3-4 juillet 1965), qui sera mise en place, grâce à son action persévérante et à celle de F. Mitterrand devenu le leader de la CIR.

La charte de la FGDS, publiée le 10 septembre 1965, en fait un organisme de superposition (pas d'adhésion directe à la FGDS, mais adhésion à une organisation membre), de lutte électorale contre le gaullisme (candidature unique dès le premier tour) et de réformes économiques et sociales. Elle est très proche de la célèbre déclaration de Francfort du 3 juillet 1951 adoptée par les partis sociaux-démocrates lors de la reconstitution de l'Internationale socialiste ; mais elle est un peu en deçà. La FGDS ne vise qu'à l'« avènement d'une société nouvelle » et non pas socialiste : « l'évolution vers la justice et l'épanouissement des libertés réelles nécessitent des transformations profondes conduisant à un type nouveau de société » (déclaration commune de principes : « La démocratie économique »).

La FGDS multiplie d'abord les initiatives : création d'un contre-gouvernement le 5 mai 1966 avec Mitterrand (ce sera un échec complet; adhésion à la FGDS de l'Union des clubs pour le renouveau de la gauche d'Alain Savary qui a quitté le PSU; publication de son programme le 14 juillet 1966; accord électoral de désistement réciproque avec le PCF le 22 décembre 1966, puis avec le PSU le 20 janvier 1967; élections législatives de mars 1967 (où les candidats FGDS obtiennent 18,79 % des suffrages exprimés et 118 élus[1]); le 17 novembre 1967, accord des partis membres pour un renforcement des structures de la FGDS devant permettre la création d'un parti direct; approbation de l'accord par le congrès radical de Toulouse de novembre 1967 et par le congrès SFIO de janvier 1968; enfin et surtout, publication par le PC et la FGDS, le 24 février 1968, d'un accord sur un programme commun.

Ce texte capital, premier du genre en France, semble ouvrir enfin la voie à la prise du pouvoir par la gauche unie. Seul le PSU est sur la touche puisqu'il a refusé, en majorité, à son congrès de juin 1967 de rejoindre la FGDS; mais une partie des minoritaires quittent le PSU et fondent des clubs (Union des groupes et clubs socialistes, animée par J. Poperen). L'accord du 24 février 1968 comporte certains points de divergence, en particulier sur la politique étrangère, mais ils sont moins importants que les points d'accord et le gouvernement Pompidou ne s'y trompe pas, qui attaque durement le texte.

De la FGDS au renouvellement du socialisme démocratique

Les événements de mai-juin 1968 vont remettre tout en cause. D'abord débordée par le mouvement, la FGDS, par la voix de Mitterrand, propose le 28 mai une issue politique

1. L'efficacité des accords de désistement qui explique l'augmentation du nombre des élus (99 à 118) masque la baisse du pourcentage de voix (en 1962 : SFIO + radical = 20,31 % ; en 1967 : 18,79 %).

à la crise par la constitution d'un gouvernement dirigé par P. Mendès France. Mais le PC n'est pas d'accord et le pouvoir se ressaisit. Aux élections de juin 1968, la FGDS descend à 16,50 % des suffrages exprimés et à 57 élus. Elle ne s'en relèvera pas. Le 7 novembre 1968, Mitterrand démissionne de la présidence ; la FGDS est morte.

Cependant, aux XIes assises nationales d'octobre 1968, la CIR réclame la constitution d'un nouveau Parti socialiste, que refuse le Parti radical à son congrès de novembre 1968. Ce dernier évolue vers la constitution d'un regroupement centriste et s'éloigne de l'union de la gauche. Il ne reste donc plus aux socialistes démocratiques qu'à se réunir entre eux. Ce ne sera pas facile. L'échec en avril 1969 d'une candidature unique de gauche à la présidence de la République est un coup sérieux pour la CIR. La SFIO, au congrès d'Alfortville, décide seule de se transformer en nouveau Parti socialiste et investit Gaston Defferre, qui, avec 5,01 % des suffrages exprimés, subit un cuisant échec. Au second tour, le nouveau parti soutient la candidature de Poher. Le nouveau Parti socialiste se crée cependant le 13 juillet 1969 à Issy-les-Moulineaux par l'entrée à la vieille SFIO de l'Union des clubs pour le renouveau de la gauche d'Alain Savary, qui deviendra premier secrétaire du nouveau parti ; de l'Union des groupes et clubs socialistes et de quelques « conventionnels ». Il faudra un an et demi pour que l'unification soit complète. A l'appel de Mitterrand, la CIR décide finalement de fusionner avec le nouveau Parti socialiste (XVes assises de la CIR de décembre 1970). Une délégation nationale pour l'unification des socialistes est constituée, qui termine ses travaux le 1er février 1971. Du 11 au 13 juin 1971 à Épinay-sur-Seine, le congrès d'unification des socialistes crée le Parti socialiste qui porte à sa direction, au poste de premier secrétaire, F. Mitterrand, le 16 juin 1971.

De la ligne d'Épinay à la conquête et à l'exercice du pouvoir

Le congrès d'Épinay est devenu une référence mythique au sein du Parti socialiste. La « ligne d'Épinay », c'est l'ancrage à gauche, c'est-à-dire concrètement l'alliance avec le PC. Or, les cinq motions du congrès sont toutes favorables à cette ligne, mais elles se divisent sur les voies de l'union de la gauche. Les uns pensent qu'il faut poursuivre et approfondir le dialogue idéologique avec le PC avant de discuter d'un programme commun de gouvernement (motion Savary-Mollet . 34 % des mandats ; motion Poperen : 12 %). Leur but lointain est le retour à l'unité organique et la cicatrisation de la fracture de 1920. Les autres estiment que la rupture est définitive et que l'union pour gouverner ensemble doit être concrétisée immédiatement (motion CERES [Centre d'études, de recherches et d'éducation socialistes] : 8,5 % des voix ; motion CIR [Convention des institutions républicaines] : 15 %). La motion Mauroy-Defferre (30 %) penche pour la seconde proposition mais la subordonne à un renforcement préalable du PS.

C'est la motion finale, présentée par Mitterrand et favorable à une négociation rapide d'un programme commun, qui l'emporte de peu (51,2 % des mandats, sans compter les abstentions) sur le texte de Savary. Mais Mitterrand estime d'abord nécessaire pour le PS de définir son propre programme. Un projet est élaboré par le bureau exécutif le 6 janvier 1972, adopté le 11 janvier par le comité directeur, discuté dans le parti, et, le 12 mars 1972, la convention nationale adopte le texte définitif qui est vivement critiqué par le PC.

Intitulé *Changer de vie*[1], ce texte sert de base à la négociation avec le PC, qui s'engage à la fin avril 1972. Les deux partis aboutissent à la signature du programme commun de gouvernement de la gauche le 27 juin 1972. Un

1. Flammarion, 1972, 256 p.

groupe d'élus et d'adhérents du Parti radical, surtout influents dans la région du Sud-Ouest — c'est-à-dire dans la zone de diffusion du quotidien *La Dépêche du Midi* —, rompt avec le radicalisme de la place de Valois et décide d'adhérer au programme commun le 12 juillet 1972.

Emmenés par Robert Fabre, les radicaux partisans de l'union de la gauche tiennent le congrès constitutif du Mouvement des radicaux de gauche en décembre 1973 à Paris. En effet, les élections législatives de 1973 n'ont pas apporté la victoire à la gauche. Mais les socialistes et les radicaux de gauche, qui se sont présentés sous un sigle commun (Union de la gauche socialiste et démocrate, UGSD), ont obtenu 20,7 % des voix au premier tour et 102 élus, dont 12 radicaux. Ils sont donc en voie de combler leur handicap par rapport au PC (21,4 % des voix et 73 élus).

Au PS, Mitterrand assoit son autorité. En décembre 1973, lors du congrès extraordinaire de Bagnolet sur l'Europe, il fait adopter une motion très favorable à la construction européenne, malgré les réticences du CERES, qui s'incline.

L'élection présidentielle imprévue de mai 1974 offre à Mitterrand l'occasion de porter les espoirs de toute la gauche, au-delà même des partis du programme commun. Le PSU, en effet, soutient sa candidature au premier tour. Après sa courte défaite, Mitterrand lance la proposition qui aboutira aux assises du socialisme, tenues les 12-13 octobre 1974. Elles permettent l'entrée au PS d'une fraction minoritaire, mais significative, du PSU (tendance Rocard), et de militants de la CFDT et d'associations civiques et sociales.

Leader incontesté de toute la gauche, Mitterrand dirige alors le PS sans l'appui du CERES, qui s'oppose seul à l'hégémonie du premier secrétaire, et obtient ses meilleurs résultats (26 % des mandats au congrès de Pau en janvier 1975, 24 % à Nantes en juin 1977). Les élections municipales de mars 1977 sont une grande victoire pour les socialistes qui ont présenté, presque partout, des listes d'union de la gauche ou participé à de telles listes. La victoire de la gauche semble probable pour 1978.

Il convient au préalable d'actualiser le programme commun. Or, les négociations révèlent la surenchère du PC, qui, à l'évidence, cherche une rupture dont il ferait porter la responsabilité au PS. Celle-ci intervient le 22 septembre 1977, en direct à la télévision.

Elle est suivie logiquement par l'échec de la gauche désunie aux élections de mars 1978, mais le PS, avec ses alliés du MRG, atteint presque 25 % des suffrages, le PC plafonnant à 20,6 %.

La défaite secoue durement le MRG qui a fait élire 10 députés. R. Fabre quitte la présidence et est remplacé au congrès de mai 1978 par Michel Crépeau, accusé d'être trop lié au PS par une minorité du parti qui voudrait lui redonner son autonomie, c'est-à-dire le ramener au centre. Le PS est également le lieu d'un débat stratégique. En avril 1979, au congrès de Metz, il y a quatre motions principales, mais deux lignes stratégiques. La motion Mitterrand (47 % des mandats) veut maintenir le cap et tenir bon sur l'union de la gauche et le front de classe, pour conquérir le pouvoir en vue de la rupture avec le capitalisme. Le CERES (15 %) défend les mêmes thèses en les poussant à leur extrême ; il condamne la prétendue nécessité de crédibilité économique de la gauche et d'autonomie du PS. C'est la motion Rocard (21 %) qui est visée. Quant à la motion Mauroy (17 %) elle tente de préserver un pont entre les deux lignes en vue d'une synthèse finale.

Celle-ci n'aura pas lieu et Mitterrand s'allie avec le CERES. Le *Projet socialiste pour les années quatre-vingt* qui est alors élaboré puis adopté à l'unanimité — et dont le principal rédacteur est, comme pour le programme de 1972, J.-P. Chevènement — définit une ambitieuse politique de la transition entre la société capitaliste et le socialisme autogestionnaire.

La campagne présidentielle et surtout la victoire de Mitterrand le 10 mai 1981 refont l'unité du parti et permettent d'oublier les 23,7 % de voix à l'élection européenne de juin 1979. D'ailleurs, en juin 1981, le PS obtient la majorité absolue des sièges à l'Assemblée nationale et le meilleur score de son histoire (37,8 % avec le MRG qui obtient 14 élus pour 270 au PS). Lionel Jospin remplace F. Mitterrand au poste de premier secrétaire et le parti célèbre, à son congrès de Valence en octobre 1981, un état de grâce qui confine parfois à l'ivresse.

Du coup, le MRG n'a plus d'état d'âme, les sirènes de la place de Valois n'ont plus d'attrait. A son congrès d'octobre 1981, il élit président R. G. Schwartzenberg à l'unanimité, en remplacement de Crépeau devenu ministre.

Le PC et le PS, dans une brève et habile déclaration commune signée le 23 juin 1981, affirment leur volonté de « promouvoir au gouvernement, dans une solidarité sans faille, la politique nouvelle » incarnée par Mitterrand. Le gouvernement comprend, comme à la Libération, des ministres communistes. Mais le dur rappel des réalités économiques, par le biais notamment des contraintes monétaires et européennes, impose à partir de juin 1982 une nouvelle politique fondée sur la rigueur dans la gestion et la défense du franc. Chevènement quitte le gouvernement en mars 1983.

Le PS entame alors une évolution vers ce qu'on appellera une « culture de gouvernement ». Au congrès de Bourg-en-Bresse (octobre 1983), le CERES propose une autre politique qui recueille 18 % des mandats, la motion Jospin-Mauroy-Rocard triomphant avec 77 %. Le CERES s'incline et la motion finale « Pour réussir le changement » est unanime. En décembre 1984, se tient une convention nationale sur la modernisation qui annonce le pas décisif franchi au congrès de Toulouse en octobre 1985. La motion Rocard (28,5 % des mandats) et la motion Jospin-Mauroy-Chevènement (71,5 %) fusionnent. La stratégie — « rassembler autour du PS » — et des orientations proposées — « pacte national de croissance » — montrent l'abandon des thèses du *Projet socialiste* et de la rupture avec le capitalisme.

La défaite aux élections législatives de juin 1986 et la période de cohabitation qui s'ensuit ont des effets contrastés sur le PS et le MRG. Ce dernier, qui a porté à sa présidence en janvier 1985 F. Doubin, s'interroge sur la réunification avec les radicaux valoisiens et se déchire à ses congrès de novembre 1986 et janvier 1987.

Au PS, à l'inverse, on craindrait plutôt le retour des maximalistes. Le congrès de Lille (avril 1987) est au contraire l'affirmation de la volonté de rester un parti de gouvernement ; la motion unique s'intitule d'ailleurs significativement « Rassembler pour gagner, comprendre la réalité ».

La nouvelle victoire de Mitterrand en mai 1988 puis les élections législatives de juin et la formation du gouvernement Rocard expriment à la fois la prédominance d'un PS uni et la nécessité pour gagner de rassembler au-delà de son électorat propre. Mais les militants du parti sont à la fois fiers de ce rôle gouvernemental et troublés par les conséquences qui s'ensuivent. P. Mauroy devient premier secrétaire en mai 1988, après l'entrée au gouvernement de Jospin, en l'emportant sur L. Fabius. Ce choix symbolise le trouble du Parti socialiste.

Dans ces conditions, le congrès de Rennes de mars 1990 est le théâtre d'un affrontement impitoyable entre les branches de l'ancien courant mitterrandiste que les votes mettent à égalité (motion Mauroy-Jospin : 28,94 % ; motion Fabius : 28,84 %) et que refuse d'arbitrer le courant Rocard (24,26 %). Les autres motions recueillent trop peu de voix pour faire pencher la balance (Poperen : 7,2 % ; Chevènement : 8,52 % ; autres : 2 %). Le congrès se clôt sans avoir pu voter de texte d'orientation. La synthèse générale sera conclue par le comité directeur, qui suit et qui maintient Mauroy au poste de premier secrétaire. Mais le trouble dans le parti est grand.

Il ne l'est pas moins chez les alliés du parti socialiste. Le MRG, après l'échec des tentatives de réunification de la famille radicale, se dote en novembre 1988 de deux présidents et adopte à son congrès de Toulouse, en octobre 1989, un projet politique intitulé *Et si on parlait d'amour ?* qui vise rien moins que l'instauration d'une VIe République présidentielle.

Les autres ministres non socialistes ont des objectifs plus modestes : structurer une force d'appoint au centre gauche.

Ce travail de Pénélope est confié à J.-P. Soisson, qui lance au printemps 1990 un mouvement appelé France unie destiné à fédérer, du MGR aux anciens UDF, tous ceux qui veulent travailler dans la majorité présidentielle.

Du coup, le PS s'interroge sur la fidélité et celle du gouvernement aux idéaux de gauche. Même s'il ne rêve plus de conquérir le pouvoir, au sens que Blum donnait à ce mot au congrès de Tours le 27 décembre 1920, il voudrait bien ne pas être seulement le gestionnaire social de l'économie de marché.

2. L'organisation

Si le développement politique du Parti socialiste nécessite notre attention, il n'en est pas de même de l'organisation. C'est une caractéristique permanente du socialisme démocratique en France d'être peu et mal organisé. Par crainte de la bureaucratie, par hostilité au centralisme démocratique, par attachement aux procédures démocratiques, la SFIO comme le PS ont une organisation faible que leurs adversaires de gauche qualifient de typiquement « petite-bourgeoise ».

La SFIO, qui avait 280 000 adhérents en 1937, dépassait les 350 000 en 1946 et contrôlait un assez grand nombre d'organisations de masse constituant un centre important d'influences. Mais ses effectifs ont baissé régulièrement jusqu'en 1971. En 1958-1959, on estimait à 90 000 environ le nombre de ses membres ; la scission de la minorité, dans le Parti socialiste autonome, l'a durement atteinte, surtout dans la région parisienne. Plus des deux tiers de ses adhérents l'ont quittée, de 1946 à 1958. Le tassement s'est poursuivi par la suite.

En 1971, la CIR revendiquait 12 000 adhérents, et le congrès d'Épinay en 1971 a fonctionné sur la base de 90 719 mandats ; mais ces chiffres ne correspondent à aucune réalité vérifiable ; la réalité de la CIR se situait probablement autour de 4 000, et la SFIO avait environ 50 000 adhérents.

Le PS revendiquait 65 000 adhérents en 1972, 150 000 en juin 1974 après la campagne présidentielle, et 180 000 à 200 000 depuis 1978. La plupart de ces nouveaux adhérents n'ont jamais appartenu à un parti et se reconnaissent malaisément dans le jeu des tendances organisées qui est de tradition dans les organisations socialistes, notamment françaises.

Les statuts du parti ont été fixés à Épinay en 1971 et modifiés plusieurs fois sur des points mineurs. Le cœur du mécanisme est l'application de la représentation proportionnelle pour désigner les organes de direction à tous les niveaux, et non plus, comme à la SFIO dans les statuts de 1944-1946, le scrutin majoritaire « pour les organes d'exécution ». La proportionnelle est calculée sur la base des mandats recueillis auprès des adhérents par les motions d'orientation des congrès nationaux, avec un seuil de 5 % minimum. Ce système fonctionne bien quand il y a plusieurs motions ; mais, lorsqu'il n'y en a qu'une, la composition des organes résulte d'une négociation entre les leaders nationaux.

De toute façon, le rôle des leaders nationaux reste prépondérant puisque seuls les membres des instances nationales peuvent proposer des « projets politiques globaux » ouvrant droit à la représentation proportionnelle, et donc constituer des courants de pensée (article 5 des statuts).

Ces courants se réunissent et établissent leurs propositions politiques et la liste de leurs candidats aux différents organes. La liberté d'expression et de critique est très grande mais s'arrête, en principe, dans les périodes électorales. Quelle que soit l'élection, le PS n'a jamais qu'un candidat ou une seule liste.

L'organisation du parti est très classique et garantit une grande liberté de discussion et le libre choix des dirigeants. A la base, les adhérents sont groupés en sections qui ont toujours une base géographique (quartier, commune ou plusieurs communes). Les adhérents d'une même entreprise forment un groupe socialiste d'entreprise. Complètement disparus, les groupes d'entreprise ont été relancés en 1971, mais ils restent faibles, sauf dans certains secteurs de la fonction publique. Les sections d'un département forment une fédération (il y en a cent actuellement).

Les instances nationales sont d'abord le congrès annuel formé des délégués élus par les congrès de fédération, très souvent à la proportionnelle des tendances, mais les grosses fédérations sont souvent unanimes et « font » les congrès. Le congrès est véritablement l'instance suprême de décision. Entre les congrès, la direction du parti est confiée à un comité directeur contrôlé par la convention nationale, qui représente les fédérations. Le comité directeur est formé de 131 membres élus par le congrès à la représentation proportionnelle des courants ou tendances. Le comité directeur élit en son sein un bureau exécutif de 27 membres et 13 suppléants, à la proportionnelle, et un secrétariat de 15 membres et 5 suppléants, qui représente la majorité du parti.

Les motions, et donc les courants, sont apparemment très changeantes. En réalité, on peut repérer les grandes tendances durables qui font du PS plus une fédération de courants qu'un parti unifié et centralisé. Ces courants sont à la fois idéologiques et sociologiques en ce qu'ils s'identifient à des idées et à des catégories sociales, bref, à des données culturelles anciennes ou récentes. Ils s'incarnent dans des leaders qui sont susceptibles ou non de devenir candidats à la présidence de la République.

Le plus organisé de tous est le Centre d'études, de recherches et d'éducation socialistes (CERES), créé en 1966 avec le soutien de Guy Mollet, comme un club de réflexion ouvert à d'autres qu'aux adhérents socialistes. Le CERES s'est transformé en avril 1986 en Socialisme et République, mais a conservé son leader, J.-P. Chevènement. Il se veut la gauche du parti et défend un socialisme très jacobin fondé sur les principes républicains et l'appropriation publique des moyens de production, ce qui le conduit à une grande méfiance à l'égard de la construction européenne.

A l'inverse, le courant qui s'incarne en Michel Rocard est peu organisé, plus récent et très critique envers le socialisme étatique. Il estime irremplaçable le rôle du marché et veut une diffusion du pouvoir. L'État doit se contenter de réguler la vie économique et sociale et assurer la justice sociale et la solidarité.

Le courant de Pierre Mauroy veut exprimer le peuple de gauche dans la diversité de ses composantes salariées et de ses aspirations ainsi que des organismes qu'il a construits (mutuelles, coopératives, associations culturelles...). Le courant qui se réclame de François Mitterrand a dirigé le parti depuis 1971 en alliance avec l'un ou l'autre des courants. Il réunit à la fois des fidèles de toujours et des plus jeunes, issus de la gauche moderne comme du gauchisme assagi. Le professionnalisme et l'efficacité politiques permettent de dépasser les différences d'origine sociale (du petit peuple à la grande bourgeoisie) et les diversités idéologiques (du libéralisme social au marxisme ouvert). Mais depuis 1981 et l'éloignement de Mitterrand ce courant connaît des tendances centrifuges qui se sont cristallisées autour de Lionel Jospin et Laurent Fabius.

Le PS n'a pas connu les difficultés ni les conflits qu'a vécus la SFIO. En particulier, les relations entre les groupes parlementaires et les instances partisanes n'ont pas fait problème. Le poids des élus (députés et sénateurs, mais aussi élus régionaux, départementaux et municipaux) est cependant considérable : près de 50 000 élus, soit plus du quart des adhérents. C'est d'ailleurs ce qu'a compris la direction en s'assurant le soutien ou la neutralité bienveillante des groupes parlementaires socialistes et en décidant, le 18 janvier 1972, de créer une Fédération des élus socialistes et républicains, ce qui aboutit à faire quitter par les élus socialistes et républicains la Fédération des élus républicains, où l'influence des communistes est prépondérante.

La SFIO disposait en 1946 d'une presse importante. Mais son quotidien parisien, *Le Populaire de Paris*, a lentement dépéri et a disparu en 1969. Il reste deux importants quotidiens provinciaux : l'un à Lille, l'autre à Marseille *(Le*

Provençal). En automne 1971, le PS a lancé un hebdomadaire, *L'Unité,* devenu, en 1988, après une interruption, *Vendredi.* La vieille et célèbre revue théorique, *La Revue socialiste,* continue difficilement. Le PS a échoué à créer un quotidien national.

3. L'implantation

L'influence électorale du Parti socialiste est en régression constante de 1958 à 1973, mais ses alliances électorales lui permettent de conserver un nombre appréciable de députés et de former le plus important groupe parlementaire d'opposition. En 1958, la SFIO recueille au premier tour 15,50 % des suffrages exprimés, aux élections législatives ; elle tombe à 12,54 % en 1962 (et les radicaux à 7,79 %, soit 20,33 % à eux deux) ; en 1967, la FGDS (SFIO + radicaux- + CIR) obtient 18,79 % % et, en 1968, 16,50 %. Aux présidentielles de 1965, Mitterrand obtient au nom de toute la gauche 31,72 % des suffrages exprimés (soit 26,61 % des inscrits), mais en 1969 Defferre, au nom du seul Parti socialiste, atteint 5,01 %. Ce dernier chiffre est manifestement accidentel, une partie de l'électorat socialiste a voté pour Poher. L'influence réelle du Parti socialiste après la signature du programme commun et l'action de renouvellement de Mitterrand apparaît nettement aux élections législatives de mars 1973. L'UGDS (unissant PS et radicaux de gauche) obtient 20,36 % des suffrages exprimés et 20,71 % pour les départements métropolitains ; dans ce chiffre, le PS représente 19,19 % et les radicaux de gauche 1,51 %. Le PS a réussi une spectaculaire remontée, accentuée encore par les résultats obtenus par Mitterrand les 5 et 19 mai 1974 au nom de la gauche unie, et dont le prestige rejaillit sur son parti. En mars 1978, le PS et les radicaux de gauche recueillent 24,8 % des suffrages (dont 2,1 % pour le MRG) ; en juin 1979 (élections européennes), ils obtiennent 23,7 % des voix.

Cependant les socialistes ont 43 élus en 1958, 64 en 1962 ; la FGDS, 118 en 1967, 57 en 1968 (dont 42 socialistes), l'UGSD, 102 en 1973, 115 en 1978.

Après les élections présidentielles de 1981, le PS devient le premier parti français. Il culmine à 37,8 % des suffrages et à 270 sièges en juin 1981, mais redescend à 20,7 % aux élections européennes de juin 1984. Aux législatives de 1986, il obtient 31,2 % et à celles de juin 1988, 36 % et 278 sièges (avec le MRG qui a 9 élus). Les élections européennes de juin 1989 le ramènent à 23,5 %.

L'implantation municipale des socialistes s'est encore renforcée après 1977. Aux élections de 1965, les maires FGDS représentent 19,9 % des communes de plus de 2 000 habitants et 12,8 % de l'ensemble des communes. Dans les villes de plus de 30 000 habitants, le nombre des maires PS est passé de 46 à 81 entre 1971 et 1977, sur 220 villes. En 1983, ce nombre tombe à 62 (sur 225 villes de la catégorie) et remonte à 72 en 1989.

Aux élections cantonales, les socialistes ont baissé de 1961 (16,8 %) à 1970 (14,8 %) ; ils remontent à partir de 1973 (22 %) et, depuis 1979, se stabilisent à 30 %. Au Sénat, le groupe socialiste a culminé en 1983 (70 sénateurs, premier groupe) ; il compte 66 membres en 1989.

L'étude de l'électorat socialiste montre une évolution considérable, en même temps qu'une extension, par rapport à celui de la SFIO. Comparé au corps électoral dans son ensemble, l'électorat socialiste est un peu plus féminin (53 % contre 52 %), nettement plus jeune 32 % de plus de 50 ans contre 41 % dans le corps électoral, 42 % de moins de 35 ans contre 33 %). Il est composé essentiellement de salariés, surtout employés et professions intermédiaires ; chez les agriculteurs, patrons et professions libérales, il est inférieur à la moyenne nationale.

L'implantation géographique a également beaucoup changé. Les zones anciennes de force (Nord, Pas-de-Calais, basse vallée du Rhône) se sont affaiblies ; le PS reste puissant dans le Sud-Ouest, où il tend à remplacer le radicalisme, et le nord du Massif central. Il s'est beaucoup renforcé dans l'Ouest, les Pays de la Loire, la région parisienne et l'Est. En pratique, cela signifie que depuis 1973 il s'est « nationalisé ».

4. Les objectifs

Pendant soixante-six ans, la SFIO s'est fixé comme objectif « l'organisation politique et économique du prolétariat en parti de classe pour la conquête du pouvoir et la socialisation des moyens de production et d'échange, c'est-à-dire la transformation de la société capitaliste en une société collectiviste ou communiste » (article 1er des statuts de la SFIO).

Le moins qu'on puisse dire est que cet objectif était pour ses adhérents et ses dirigeants à l'horizon de l'histoire et que, au pouvoir (en 1936, en 1946-1947, en 1956-1957) comme dans l'opposition, ils ont rempli des fonctions assez éloignées de ce but et souvent incompatibles avec lui. Mais à la différence de l'Internationale socialiste (déclaration de Francfort du 3 juillet 1951), et surtout du Parti socialiste allemand (programme de Bad-Godesberg de novembre 1959) — qui se définit comme le « parti de la liberté de l'esprit, constituant une communauté d'hommes s'inspirant d'idéologies et de confessions différentes » et qui considère le socialisme « comme une tâche permanente pour conquérir la liberté et la justice, pour les maintenir et s'éprouver digne d'elles » —, la SFIO n'a jamais renoncé à l'idéologie marxiste et révolutionnaire.

On comprend que la direction du nouveau Parti socialiste en 1971 ait estimé prioritaire la tâche de définition d'un programme fidèle à la pensée socialiste mais adapté aux conditions actuelles. L'hypocrisie de la SFIO sous la IVe République et au début de la Ve est en effet difficilement admissible par les nouveaux militants venant à la politique dans l'ignorance ou avec la volonté d'oublier les difficultés et les compromissions du passé récent.

Le programme de mars 1972 est donc un texte important et significatif. Il reprend à son compte de nombreuses propositions faites dans les années précédentes : programme de la FGDS de juillet 1966, accord PC-FGDS de février 1968, « contrat socialiste » de la CIR de décembre 1969, travaux d'un groupe animé par A. Savary en 1969. Préparé par des commissions spécialisées, discuté dans les fédérations, le programme est une œuvre de synthèse (ou de compromis) entre les différents courants du parti ; la convention nationale de mars 1972 a en effet réussi à dégager des solutions quasi unanimes sur tous les points en litige.

Par la suite, le PS a complété ce programme sur des points essentiels : l'Europe en décembre 1973, l'autogestion en juin 1975, la défense et la force nucléaire en décembre 1977, les droits des femmes en janvier 1978. Le *Projet socialiste pour la France des années quatre-vingt* reprend et adapte à la conjoncture l'ensemble de ces textes. Il réaffirme fortement la thèse du front de classe contre la bourgeoisie et la construction de celui-ci dans les luttes sociales par l'union des forces populaires et dans les luttes politiques par l'union de la gauche. Le PS, parti de transformation sociale, ne veut pas aménager le capitalisme mais lui substituer la société socialiste qui se réalisera par les luttes sociales et la victoire électorale. Le *Projet* décrit avec minutie les mesures à prendre dans tous les domaines (la troisième partie, « Agir », y est consacrée et comprend 200 pages sur les 380 du texte complet).

Le malheur est que la plupart de ces objectifs se sont révélés irréalisables à l'épreuve des faits. En décembre 1984, le PS adopte donc un texte plus modeste *(Modernisation et Progrès social)* et, aux congrès de 1985 et 1987, adapte son langage interne à sa pratique gouvernementale. Désormais, les thèmes de la justice sociale, de la solidarité, du partage sont conjugués avec ceux de l'efficacité économique, du rôle de l'entreprise, de l'adaptation au grand marché européen.

La déclaration de principes, issue des congrès de 1969 et 1971 et dont le *Projet socialiste* voulait être la concrétisation, a été remplacée, en tête des statuts du parti, par un nouveau texte adopté à l'unanimité au congrès de Rennes en mars 1990. Le PS y est défini comme un « parti de transformation sociale [...] favorable à une société d'économie mixte [...] qui réponde aux aspirations fondamentales de la personne humaine ».

2

Le Parti communiste français

Sous la Ve République, le PCF a connu une évolution contrastée. Exclu du jeu politique parlementaire sous la IVe République, depuis son éviction du gouvernement en mai 1947, le PC n'en est pas moins le premier parti français, électoralement et socialement. Sous la Ve République, il réussit à devenir un parti du système mais subit une impressionnante perte d'influence.

Longtemps (de 1958 à 1974), le PC est, avec les partis gaullistes, l'un des deux pôles du système partisan. Ils sont mutuellement exclusifs et tiennent chacun l'un des deux grands emplois de la scène politique : la majorité et l'opposition. Les autres partis se déterminent par rapport à eux et non l'inverse. Le PC se veut alors parti de gouvernement pour réaliser la démocratie avancée. Pour ce faire, il propose à ses partenaires socialistes et à tous les républicains de progrès de négocier une union programmatique.

L'objectif est atteint en 1972, la victoire électorale semble à portée de main. Or, le PC constate en même temps que son influence électorale décroît. La ligne politique est alors brisée : rupture de l'union de la gauche en 1977, critique des socialistes, mais participation au gouvernement socialiste de 1981 à 1984 ; puis nouvelle rupture, mais appel à un « nouveau rassemblement politique majoritaire ». Une telle incohérence accélère le déclin. De 1974 à 1989, le PC perd de la moitié aux deux tiers de son électorat ; la contestation interne, puis externe des dirigeants se développe de la base au sommet.

Parti internationaliste, le PC est par ailleurs confronté aux problèmes posés par les pays du « socialisme réel ». En 1979, il juge leur bilan « globalement positif » ; mais dix ans plus tard, devant l'effondrement du modèle communiste de l'Est, il salue le nouveau cours que déclenche la reconstruction, ou *perestroïka,* voulue par Gorbatchev.

Le Parti communiste est en crise profonde. Son influence électorale est de même importance que celle de ses homologues espagnol ou grec, mais, à la différence de ceux-ci, il est en perte d'influence. Sa place dans la vie sociale reste importante ; il gère de nombreuses municipalités, son organisation est encore forte. Mais il a complètement perdu son rôle, naguère hégémonique, dans le monde de la culture et des intellectuels. Il n'est certes pas réduit au niveau des groupuscules d'extrême gauche, mais il n'est plus le maître du jeu à gauche et sa stratégie est désormais commandée par des forces qui lui sont extérieures.

1. Histoire et développement

L'histoire du Parti communiste remonte bien plus haut que la Ve République et déborde donc notre propos. Le PC, comme son premier nom l'indiquait, est la section française de l'Internationale communiste ; c'est un enfant adoptif de la révolution bolchevique de 1917, mais c'est aussi un enfant légitime du socialisme français. Quand le congrès de la SFIO, réuni à Tours le 23 décembre 1920, vote l'adhésion à la IIIe Internationale, en acceptant les vingt et une conditions posées par Lénine, la minorité (1 398 voix au dernier vote) invoque « l'intérêt autant que la tradition du mouvement ouvrier français » pour refuser l'adhésion, et la majorité (3 247 voix) la nécessité de reconstruire un parti socialiste et révolutionnaire après l'échec de la social-démocratie pendant et après la guerre, pour la préconiser[1]. Le Parti communiste naissant ne part pas de rien : 110000 adhérents (sur 150000) passent à la nouvelle maison, *L'Humanité* fondée par Jean Jaurès devient l'organe du nouveau parti ; cellules, fédérations, locaux sont prêts à reconstruire un grand parti (à l'échelle française).

La formation d'un grand parti de masse

Mais le PC va connaître pendant treize ans une vie agitée et perdre les trois quarts de ses adhérents. La période 1921-1934 n'est pas sans rappeler la situation actuelle du courant révolutionnaire. Il n'est pas dans notre propos de retracer ces crises et ces positions, mais elles se résument en un seul fait : le PC se situe hors du système politique français au nom de la stratégie « classe contre classe » et en subit les conséquences. L'isolement volontaire, l'anathème tous azimuts et particulièrement en direction des hommes et des courants les plus proches de lui, le sectarisme doctrinaire et personnel, les purges et les démissions, les positions ultra-gauchistes et millénaristes, tout cela forme un parti en crise permanente. En 1933, le PC n'a pas 30000 adhérents et s'essouffle depuis 1924 à suivre les directives du Komintern (l'Internationale communiste).

Le redressement de la situation sera dû à l'orientation nouvelle devant la montée du fascisme et du nazisme — orientation voulue par le Komintern, mais appliquée avec intelligence et efficacité par un Parti communiste qui vient de trouver, avec Maurice Thorez, un leader doué d'exceptionnelles qualités d'organisation et un meneur d'hommes. En juillet 1934, le PC, renonçant à « plumer la volaille socialiste » qui ne s'en porte pas plus mal, signe un accord unitaire avec la SFIO ; c'est la voie ouverte à une politique

1. Les statuts actuels, qui datent de 1979, affirment : « Le PCF intègre de façon critique et prolonge l'héritage des luttes populaires qui jalonnent notre histoire » (préambule). Les statuts de 1964 ne parlaient pas de critique de cet héritage.

frontiste qui reste, quarante ans après, l'axe de la stratégie communiste. Le Front populaire et son gouvernement, qu'il soutient sans y participer, permettent au PC de devenir un grand parti : 280000 adhérents en 1936, 320000 en 1938. Désormais, le PC est un élément déterminant du système politique.

Le pacte germano-soviétique du 29 août 1939 et son approbation par le PC conduisent le gouvernement français le 26 septembre 1939 à dissoudre les « organisations communistes » : le PC devient clandestin. Mais l'agression allemande contre l'Union soviétique le 22 juin 1941 réconcilie le drapeau rouge et le drapeau tricolore. Le PC reste clandestin, mais devient un animateur efficace de la Résistance française au nazisme. A la Libération, il sort de la clandestinité avec le retour à Paris de Thorez, amnistié le 27 novembre 1944. Obéissant à la stratégie définie par l'Union soviétique, il joue à fond le jeu du Front national, désarme ses milices, renonce à la prise du pouvoir et propose au Parti socialiste la réunification. En août 1945, la SFIO rejette l'unité organique ; le PC est à l'époque en plein essor : plus de 550000 adhérents. En novembre 1945, il entre au gouvernement de Gaulle, avec 5 ministres. En novembre 1946, devenu première force électorale française, le PC délègue Thorez au poste de vice-président du Conseil dans le gouvernement Ramadier de janvier 1947. Le 5 mai 1947, le même Ramadier révoque les ministres communistes ; le Parti vient de dépasser 900000 adhérents.

A partir de là et jusqu'en 1956, le PC se replie sur lui-même et sur la fidélité inconditionnelle à l'URSS de Staline. Il lance ses forces à l'assaut du système en 1947 et 1948, et échoue ; il dénonce la trahison des dirigeants socialistes et leur politique intérieure et extérieure. Il soutient la paix indochinoise de Mendès France, mais combat vigoureusement son influence et ses tentatives de Front républicain (union des gauches non communistes de 1955-1956). Dans le pays, le Parti perd peu de voix (il en gagne même en 1956), mais il perd plus de la moitié de ses membres.

Le gouvernement Guy Mollet de février 1956 lui ouvre la

possibilité d'un rapprochement avec le système ; mais la déstalinisation (XXe congrès du PC soviétique de février 1956), la crise de Suez (novembre 1956) et l'intervention soviétique en Hongrie (novembre 1956) le rejettent hors du système. La crise de mai-juin 1958 aboutit au même résultat ; seul parti à être unanime contre de Gaulle, il perd plus du tiers de ses voix aux élections de 1958. Il en retrouvera une partie plus tard, mais, par rapport à la IVe République, le PC semble durablement fixé au cinquième des suffrages exprimés (chiffre d'ailleurs exactement atteint par Duclos aux présidentielles de 1969).

De l'isolement à l'opposition dans le système

Par rapport au régime, le PC est incontestablement le plus fidèle opposant, mais son opposition s'est nuancée et enrichie. Il a d'abord dénoncé le pouvoir personnel, mais, dès le XVe congrès (juin 1959), il l'analyse comme le « pouvoir des monopoles », c'est-à-dire comme le système politique correspondant aux nécessités de l'évolution du régime capitaliste actuel, caractérisé par la domination des grandes banques et des entreprises monopolistiques, privées et publiques. Peu à peu cependant les communistes prennent conscience de la volonté d'indépendance de De Gaulle à l'égard des États-Unis, et ils seront amenés à partir de 1963 à souligner les « aspects positifs » de la politique extérieure française, en particulier lors du retrait de la France de l'Organisation atlantique en mars 1966, du discours de Pnom-Penh sur le Vietnam le 1er septembre 1966 et de l'attitude française à l'égard des pays communistes et du Proche-Orient. En mai-juin 1968, comme plus tard en avril 1969, le PC apparaît à la fois un opposant irréductible et un compère utile. En réussissant à faire évoluer le mouvement de mai 1968 vers une classique crise sociale, puis en acceptant le processus électoral comme moyen d'y mettre le point final et, en juin 1969, en décidant l'abstention au second tour des présidentielles, le PC a démontré qu'il entendait ne pas se voir priver de son rôle de principale force d'opposition, fût-ce contre les autres forces ; qu'il n'acceptait pas de se faire déborder par les mouvements incontrôlés et improvisés ; et qu'il ne tiendrait pas l'étrier à ceux qui rêvent d'enfourcher à nouveau le cheval du centrisme de troisième force. Il a ainsi parfaitement défini sa place et son rôle sur la scène politique. Que ce soit en effet en 1968 par le gauchisme, ou en 1969 par le centrisme, le PC s'est trouvé un court moment hors d'état de déterminer l'évolution des choses et menacé de se retrouver durablement dans cette situation. Sa tactique est d'une parfaite logique.

Le Parti en effet se sait la force politique la mieux organisée du pays, mais il sait aussi que sa force se stérilise et finalement s'étiole si elle reste solitaire et hors jeu. La ligne constante depuis 1958 est donc l'unité d'action à la base des forces ouvrières et démocratiques et l'accord électoral et programmatique au sommet avec le Parti socialiste, partenaire privilégié qu'il faut arracher aux tentatives centristes. D'où l'hostilité à l'égard de tout Front républicain (ou grande fédération), la chasse vigilante de toutes les tentations gauchistes, qui ont le même effet : isoler le PC. D'où la longue patience avec les socialistes et les radicaux fidèles à la gauche traditionnelle : accord tacite pour les élections de 1962 et les présidentielles de 1965 ; accord explicite pour celles de 1967 ; accord de gouvernement du 24 février 1968 ; bilan des conversations avec le PS du 22 décembre 1970 ; pression pour un programme commun de gouvernement à la fin de 1971 et en 1972 ; et, finalement, concessions faites au PS pour aboutir à la signature de l'accord sur ce programme le 27 juin 1972.

Du programme commun à l'isolement protestataire

A cette date, le PCF semble appelé à devenir la force politique principale de la gauche gouvernante, voire même à incarner en France un authentique courant social-démocrate. Tout l'y pousse : son implantation municipale, ses liens étroits avec la principale confédération syndicale, la

CGT, sa force électorale et sa condamnation de l'aventurisme gauchiste. Le manifeste de Champigny de décembre 1968 sur « La démocratie avancée et la France socialiste » vise à montrer que le passage au socialisme ne se fera pas par la révolution mais par une transition démocratique grâce à l'action des couches sociales exploitées s'alliant à la classe ouvrière. Le programme du Parti — *Changer de cap* —, adopté en octobre 1971, « programme pour un gouvernement démocratique d'union populaire », concrétise cet objectif.

Après la signature du programme commun de gouvernement, le PC, à son XXIe congrès d'octobre 1974, donc à la suite de l'élection présidentielle, lance le mot d'ordre d'union du peuple de France qui doit rassembler tous ceux qui ne sont pas les bénéficiaires ou les complices du « grand capital et du capitalisme monopoliste d'État ». Il est certes méfiant à l'égard du PS soupçonné de virage à droite, il est inquiet d'avoir soutenu un candidat — Mitterrand — qui n'a retenu du programme commun, dans ses propositions électorales, que des orientations, il comprend bien que son hégémonie dans la gauche est en jeu, mais il veut devenir un parti de gouvernement.

En mai 1975, il adopte une « déclaration des libertés » dans laquelle il se réconcilie avec les libertés formelles. Il prend de plus en plus de distance avec les pratiques du pouvoir autoritaire en Union soviétique. Il tente de donner un contenu à la notion d'eurocommunisme par des rencontres avec les partis frères, espagnol et italien. Au XXIIe congrès (février 1976), il entérine l'abandon de la dictature du prolétariat.

L'actualisation du programme commun s'ouvre en avril 1977, après des élections municipales où l'union de la gauche, appliquée presque partout, a donné au PC des résultats inespérés. Il est clair que la direction du PC entend en faire un test de son hégémonie à gauche. Mais la rupture a-t-elle été programmée ? Le PC craignait-il la victoire aux législatives de 1978 ? L'Union soviétique a-t-elle pesé dans la décision de rupture ?

Il n'est pas encore possible de répondre à ces questions

avec certitude. Les palinodies ultérieures du Parti et les divergences d'opinions des principaux dirigeants révèlent en tout cas une grande incertitude sur la ligne à suivre et une étonnante faiblesse d'analyse de la direction. Toujours est-il que le PC renonce ainsi à être la grande force politique socialiste et démocratique en France, ce que, dix ans plus tard, le Parti communiste italien cherchera à devenir pour ne pas être éliminé.

Commencent alors un déclin électoral et une interminable crise interne que le PC n'arrive pas à enrayer. Si, aux législatives de 1978, les résultats restent bons, de même qu'aux européennes de 1979 (20,6 % dans les deux cas), la contestation interne de la « ligne Marchais » s'exprime désormais... à l'extérieur (printemps 1978). Le XXIIIe congrès (mai 1979) maintient la ligne de la « voie démocratique vers le socialisme » et parle de « socialisme autogestionnaire », alors que Marchais le brocardait dans l'introduction au programme communiste de 1971[1], mais il considère que « le bilan des pays socialistes est globalement positif » et il critique durement l'« orientation désastreuse » du PS vers la droite. Enfin, sur la base de l'union de toutes les forces populaires, il estime « indispensable l'alliance avec le PS ». Bref, la clarté et la cohérence ne sont pas les caractéristiques principales de la ligne adoptée. D'ailleurs, en décembre 1979, le Parti lance un nouvel hebdomadaire, intitulé significativement *Révolution*, pour remplacer *France nouvelle*.

La reprise en main de la Fédération de Paris en janvier 1979 (démission du secrétaire Henri Fiszbin) reste longtemps une affaire interne (jusqu'en octobre 1982). Mais la candidature de G. Marchais à l'élection présidentielle de 1981 et son résultat (15,5 % des suffrages) sont un électrochoc. Un mois plus tard, le PC se retrouve associé au pouvoir sans savoir s'il est « un parti de la majorité, un parti de gouvernement » (Marchais, 7 février 1982) ou s'il « n'est pas un parti de gouvernement » (R. Leroy, septembre 1981). Le XXIVe congrès de février 1982 ne lève pas

1. Éditions sociales, p. 12.

l'ambiguïté. On y explique l'échec de 1981 à la fois par les erreurs commises dans l'analyse sociologique du monde du travail et par la stratégie de l'union de la gauche, du fait de « forces de gauche qui prônent ouvertement la collaboration de classes », qu'on se garde de nommer.

Le refus de participer au gouvernement Fabius en juillet 1984 ne fait donc qu'officialiser une rupture politique qui apparaissait inévitable dès le printemps 1982. La politique de rigueur à laquelle étaient associés les ministres communistes n'expliquait-elle pas le dur échec aux élections européennes (11,2 % des voix) ? Cependant, le PC s'abstient lors du vote de confiance à Fabius à l'Assemblée nationale, car il ne peut mêler ses voix à celles de la droite sans se couper complètement de son électorat.

En novembre 1984, au comité central, la rupture de l'union de la gauche au sommet est présentée à la fois comme temporaire (en attendant que le PS revienne à une ligne de gauche) et comme définitive avec le mot d'ordre « pour un nouveau rassemblement populaire majoritaire ». C'est donc l'union à la base, mais aussi la « conclusion d'accords politiques avec d'autres formations, en particulier le PS, lorsque de tels accords s'avéreront possibles ». Cette ligne est approuvée par le XXVe congrès (février 1985) ; congrès exceptionnel par la vivacité des débats et l'expression publique des divergences des leaders nationaux (C. Poperen, P. Juquin, M. Rigout) et locaux (Meurthe-et-Moselle, Haute-Vienne, Hautes-Alpes, Doubs, Drôme, Corse du Sud).

Or, les élections de 1986 font passer le PC en dessous de la barre des 10 % des suffrages (9,82 %), alors que le PS en obtient 31,2. Les contestataires, qui se donnent le nom de rénovateurs et que Marchais qualifiera de liquidateurs, réclament en vain un congrès extraordinaire et sont éliminés ou s'en vont (janvier-octobre 1987) ; les fédérations dissidentes sont reprises en main par la direction nationale. Les opposants à la ligne du XXVe congrès qui restent dans le parti, les reconstructeurs, sont neutralisés. Juquin est exclu en octobre 1987 pour avoir annoncé sa candidature à l'élection présidentielle de 1988 alors que le candidat du parti a déjà été désigné ; ce sera A. Lajoignie.

Dans ces conditions, le XXVIe congrès (décembre 1987) est un meeting à la gloire de Marchais et une interminable critique des « vingt-cinq ans d'erreur stratégique » qu'a été l'union de la gauche. Or, l'élection présidentielle de 1988 révèle un PC à la limite de la disparition. Au nom du rassemblement populaire majoritaire, A. Lajoignie recueille 6,76 % des voix, et aux européennes de 1989 la liste de Ph. Herzog atteint difficilement 7,7 %. Même en 1932, le PC avait fait mieux (8,3 %). Cependant l'implantation locale des élus permet de redresser la barre aux législatives de 1988 (11,1 %), aux cantonales et aux municipales lorsque l'union électorale de la gauche fonctionne encore.

Rémission fragile, car ces élus et leur électorat vieillissent, mais surtout parce qu'elle est suspendue au refus de censurer le gouvernement Rocard au Parlement, tandis qu'on le critique violemment dans le pays.

En octobre 1989, Ch. Fiterman, numéro deux du Parti, pose publiquement la question de la ligne du Parti alors que les changements, dans le monde communiste mais aussi en France, s'accélèrent. Il propose de « refonder une identité communiste moderne » et il rappelle : « nous ne renonçons évidemment pas à l'union de la gauche dont les racines plongent loin dans l'histoire de France ». Les autres membres de la direction nationale s'interrogent une fois de plus.

Dans sa pratique quotidienne, le PC privilégie systématiquement le soutien à tous les « mécontents », se fait le porte-parole de toutes les revendications et protestations. Fonction de tribun du peuple, a-t-on dit, mais qui risque de lui faire perdre sa qualité même de parti politique.

2. Organisation : le centralisme démocratique

Que ce soit sous la direction de Maurice Thorez (jusqu'en 1964), de Waldeck Rochet (de 1964 à 1969), ou de Georges Marchais (depuis 1970), le PC a toujours eu comme premier souci l'organisation. Depuis la Seconde Guerre mondiale, les statuts ont été modifiés trois fois — en 1945, en 1964 et en 1979 —, mais le principe fondamental de cette organisation est demeuré le centralisme démocratique ; comme l'indique l'article 5 des statuts : « le centralisme démocratique constitue le principe fondamental qui détermine les règles de la vie intérieure du Parti qui concernent : l'information des communistes, la discussion dans le Parti, les décisions des organismes du Parti et leur application, l'élection des directions ». En principe, le centralisme démocratique entraîne deux sortes de conséquences. Positivement, la discussion est libre aux différents niveaux, l'élection des dirigeants des différents échelons est le fait des militants de chaque échelon, les dirigeants élus sont responsables devant les électeurs, les décisions prises par les organes supérieurs sont obligatoires pour tous ; il s'agit donc d'une démocratie pyramidale, la circulation démocratique se faisant du bas vers le haut, la discipline, du haut vers le bas. Négativement, il est interdit à un organisme d'un échelon de prendre contact directement avec un autre organisme du même échelon (donc, pas de courant horizontal) ; l'organisation et l'activité de fractions ou tendances sont interdites, les échelons supérieurs font donc respecter la discipline et la sanctionnent. Le système est donc hiérarchisé.

En pratique, le centralisme démocratique est appliqué d'une manière beaucoup plus stricte. D'abord, la discussion et le vote sur les textes et les orientations du Parti sont faits par les échelons inférieurs sur l'initiative exclusive des échelons supérieurs ; la conséquence, c'est que les organes centraux du Parti diffusent les textes à expliquer, à populariser et à adopter tels quels, la discussion étant à peu près absente. Ensuite, les organes supérieurs établissent la liste des responsables que devront élire les organes inférieurs ; la candidature est unique et vient d'en haut, l'en-bas la ratifie (à bulletins secrets depuis 1964). Enfin, le contrôle sur les hommes et les activités des organismes du Parti est confié tout entier à l'échelon supérieur par le moyen de la commission centrale de contrôle politique, organisme consultatif, et du comité central qui « prend toutes les décisions nécessaires en vue d'assurer l'activité du Parti » (article 43 des statuts).

L'organisation ainsi fortement centralisée et hiérarchisée explique que le Parti communiste est surtout une machine politique, puissante mais lourde, dirigée par un petit groupe d'hommes cooptés.

Les adhérents

Le PC revendique, pour la période qui nous intéresse, de 400 000 à 700 000 adhérents (minimum en 1960-1961, maximum en 1979). Des calculs fondés sur des indices divers estiment que le chiffre réel est inférieur de plus d'un tiers, voire de la moitié. Le militantisme s'est d'ailleurs considérablement affaibli et la crise interne depuis 1982 n'a pas peu contribué à cette évolution, d'ailleurs générale en France pour tous les partis.

Les adhérents sont regroupés à la base en cellules qui sont de trois sortes : d'entreprise, locales (ou urbaines) et rurales. La cellule d'entreprise (ou d'atelier, de chaîne, de bureau si le nombre le permet) est la structure de principe, les cellules de quartier, d'immeuble, de rue, de village n'étant créées que faute de pouvoir organiser une cellule sur le lieu de travail. En fait, le nombre de cellules d'entreprise ne représente que le tiers du nombre total de cellules (environ 25 000 au total). L'assemblée de cellule élit chaque année le secrétaire et le bureau de la cellule.

Les cellules d'une zone territoriale ou d'une entreprise sont, sur décision de la fédération, groupées en sections. Si la cellule est surtout un organe d'action, la section est chargée avant tout de la discussion politique. Les délégués des cellules se réunissent en conférence de section qui élit un comité de section qui élit « le bureau et le secrétaire de section en accord avec la direction fédérale » (article 26 des statuts).

L'ensemble des sections d'un département ou d'une partie d'un département forme une fédération. La conférence fédérale, formée des délégués de section, élit un comité fédéral et une commission de contrôle ; le comité fédéral élit le bureau et le secrétaire fédéral — « la candidature du secrétaire fédéral doit être ratifiée par le comité central » (article 35).

Les organes nationaux

Les instances nationales du Parti sont d'importance inégale. Le congrès, instance suprême, se réunit en principe tous les ans ; il est l'émanation des fédérations ; il n'a en pratique qu'un rôle de ratification. Le véritable organe de discussion et de décision n'est pas non plus le comité central, « organisme supérieur du Parti entre deux congrès », élu par le congrès. Le nombre des membres est variable : il est actuellement de 145, et depuis 1979 supérieur toujours à 90. Le comité central se réunit environ tous les deux mois et prend certes des décisions importantes, mais son rôle réel principal est surtout de créer et d'animer les commissions centrales du Parti, sortes de ministères de celui-ci se prolongeant par les sections de travail qui assurent la gestion administrative quotidienne.

L'élection au comité central est pour un communiste une consécration de son activité militante et de sa fidélité à la ligne ; elle est plus importante que l'élection à un siège parlementaire. Il est vrai que le comité central élit les organismes supérieurs du Parti : la commission centrale de contrôle politique, et surtout le bureau politique et le secrétariat. Le bureau politique est la véritable instance de délibération et de décision ; il comprend aujourd'hui 21 titulaires et suppléants, dont les plus connus sont Georges Marchais, Roland Leroy, Paul Laurent, René Piquet et, parmi les syndicalistes, Georges Séguy et Henri Krasucki. Il se réunit très souvent (chaque semaine et même plus souvent) et dirige le Parti entre les sessions du comité central. Le secrétariat de 7 membres, tous du BP, est actuellement qualifié de secrétariat du comité central, chargé du travail courant. Cette décision correspond à une volonté de « collégialiser » la direction et de diminuer le rôle du secrétariat. Mais, en pratique, il est plutôt le secrétariat du bureau politique. La grave maladie de Waldeck Rochet, secrétaire général depuis 1964, a amené la désignation d'un secrétaire général adjoint, G. Marchais, après le XIXe congrès, en février 1970. L'autorité personnelle de G. Marchais s'est depuis considérablement affermie. Il est devenu secrétaire général en titre du PCF au XXe congrès (décembre 1972).

L'organisation du Parti communiste se caractérise enfin par l'existence d'un grand nombre de permanents. Sur ce point, le PC est, de très loin, le mieux organisé des partis français. Permanents du Parti et des organisations satellites ou des entreprises (notamment de presse) du Parti forment un réseau très dense de militants professionnels, issus pour l'immense majorité de la classe ouvrière et qui doivent leur formation intellectuelle et politique au Parti et à l'Union soviétique et leur situation sociale aux fonctions que le Parti leur a confiées. Le nombre des permanents est impossible à donner avec précision, car la notion même de permanent est difficile à cerner et le Parti communiste ne fournit pas de renseignements ; il affirme disposer cependant de 100 000 cadres en 1970, chiffre certainement très supérieur au nombre de permanents de toute sorte. Par ailleurs, le PC ne diffuse que peu de renseignements chiffrés sur la masse globale des salaires qu'il verse, non plus que sur son budget de fonctionnement ou d'équipement.

3. L'environnement du PC et son implantation

Depuis les analyses récentes du Parti communiste, notamment celle d'Annie Kriegel, il est habituel de présenter le PC comme une sub-société ou une contre-société qui se suffit à elle-même. Le Parti constituerait une sorte de monade sociale assurant pour ses membres l'ensemble des fonctions d'une société globale. Cela est sans doute exact pour le noyau le plus permanent des adhérents et pour les permanents, militants professionnels, pour la simple et primordiale raison qu'il leur assure la subsistance matérielle. Mais, même dans les régions où le PC est en situation de monopole de fait, de parti unique sociologique (par exemple, la « ceinture rouge » de Paris, certaines régions du Nord ou de la Lorraine, etc.), il n'est pas une société globale, car il n'est pas une société économique. La relative uniformisation des structures de la consommation des ménages, le développement considérable de la scolarisation, l'extension des moyens de communication de masse (journal régional unique et télévision, surtout) ont d'ailleurs enlevé aux organismes classiques d'encadrement partisan une grande partie de leur efficacité.

L'implantation électorale

L'étude de l'environnement du PC et des influences qu'il exerce sur lui reste donc primordiale. Plus même, elle est indispensable dans la mesure où le PC, à partir de 1962, a réussi à briser le cordon sanitaire qui l'isolait de la vie politique et où il cherche, par tous les moyens, à jouer son rôle dans le système politique.

Aux élections générales, législatives, présidentielles et européennes, les résultats électoraux se répartissent selon deux périodes : de 1958 à 1980, et après 1981. Pendant la première période, il connaît d'abord une baisse en 1958 (18,9 % des suffrages) par rapport à 1956 (25,9 %), puis se redresse en 1962 (21,9 %) et atteint son maximum en 1967 (22,5 %). A la présidentielle de 1969, J. Duclos, avec 21,5 %, obtient plus que les candidats communistes aux législatives de 1968 (20 %) et de 1978 et aux européennes de 1979 (20,6 %), et autant que ceux des législatives de 1973 (21,4 %).

La seconde période s'ouvre par l'échec de G. Marchais à la présidentielle de 1981 (15,5 %) et voit l'effondrement de Lajoignie à celle de 1988 (6,7 %) et de la liste Herzog aux européennes de 1989 (7,7 %). Mais, aux européennes de 1984 et aux législatives de 1988, le PC obtient 11,2 % des voix. Il a donc perdu entre la moitié et les deux tiers de son électorat de la première période.

En 1988, il ne conserve un groupe parlementaire à l'Assemblée nationale avec 27 députés (il en avait 86 en 1978) que grâce à la décision de réduire de 30 à 20 le nombre minimal d'élus pour constituer un groupe, décision prise par la majorité de gauche en juillet 1988 en échange du vote du PC en faveur de Fabius à la présidence de l'Assemblée.

Aux élections cantonales, le PC poursuit une implantation systématique qui le conduit de 18,6 % des voix en 1961 à 22,46 % en 1979. Le reflux est sensible ensuite, mais moins grave que dans les élections nationales (13,39 % en 1988). Le communisme municipal est bien connu et souvent surestimé. Après 1977, le PC dirige 72 des 220 villes de plus de 30000 habitants (50 en 1971), mais, après les élections de 1983 et de 1989, il n'en contrôle plus, respectivement, que 54, puis 47, sur 225.

Au Sénat, le groupe communiste passe de 13 membres en 1959 à 24 en 1983 (point culminant) et redescend à 16 en 1989.

L'implantation géographique peut être assez nettement repérée par la carte des départements où Duclos arrive en seconde position aux présidentielles de 1969 (il n'arrive en effet en tête que dans la Seine-Saint-Denis). Trois zones de forte implantation se dessinent nettement : le Nord et la région parisienne, regroupant tout ou partie des régions Nord, Picardie, Haute-Normandie et région parisienne (sauf Paris) ; le centre des régions Auvergne et Limousin (mais pas la région Centre) ; le midi des régions Languedoc et Provence-Côte d'Azur. Les zones de faiblesse sont tout l'est de la France (Nord et Centre-Est), tout l'Ouest et le Sud-Ouest.

Après l'effondrement des années quatre-vingt, les zones de force et de faiblesse du PC demeurent identiques. En revanche, la sociologie de son électorat évolue. Il est toujours masculin aux deux tiers, mais il s'effondre chez les jeunes de moins de 25 ans et s'accroît chez les plus de 65 ans ; il est faible chez les agriculteurs, et les catégories sociales supérieures, mais il n'est plus principalement ouvrier : les électeurs ouvriers représentent exactement le pourcentage de la catégorie dans la population électorale globale ; il croît surtout chez les employés et les inactifs.

L'aménagement du territoire communiste

Pour assurer son implantation et accroître sa pénétration, le PC a mis sur pied un très important système de moyens et d'organisations satellites et pratique systématiquement le « noyautage » et la prise en main d'organisations sociales et professionnelles diverses. Il n'est pas possible d'en faire une étude même rapide. Mais il faut en dresser une liste non limitative.

A l'égard de la jeunesse, après bien des avatars, l'organisation actuelle est la suivante : le Mouvement de la jeunesse communiste de France fédère quatre organisations dont les trois premières ont été créées en 1956 : l'Union des jeunes communistes, qui revendique 30 000 membres ; l'Union des jeunes filles de France (10 000 membres) ; l'Union des étudiants communistes (10 000) ; et l'Union de la jeunesse agricole et rurale de France (5 000), créée en 1959. En juin 1974, le Mouvement de la jeunesse communiste décide de fusionner l'UJFF, l'UJARF et l'UJCF. Il est donc composé de deux mouvements : l'Union des étudiants communistes et l'Union des jeunesses communistes. La raison de ce regroupement est de supprimer la coupure entre filles et garçons et entre ruraux et citadins.

Les organisations suivantes ne sont pas juridiquement rattachées au Parti communiste, mais elles sont soutenues et influencées par lui à un point tel qu'elles disparaîtraient sans son soutien.

L'Union des femmes de France, l'Association républicaine des anciens combattants, l'Union des vieux travailleurs de France ont perdu beaucoup de leur influence et ne jouent plus qu'un rôle marginal.

Du point de vue socioprofessionnel, la principale zone d'influence communiste est constituée par la CGT, la plus puissante organisation syndicale française, et de loin. Le PC s'en est assuré le contrôle absolu au niveau confédéral depuis 1947 ; il contrôle également les principales fédérations d'industries et toutes les unions régionales, départementales et locales ; mais la grande majorité des adhérents (plus de 2 millions) n'est pas communiste. Dans l'Éducation nationale, le PC a le contrôle de plusieurs syndicats de catégories appartenant à la Fédération de l'Éducation nationale, mais pas celui du plus important, le Syndicat national des instituteurs ; il contrôle également depuis 1970 une organisation estudiantine, l'Union nationale des étudiants de France, tendance Renouveau. Dans l'agriculture, il a suscité en 1959 et anime le Mouvement de défense des exploitations familiales (MODEF), implanté surtout dans le centre et le sud de la France ; il en est de même pour la Fédération des locataires, la Fédération sportive et gymnique du travail, et de nombreuses organisations culturelles et de loisirs.

Le Mouvement de la paix pose un problème un peu particulier ; fondé en 1949 par des hommes qui n'étaient pas tous communistes mais qui étaient tous convaincus du danger de la politique extérieure américaine et du réarmement de l'Allemagne, il a eu une audience incontestable jusqu'en 1960, date à laquelle le PC a voulu le reprendre en main. Il survit sans grande efficacité. De même, le Secours populaire français, successeur du Secours rouge (première manière), se limite actuellement à une activité charitable.

La presse communiste reste un des plus forts points d'ancrage du PC dans la société française. Les quotidiens communistes connaissent de graves difficultés. Le grand quotidien national, *L'Humanité,* est porté à bout de bras par le Parti ; tirant environ à 200 000 exemplaires, il a baissé de 26,7 % en vingt ans et son déficit est comblé par la vente militante de *L'Humanité-Dimanche.* Les autres quotidiens régionaux ont presque tous disparu, sauf *La Marseillaise* (publiée à Marseille) et *La Liberté* (publiée à Lille). Les hebdomadaires se portent mieux : *L'Humanité-Dimanche* est le grand magazine de masse (500 000 à 600 000 exemplaires) ; *France nouvelle,* hebdomadaire du comité central, est devenu *Révolution* en 1980 et remplace *La Nouvelle Critique; La Terre* est l'hebdomadaire destiné au monde rural ; *Les Lettres françaises,* destinées aux milieux intellectuels, ont disparu en octobre 1972. Les mensuels sont nombreux et spécialisés ; citons : *Les Cahiers du communisme,* organe théorique du comité central ; *Économie et Politique; Démocratie nouvelle,* revue de politique extérieure ; *L'École et la Nation,* pour les enseignants ; le *Nouveau Clarté,* pour les étudiants, etc., *Pif le chien,* pour les enfants de l'école primaire. Tout cela, et une foule d'organes de presse de fédération, de section ou de cellule, constitue une imposante collection de publications qu'il faudrait d'ailleurs compléter par les nombreuses publications proches du PC mais non dirigées par lui, en particulier celles de la CGT.

Les relations du PC avec les intellectuels et les travailleurs de la culture ont par ailleurs fait l'objet de nombreux ouvrages et commentaires. Si l'influence du PC sur les milieux scientifiques, philosophiques, artistiques n'a cessé de diminuer depuis 1945-1946, date à laquelle elle était à peu près hégémonique, elle reste importante. Le PC a moins de « grandes figures » parmi ses supporters, mais il a gardé un corps de fantassins assez considérable en dépit des ruptures, des excommunications, des polémiques et des crises. Il est symptomatique que l'exclusion de Roger Garaudy, en 1970, n'ait pas affaibli l'influence du PC dans les milieux professoraux. C'est que le rayonnement des grands noms est plus fort à l'extérieur du Parti qu'à l'intérieur et que les conflits d'idées et de théories scientifiques ou artistiques n'ont pas joué de rôle décisif dans le fonctionnement du système politique français. Il a d'ailleurs solennellement proclamé dans son programme d'octobre 1971 : « pas d'essor de la pensée sans liberté de la pensée. Pas de liberté de création et de pensée sans liberté de leur expression et de leur diffusion » (p. 95 du programme). Ce qui conduit à poser le problème des objectifs du Parti communiste.

4. Doctrine et programme

Le Parti communiste mène depuis 1945 un débat théorique et programmatique qui s'est focalisé sur trois points : la place du marxisme comme base idéologique du Parti, le rôle du Parti dans le mouvement social et politique, les objectifs à atteindre. Sur ces problèmes, une évolution considérable s'est produite, que consacre le texte des statuts du Parti établi en 1945, révisé entièrement en 1964, puis modifié en 1979. Pour comprendre le texte de 1979, il faut le replacer dans cette évolution.

Les références doctrinales

Le préambule de 1979 pose : « Dans son effort constant d'analyse de la réalité sociale, dans son activité théorique comme dans son action, le PCF s'appuie sur le socialisme scientifique, fondé par Marx et Engels, puis développé par Lénine et d'autres théoriciens et dirigeants du mouvement ouvrier. Cette théorie, matérialiste et dialectique, s'enrichit sans cesse à partir de l'avancement du savoir et de la pratique sociale... » On est loin du texte de 1964 qui affirmait que le « PCF fonde son action sur le marxisme-léninisme, qui généralise les connaissances philosophiques, économiques, sociales et politiques les plus avancées [...], est une conception scientifique du monde [...], un guide pour l'action ». De même on ne parle plus, comme en 1964, « des réalisations des pays où le socialisme a triomphé », mais « des enseignements positifs et négatifs de l'édification du socialisme ». Il s'agit bien sûr de fonder la politique de la main tendue aux catholiques et aux démocrates sincères sans mettre en cause le principe que le Parti a raison parce qu'il s'appuie sur une méthode scientifique d'analyse.

Le rôle du Parti n'est plus défini organiquement comme en 1945 (« le guide et l'organisateur du mouvement révolutionnaire du prolétariat et du mouvement progressif du peuple de France », article 1er), mais fonctionnellement. En 1964, il « oriente la lutte de la classe ouvrière, de la paysannerie et des autres couches travailleuses » ; en 1979, « le rôle dirigeant de la classe ouvrière implique l'existence d'un Parti communiste fort [...] capable d'impulser et d'animer les mouvements populaires pour la démocratie et le socialisme » (préambule), c'est-à-dire d' « assumer son rôle révolutionnaire dans la société » (article 5).

Enfin, les objectifs à atteindre et les étapes à parcourir sont formulés très différemment en 1979 car les statuts intègrent les thèses du XXIIe congrès (février 1976). Certes, sont maintenus les deux objectifs successifs : passer du capitalisme au socialisme, puis au communisme, « c'est-à-dire une société où chacun recevra selon ses besoins et où disparaîtra toute contrainte étatique exercée sur les hommes ». Mais la « dictature temporaire du prolétariat qui assure la démocratie la plus large pour tous les travailleurs » (1964) est abandonnée pour une « voie pacifique, démocratique, majoritaire, pluraliste » (1979), et le socialisme est expressément qualifié d' « autogestionnaire », c'est-à-dire « poussant jusqu'au bout la démocratie sociale, économique et politique ».

Les évolutions programmatiques

Les positions pratiques que le PC prend dans la vie politique française, à partir de cette analyse doctrinale, ont beaucoup évolué.

Dans les premières années de la Vᵉ République, le PC tente d'unir tous les républicains dans la lutte contre le pouvoir personnel, c'est-à-dire le gaullisme ; il relance la vieille idée de remplacer le nouveau régime par un système conventionnel : convoquer une constituante qui instaurerait un régime d'assemblée. Mais en dehors des forces qui vont former le PSU en 1960, il ne rencontre aucun écho. 1962 et le « cartel des *non* » lui permettent de renouer avec les socialistes et les « républicains », mais les résultats sont décevants. Il est vrai qu'à son XVᵉ congrès, en juin 1959, l'appel à l'unité d'action est assorti des critiques habituelles contre les dirigeants de la SFIO, et est réaffirmée la « justesse de la loi tendancielle de la paupérisation relative et absolue » ; il est vrai aussi que l'unité d'action est conçue sous l'égide du PC — comme le prouve l'affaire Servin-Casanova et la reprise en main du Mouvement de la paix — et que le Parti est attentif à étouffer dans l'œuf toute tentative d'infiltration du virus chinois.

Après la mort de Maurice Thorez en juillet 1964 et sous la direction du secrétaire général Waldeck Rochet, la politique d'union de la gauche est fermement affirmée et vise, au-delà d'un accord électoral, à un programme commun de gouvernement avec les socialistes (accord programmatique PC-FGDS du 24 février 1968). Le manifeste de Champigny de décembre 1968 théorise le passage au socialisme par la démocratie avancée, mais en le fondant sur la « capacité du PC de jouer le rôle d'avant-garde de la classe ouvrière » (point 7).

Le bilan des conversations PC-PS sur les « conditions fondamentales d'un accord politique » est publié le 22 décembre 1970. Texte important, car il délimite avec précision les points d'accord et de désaccord ; le bilan révèle que, en dehors des problèmes de politique étrangère, deux points font divergence. Sur le type de société à construire, le PC réaffirme sa fidélité « aux lois générales de la construction du socialisme fondées sur le marxisme-léninisme et sur les aspects positifs de l'expérience des pays déjà passés au socialisme » ; il définit « le pouvoir socialiste comme le pouvoir de la classe ouvrière et des autres couches de la population laborieuse ». Sur la démocratie et les libertés, il refuse d'envisager la possibilité d'un retour au régime capitaliste par le moyen d'une défaite électorale car « le pouvoir démocratique [...] sera fort de la confiance sans cesse plus active qu'elles [les masses laborieuses] lui apporteront » ; si « les libertés de pensée, d'expression et d'association, droits de critique et de contestation seront reconnus à tous, y compris aux minorités [...] il sera du devoir des formations se réclamant du socialisme d'appeler les masses à défendre et à renforcer l'État socialiste ». C'est la reprise de la « terrible petite phrase » (G. Pompidou *dixit*) de l'accord du 24 février 1968, mais, cette fois, seul le PC la fait sienne.

Pourtant ce bilan n'a pas eu de suite et, après l'arrivée de Mitterrand à la tête du PS, le PC s'estime suffisamment réintégré dans le système pour proposer seul un « programme pour un gouvernement démocratique d'union populaire ». Adopté le 9 octobre 1971 par le comité central, le programme a fait l'objet d'une gigantesque campagne de popularisation et de diffusion. C'est en effet la première fois dans l'histoire du PCF, et plus généralement dans l'histoire de tous les partis communistes du monde, qu'une telle initiative est prise. Quelles que soient les raisons de circonstance de son adoption, le programme est un texte capital, parce que, comme l'écrit Marchais en introduction : « Le sentiment de nos responsabilités nationales nous fait juger indispensable d'offrir une solution claire et constructive aux grands problèmes qui se posent aujourd'hui au pays. »

Le programme, pour la plus grande part, est la reprise systématisée de toutes les propositions communistes faites depuis longtemps. C'est le cas notamment de la première partie (« Vivre mieux »), qui est un interminable catalogue des revendications des différentes catégories sociales. Mais pour la première fois le PC renonce aux mots « dictature du prolétariat » et à leur contenu (la petite phrase); le programme (p. 128) entend assurer non seulement la pluralité des partis et le libre exercice de leur activité dans le respect de la légalité, mais aussi la garantie légale des droits politiques de l'opposition. « L'organisation régulière des élections au suffrage universel est l'un des moyens essentiels permettant au peuple d'exprimer son jugement sur l'activité des partis. Les partis respecteront le verdict populaire. » C'est très exactement la position, alors divergente, du PS dans le bilan de 1970.

Ce texte, dépassé très rapidement puisque remplacé par le programme commun de gouvernement de 1972, marque cependant la pleine acceptation de la démocratie pluraliste. Il prépare le projet de société socialiste, *Aux couleurs de la France,* qui sera adopté au XXIIe congrès en février 1976.

Après la rupture du programme commun en 1977, puis le refus de participer au gouvernement socialiste en juillet 1984, le PC renonce à élaborer de grands textes programmatiques puisque l'union de la gauche est condamnée comme une erreur historique et que le Parti ne peut sérieusement prétendre gouverner seul. Parti des luttes, parti des « gens », et non plus parti de conquête du pouvoir, le PC hésite cependant à franchir le pas qui le ferait sortir du système politique. Pourtant, en décembre 1989, il adopte un projet de réforme constitutionnelle fondée sur le retour à un système parlementaire du type de celui de la IVe République, c'est-à-dire avec primauté absolue de l'Assemblée nationale sur un gouvernement commis.

La bouche semble ainsi fermée. On revient trente ans après aux positions de 1958 : le refus des institutions de la Ve République.

4

Les partis hors du système

Les groupes et formations politiques qui se situent en dehors du système sont facilement identifiables : ils n'appartiennent ni à la majorité — présidentielle ou parlementaire, de droite ou de gauche — ni à l'opposition alternative, c'est-à-dire qui peut remplacer la majorité. Cette situation peut résulter de la volonté du groupe qui refuse la conquête électorale du pouvoir et privilégie la voie révolutionnaire. Elle peut aussi être la conséquence du refus des partis du système d'accepter à leurs côtés un parti extrémiste.

Ces deux cas sont aussi anciens que la vie politique démocratique. Extrême droite et extrême gauche sont des courants anciens, diversifiés, évolutifs. Les passages de la frontière pour entrer dans le système politique, ou, plus rarement, pour en sortir, sont cependant exceptionnels.

Depuis les années soixante-dix, un nouveau courant est apparu hors du système : le mouvement écologique. Entré sur la scène électorale nationale en 1974 pour témoigner d'une inquiétude et prophétiser l'avenir, il s'est développé comme un parti refusant la bipolarisation droite-gauche.

Ces forces ont une influence électorale favorisée ou entravée par le type d'élections considérées, le mode de scrutin et leur degré d'organisation et de cohérence internes. Mais leur rôle social ne peut, moins encore que pour les partis du système, être apprécié à la seule aune de leurs résultats électoraux. Depuis 1962, les grands débats de la société contemporaine et les évolutions qu'ils ont suscitées dans les mœurs comme dans les lois et les institutions ont été fréquemment portés par ces organisations marginales, d'une manière souvent excessive et provocatrice, parfois scandaleuse.

L'extrême gauche a porté la contestation de l'autorité hiérarchique dans l'entreprise, l'enseignement, la famille, les églises, et lancé les thèmes de la libération et de la permissivité des mœurs. Elle n'a pas détruit la société capitaliste, ni construit la société communiste, mais a contribué à faire évoluer la première vers un individualisme hédoniste.

L'extrême droite, une décennie plus tard, retrouve une audience en abandonnant ses grands thèmes politiques pour s'appuyer sur les « questions de société » : critique du laxisme dans les mœurs, exaltation de l'identité nationale, exploitation des peurs ; elle retrouve un appui populaire en exaltant les sentiments d'insécurité dans la vie quotidienne et les difficultés de coexistence dans les lieux de vie de populations culturellement différentes.

Le mouvement écologique utilise à la fois la nostalgie d'une vie rurale rêvée et idyllique et la réalité des catastrophiques conséquences des pratiques économiques et sociales sur les milieux naturels et sur l'avenir de la planète et des êtres vivants.

1

L'extrême droite

L'extrême droite en France a toujours été divisée en de multiples organisations, mais deux courants principaux sont aisément identifiables : un courant tourné vers le passé, élitiste et idéologique — c'est le legs de la tradition monarchiste, donc antirépublicaine et antidémocratique — et un courant populiste, anti-intellectuel, qui veut construire l'avenir par l'alliance d'un chef et d'un peuple ; en somme, Charles Maurras et Jacques Doriot.

Après 1945, elle semble éliminée et, dans la mesure où le régime de Vichy a été un essai de synthèse entre ces deux courants, elle est disqualifiée avec lui et ne survit que dans le culte du maréchal Pétain. Sous la IVe République, l'extrême droite se reconstitue difficilement autour de publications hebdomadaires, de revues, de cercles de réflexion, donc sous forme intellectuelle. Elle ne reprend un aspect populaire qu'à l'occasion des guerres coloniales et de la lutte anticommuniste. Mais, jusqu'à la guerre d'Algérie, ce ne sont que des percées sporadiques.

Elle trouve dans la guerre d'Algérie et dans les mouvements pour l'Algérie française à la fois un thème unificateur, des soutiens populaires et l'occasion de fréquenter et d'influencer les milieux dirigeants. Mais le retour au pouvoir du général de Gaulle, que certains cercles ont favorisé et d'autres combattu, conduit à la rénovation du régime républicain et non à sa suppression. L'indépendance de l'Algérie qui s'annonce, puis se fait, entraîne une renaissance des procédés d'action directe violente et des efforts multiples pour faire basculer l'armée.

Les dernières années de la guerre d'Algérie et l'aventure sanglante de l'Organisation de l'armée secrète (OAS) ont donné aux innombrables groupes de la droite extrémiste à la fois une chance et une pierre d'achoppement. Mais le développement de ce courant s'est heurté à la dure répression policière des années 1961-1963 et au refus massif du corps électoral de le suivre dans l'aventure d'un néo-fascisme français. A l'élection présidentielle de 1965, lorsque J.-L. Tixier-Vignancour tente de capitaliser les voix des rapatriés d'Algérie et des mécontents du gaullisme, on s'aperçoit que ce courant ne réunit pas 6 % des suffrages.

La période de l'impuissance

La période qui va de 1965 à 1981 est celle de la quasi-disparition de l'extrême droite. Une partie des mouvements se rallie à la droite libérale et conservatrice, principalement aux mouvements gaullistes ; une autre entretient le mythe de la prise révolutionnaire du pouvoir ; la troisième témoigne pour l'histoire.

La première est le courant légaliste et parlementaire. Dirigé par Tixier-Vignancour, il s'organise dans une Alliance républicaine pour les libertés et le progrès, créée à la suite de l'élection de 1965. Mais, aux élections législatives de 1967 et de 1968, où ils obtiennent respectivement 0,87 % et 0,13 % des suffrages exprimés, ses candidats sont mis en déroute. A l'élection présidentielle de juin 1969, l'ARLP et Tixier-Vignancour se rallient à la candidature de Pompidou qui, un an plus tôt, a amnistié les principaux condamnés de l'OAS. Mais l'ARLP ne parvient pas à se faire reconnaître comme membre à part entière de la majorité. En avril 1971, une partie du mouvement, probablement la plus importante, fait scission. Elle crée l'Alliance républicaine indépendante et libérale (ARIL), qui s'affirme membre à part entière de la majorité et présente des candidats en mars 1973 sous le sigle d'Union pour la majorité présidentielle. Les résultats sont négligeables. L'ARLP, l'ARIL et leurs différentes tendances poursuivent une chétive existence. En réalité, leur substance a été absorbée par la majorité présidentielle dès juin 1969. Le départ de De Gaulle, puis sa mort, la liquidation des séquelles du drame algérien les ont privées de raison d'être.

La deuxième famille de l'extrême droite est constituée par les nombreux groupes d'action directe. La droite nationaliste d'action directe qui s'inspire historiquement du fascisme et du nazisme trouve dans les régimes autoritaires étrangers des modèles acceptables : franquisme, Grèce des colonels, gouvernement du Sud-Vietnam, etc. Avant 1968, elle est surtout représentée par le mouvement Occident, dissous en octobre 1968. En décembre 1969, est créé le mouvement Ordre nouveau, dont le leader le plus connu est François Brigneau. Ordre nouveau rassemble plusieurs petits groupes et se fait rapidement connaître par son goût des actions violentes soigneusement préparées et rapidement exécutées. Cependant, à son XIe congrès, en juin 1972, Ordre nouveau déclare vouloir « exclure impérativement le recours à l'action clandestine », respecter « l'ordre juridique et la législation en vigueur », et jouer « la carte de l'ordre et de la sécurité [...] dans les institutions du régime ». Le mouvement est d'ailleurs le principal animateur du Front national créé en octobre 1972 en vue des élections de 1973. Mais en dépit des efforts du Front et de son président, J.-M. Le Pen, pour se reconvertir à la légalité, les résultats électoraux sont presque nuls. A l'élection présidentielle de mai 1974, Le Pen obtient 0,74 % des suffrages. Ordre nouveau est d'ailleurs dissous le 27 juin 1973 à la suite de graves incidents à Paris.

Les animateurs d'Ordre nouveau vont rompre avec le Front national accusé de passéisme, de pusillanimité et d'impuissance. En novembre 1974, à l'initiative notamment de François Brigneau, rédacteur en chef d'un hebdomadaire, ils créent le Parti des forces nouvelles en vue de « la rénovation et la modernisation de la droite, dans le respect des valeurs et traditions de celle-ci » (congrès de novembre 1979). Aux municipales de mars 1977, des candidats du

PFN figurent sur des listes RPR tandis que le FN se présente seul.

Aux législatives de 1978, chaque parti présente quelques candidats. A Paris, Le Pen obtient 3,91 % des voix dans la cinquième circonscription ; les autres candidats FN, 0,3 % en moyenne ; et ceux du PFN, 1 %. Aux élections européennes de 1979, le PFN, soutenu par le Mouvement social italien et la Forza Nova espagnole, présente une liste pour l'Eurodroite, conduite par Tixier-Vignancour, qui ne recueille que 1,31 % des voix.

Le PFN va disparaître de fait après 1981. Son leader, Pascal Gauchon, ne peut se présenter à la présidentielle, faute des parrainages nécessaires ; ses candidats sont laminés aux législatives qui suivent. La plupart de ses adhérents l'abandonnent et passent au Centre national des indépendants et paysans. En juillet 1982, le bureau politique du PFN décide d'abandonner le légalisme pour une action politique « dans le cadre d'un processus révolutionnaire contre l'ensemble du système » et prône « agitation, contestation, combat dans la rue » (*Perspectives d'action*, 26 juillet 1982). Mais rien ne se produit. Au VIe congrès, en novembre 1984, une nouvelle équipe dirigeante est désignée pour tenter de « reconstruire le parti » comme « un grand mouvement nationaliste européen ». Mais le président du parti connaît des déboires judiciaires en février 1987 et, après les succès du FN de Le Pen, le PFN ne subsiste plus qu'à l'état de traces.

L'extrême droite nationaliste d'action directe n'en a pas pour autant disparu et continue à avoir une certaine influence, notamment dans la jeunesse universitaire. La conjoncture peut lui redonner un jour de l'importance. Il n'en est pas de même de la troisième famille de ce courant hors système : le royalisme. La vieille Action française, créée à la fin du XIXe siècle et interdite en 1945, se survit dans la Restauration nationale. Gardienne de la tradition royaliste, elle ne s'intéresse pas aux élections. A ce mouvement sage et sans espoir, la Nouvelle Action française, créée en avril 1971 par de jeunes étudiants, a entendu donner un nouveau souffle. Voulant la « renaissance du XXIe siècle » et la « contre-révolution culturelle », la NAF ne répugne pas à utiliser des slogans gauchistes et à utiliser les élections comme une tribune. Son candidat en mai 1974, B. Renouvin, a recueilli 0,17 % des suffrages. En octobre 1978, elle a pris le nom de Nouvelle Action royaliste pour couper toute référence aux théories de Ch. Maurras.

La remontée du Front national

A son IVe congrès (novembre 1976), puis à son V^e (novembre 1978), le Front national affirme être le « rassemblement de la droite sociale, nationale et populaire » ; il veut devenir l'« opposition nationale » à la gauche socialo-communiste, bien sûr, mais aussi à la droite giscardo-centriste. Mais son influence électorale est marginale dans les législatives de 1978 ; il est absent des européennes de 1979 et son chef, Le Pen, ne peut se présenter à la présidentielle de 1981, faute d'obtenir les parrainages nécessaires. Sept ans plus tard, à la présidentielle de 1988, Le Pen recueille 14,39 % des suffrages.

Il ne fait pas de doute que l'arrivée au pouvoir de la gauche et le désarroi de la droite classique, divisée et incertaine, sont l'une des causes de cette remontée inespérée. Les talents de tribun de J.-M. Le Pen, à qui ses succès ouvrent l'accès à la télévision à partir de 1984, ont également joué un rôle. Le changement du mode de scrutin pour les élections municipales de 1983 et législatives de 1986 lui ont permis de plaider l'utilité du vote pour le FN. Mais la raison essentielle de ce succès longtemps attendu, et que n'ont pas connu les formations concurrentes de l'extrême droite, réside dans les thèmes du discours du FN et de son leader.

La défense de l'identité nationale et des valeurs morales traditionnelles, thèmes anciens de l'extrême droite, s'est concrétisée et modernisée par la capacité du FN de poser les « vraies questions » (selon le mot de L. Fabius en septembre 1984) sur la sécurité dans la vie quotidienne, l'immigration, le rôle de l'État, la Sécurité sociale, la construction européenne. Que les réponses soient condamnées par tous les partis de gauche, et partiellement refusées par les partis de droite, ne peut que renforcer l'impact de ce discours. Il n'est pas jusqu'aux excès verbaux et aux mots scandaleux de Le Pen qui n'aient servi le FN en le faisant apparaître au cœur du débat politique.

Aux élections municipales de mars 1983, le Front national amorce son redressement, soit sous ses propres couleurs (Le Pen obtient 11,3 % dans le XXe arrondissement de Paris), soit en participant à des listes de droite. Mais c'est l'élection municipale de Dreux, suite à l'annulation du scrutin de mars 1983, qui posera nationalement la question de l'alliance de la droite classique avec le FN. En effet, son secrétaire général, J.-P. Stirbois, y obtient en septembre 1983 16,3 % des voix au premier tour.

Aux élections européennes de juin 1984, la liste Le Pen recueille 11,1 % des suffrages, et les candidats FN, aux législatives de mars 1986, 9,8 % ; ils sont 35 à être élus députés grâce à la représentation proportionnelle. Mais le RPR et l'UDF, ayant obtenu à eux seuls la majorité absolue à l'Assemblée nationale, refusent toute alliance nationale avec le FN. Il n'en est pas de même dans les régions où le scrutin du même jour ne permet aux partis de la droite classique de diriger certaines régions qu'en alliance avec le FN (Aquitaine, Languedoc-Roussillon, France-Comté, Haute-Normandie).

De 1986 à 1988, le FN est donc dans l'opposition parlementaire. A l'élection présidentielle de juin 1988, Le Pen capitalise les voix des mécontents, à droite comme à gauche, et talonne R. Barre avec 14,39 % des voix.

Mais le retour au scrutin uninominal est fatal à son implantation parlementaire et, en juin 1988, avec 9,8 % des voix, le FN ne parvient à faire élire qu'une députée, d'ailleurs exclue en octobre de la même année pour avoir protesté contre un propos scandaleux de Le Pen. Mais à l'occasion d'une élection partielle à Dreux en décembre 1989 Mme Stirbois redonnera un siège au FN. Les élections municipales de mars 1989 (environ 1000 élus), puis les européennes de juin 1989 (11,8 % des voix, 10 élus) montrent la durabilité du vote pour le FN.

Le Centre national des indépendants et paysans, sous l'impulsion de son secrétaire général Yvon Briant et la houlette du général J. Lacaze, entreprend une opération de débauchage des élus locaux et régionaux du FN à son profit. Il s'agit de rallier à l'opposition de droite les élus et les adhérents heurtés par les thèmes racistes et antisémites et les querelles internes de leur parti.

Le FN reste en effet traversé par le clivage permanent de l'extrême droite entre les notables légalistes et les « enragés » prêts à l'action directe. De sa fondation (1972) à 1982, il est une organisation squelettique et désordonnée. Mais à son VIe congrès, en mars 1982, Jean-Pierre Stirbois, entré au bureau politique en novembre 1978, devient secrétaire général et réorganise le parti, dont les adhérents croissent, sur un modèle centralisé et hiérarchique. Il nomme les secrétaires fédéraux (départementaux) qui nomment les secrétaires des sections locales et il contrôle directement l'activité politique sur le terrain.

Après la mort accidentelle de Stirbois (novembre 1988), son successeur Carl Lang tente de maintenir cette organisation et ce fonctionnement quasi militaires. Mais de nombreux dirigeants et élus locaux supportent difficilement ce régime, et les crises internes se multiplient, notamment dans les Bouches-du-Rhône. D'ailleurs, le congrès n'est pas convoqué entre 1985 et 1990.

En effet, le président inamovible du FN, Jean-Marie Le Pen, entend bien garder les mains libres face à un parti dont la rigidité structurelle cache une faiblesse congénitale : la contradiction entre la rigueur doctrinale des uns et l'extrême sensibilité à la conjoncture électorale des autres.

A la différence du PFN, le FN a gardé fermement une ligne programmatique constante depuis sa création. Entre les résolutions du congrès de fondation en 1972 et les thèmes de la plate-forme présidentielle de 1988, il n'y a pas de différences significatives : acceptation de la République et des élections; faveur pour un régime présidentiel; dénonciation de l'insécurité, des dangers de l'immigration, de la dégradation des mœurs ; anticommunisme ; principe de la « préférence nationale » pour réserver la sécurité sociale et les emplois aux nationaux, etc.

L'électorat du FN depuis 1984 est la preuve de l'impact de ces thèmes au-delà des partisans de toujours de la droite musclée. Il est majoritairement masculin et urbain, en particulier dans les quartiers à forte population immigrée ; il est nettement plus jeune que le corps électoral global. Il allie l'électorat classique des mouvements antifiscaux (agriculteurs et petits commerçants, artisans et petits patrons) aux couches populaires (employés, ouvriers). Géographiquement, le FN est plus fort dans les régions de la côte méditerranéenne, la vallée du Rhône, la région parisienne ; mais il a aussi conquis de fortes positions dans la France de l'Est. C'est un électorat fluctuant, composite et conjoncturel que la droite classique, et parfois la gauche, peut à nouveau attirer.

2

Le mouvement écologique

Les écologistes, les « Verts », forment un courant politique mais pas un parti. Ils n'ont en effet jamais réussi à se constituer en un seul parti organisé localement et nationalement ; beaucoup d'ailleurs s'y refusent. Mais ils sont plus qu'un mouvement social, au demeurant fort actif, d'abord parce qu'ils se présentent aux élections et ensuite parce qu'ils ont élaboré un programme politique global qui dépasse donc la seule défense des milieux naturels.

Ils apparaissent d'abord comme un réseau complexe d'associations plus ou moins éphémères. En 1974, la candidature à l'élection présidentielle de René Dumont les fait connaître à l'opinion publique, mais il faut attendre 1989 pour qu'on les prenne au sérieux.

L'écologie, de la science à la politique

Créé par le naturaliste allemand Haeckel, en 1866, le mot « écologie » est un vocable technique jusqu'en 1970 environ. Darwiniste fervent, Haeckel pense que le développement embryonnaire de chaque être vivant est une récapitulation de la longue période d'évolution qui a abouti à l'espèce actuelle.

L'écologie contemporaine est fort éloignée des théories sur l'ontogenèse et la phylogenèse, elle est par contre fort préoccupée de la protection de la nature au sens de « milieux naturels ». De ce fait, elle se rattache à la tradition française marquée par les Geoffroy Saint-Hilaire, père et fils, et la création par Isidore, le fils, en 1854 de la Société nationale d'acclimatation, devenue la Société nationale de protection de la nature.

Longtemps cette préoccupation reste du domaine des naturalistes, c'est-à-dire des savants spécialistes des espèces vivantes et de quelques fonctionnaires, nationaux et internationaux. Comme science des relations entre les organismes vivants et leur milieu, l'écologie se développe surtout dans les pays anglo-saxons et en Union soviétique. Le mot n'est guère utilisé en France.

Mais après la Seconde Guerre mondiale et dans les années soixante se développe dans l'opinion publique une inquiétude devant l'énergie nucléaire et les atteintes à la nature entraînées par l'urbanisation et l'industrialisation. La lutte contre les pollutions et les destructions des milieux naturels conduit de nombreuses personnes à s'associer dans de multiples comités de défense des sites, des espèces vivantes, de la mer... En Allemagne, ce phénomène est amplifié par la crainte d'un conflit armé de type nucléaire sur le sol de la République fédérale.

En France, très vite ces associations se présentent, dans leur diversité et leur parcellisation, comme relevant de deux courants. Un courant sage, qui se qualifie d'environnementaliste plutôt qu'écologiste, est formé par les associations unies en 1969 dans la Fédération nationale des sociétés de protection de la nature (FNSPN), animée par des scientifiques et travaillant avec les pouvoirs publics. Est ainsi créé dans le gouvernement Chaban-Delmas, en 1971, un ministère de l'Environnement confié à Robert Poujade. Ce courant est à l'origine de la Charte de la nature en novembre 1972.

A son XXIIIe congrès à Bordeaux, en mai 1989, la FNSPN et les associations qu'elle fédère, et qui revendiquent 850 000 membres, se donnent un nouveau nom : France Nature Environnement — le massacre de la langue française leur semblant probablement nécessaire pour apparaître plus modernes dans la protection de la nature.

L'autre courant, qu'on peut qualifier de « sauvage », se

qualifie d'écologiste et est très influencé par l'idéologie de 1968. Il s'exprime dans d'innombrables organismes et manifestations, et notamment contre les centrales nucléaires et l'extension du camp militaire du Larzac.

En mars 1971, se créent les Amis de la terre, sur le modèle américain des Friends of the Earth ; ils lancent l'idée d'une candidature écologique à l'élection présidentielle de mai 1974. L'expression « écologie politique », dont l'auteur semble être J. Dorst [1], devient une réalité électorale incarnée par René Dumont, vieux militant socialiste (PSU) et tiers-mondiste, et agronome de réputation iconoclaste. Son faible score (1,3 %) ne lui interdit pas d'exercer une influence durable, car sa campagne révèle que l'écologie n'est pas seulement la protection de la nature mais aussi la volonté de construire un autre type de société postindustrielle. En témoignent les textes de sa campagne [2].

Mais, dès juin 1974, le Mouvement écologique, né de la candidature de Dumont, se divise entre les partisans d'une organisation nationale, même très souple, et les adversaires de toute structure confédérant les organismes de base. Dumont se retire. Le conflit est en réalité très politique et oppose les militants « gauchistes », ou de gauche, à ceux qui ne veulent être ni de droite ni de gauche. Les uns et les autres s'accusent d'être les marionnettes ou les sous-marins de tel ou tel parti. En somme, l'alliance est difficile entre les rouges et les verts, les verts-verts ou verts inoxydables et les verdâtres.

Aux élections municipales de 1977, de nombreux écologistes se présentent et obtiennent, surtout dans les grandes villes, des résultats positifs (10 % au total à Paris). Mais c'est la préparation des élections législatives de 1978 et européennes de 1979 qui entraîne des reclassements et l'apparition d'éphémères cartels électoraux.

En mai 1977, à Paris et dans la région parisienne, se crée

1. Dans son livre *La Nature dé-naturée*, Éd. du Seuil, 1970.
2. Réunis dans un livre, *L'Écologie ou la Mort*, Jean-Jacques Pauvert, 1974.

SOS-Environnement, dirigé par Jean-Claude Delarue, qui investit des candidats sur un programme d'écologie politique, soi-disant indépendant de tout parti, en fait proche de la majorité de l'époque, c'est-à-dire de la droite.

A l'inverse, le Front autogestionnaire groupe des écologistes d'extrême gauche, le PSU, le Mouvement pour une alternative non violente (MAN) et des mouvements régionalistes, en vue des élections de mars 1978.

Le cartel électoral Écologie-78, lié à SOS-Environnement dans un « collectif Écologie-78 », est créé en juillet 1977 essentiellement par les Amis de la terre, le Mouvement écologique et des associations locales. Son porte-parole le plus connu est Brice Lalonde, exclu du PSU en 1976 pour acte de candidature au nom de l'écologie seule. En octobre 1977, se constitue dans cet esprit d'indépendance totale à l'égard des partis, le Réseau des amis de la terre (RAT), dont Lalonde est l'animateur national et qui est une très légère structure de coordination des organisations locales.

Dans cette confusion, les résultats de mars 1978 sont décevants : 2,14 % des voix pour la France entière au premier tour ; à Paris, les écologistes passent de 10,3 % à 4,90 %. Mais il est vrai qu'à cette date les écologistes français sont les seuls au monde à avoir affronté un scrutin national.

Pour les élections européennes de juin 1979, les écologistes se divisent à nouveau. La liste Europe-Écologie dirigée par Solange Ferneix exprime l'écologie de la base provinciale contre les vedettes parisiennes (Lalonde) et les tendances de gauche. Elle axe sa campagne sur la dénonciation de la société industrielle et obtient 4,4, % des voix — meilleur résultat européen (en Belgique : 3,3 % ; en Allemagne : 3,2 %). Ce succès relatif conduit les animateurs de la campagne européenne à décider, en novembre 1979, de créer le Mouvement d'écologie politique (MEP). Celui-ci est constitué à Versailles en février 1980 non comme un parti, mais comme une organisation de popularisation du projet écologique. Sa direction nationale est assurée par un conseil de 46 membres (23 représentent les régions, 23 l'assemblée générale nationale ouverte à tout militant), un bureau de 12 membres et un président, Philippe Lebreton.

Cependant la préparation de l'élection présidentielle de 1981 permet aux écologistes français de mettre sur pied un mécanisme original de désignation de leur candidat. Dans chaque région est organisé un scrutin, majoritaire à deux tours, pour départager les candidats ; tout électeur de la région peut voter. Ces « primaires ouvertes » ont eu peu de succès ; il y avait pourtant onze candidats à l'investiture. Lalonde l'emporta de peu sur Ph. Lebreton et, après une campagne très œcuménique (entre les tendances écologiques), obtint 3,87 % des voix — résultat honnête mais décevant.

Des mouvements protestataires au parti politique responsable

La victoire de François Mitterrand et ses conséquences — élections législatives de juin 1981, gouvernement de gauche — montrent des limites du thème « ni droite-ni gauche ». Les électeurs écologiques ne représentent plus que 1,08 % des voix aux législatives de 1981.

Le courant écologique connaît alors une crise marquée par des divisions, des tentatives avortées d'unification et une féroce bataille de personnes qui ressemble beaucoup à celle que vivent les mouvements d'extrême gauche. Les uns — Lalonde et la plus grande partie du Réseau des amis de la terre — pensent que l'écologie doit tenir compte du principe de réalité et contribuer à l'action de la gauche au pouvoir en l'infléchissant vers les préoccupations écologiques, c'est-à-dire travailler avec Michel Crépeau, le ministre de l'Environnement.

D'autres — essentiellement le Mouvement d'écologie politique — critiquent la politique nucléaire de Mitterrand qui poursuit, en la limitant, la construction des centrales atomiques. Ils veulent se constituer en parti écologiste autonome (octobre 1981) mais peinent à le mettre sur pied.

En novembre 1982, le MEP adopte les statuts d'un parti intitulé « Les Verts, parti écologiste », dont le conseil national est composé aux trois quarts de représentants des régions.

D'autres enfin, la troisième composante, ne se reconnaissent ni dans le RAT ni dans le MEP, mais expriment des comités de base souvent proches de l'extrême gauche et très attachés à leur autonomie.

En décembre 1981, le RAT et la troisième composante créent la Confédération écologiste pour intervenir sur le terrain électoral tout en laissant la liberté d'action aux associations locales et en maintenant le Réseau des amis de la terre.

Pour les municipales de mars 1983, les écologistes réussissent cependant à adopter une étiquette unique, les Verts, pour présenter des listes autonomes fort composites. En outre, les « écolos » sont nombreux sur les listes de droite ou de gauche. Il y a environ 700 élus, dont 300 sur des listes autonomes. Dans la foulée, la Confédération écologiste propose en mai 1983 un congrés d'unification aux Verts, parti écologiste et au RAT en vue de créer un seul parti, Les Verts, pour préparer les élections européennes de 1984. Il y aura interdiction de la double appartenance aux Verts et à tout autre parti.

Est ainsi créée en janvier 1984 une organisation politique unique intitulée « Les Verts-Confédération écologiste-Parti écologique ». Elle est dirigée par un conseil national interrégional qui unifie les trois composantes et aboutit donc à séparer nettement l'action électorale et l'action associative. Menée par Didier Anger, la liste les Verts-Europe-Écologie obtient 3,4 % des suffrages, c'est-à-dire autant que Lalonde en 1984, mais moins qu'en 1979. L'écologie ne décolle pas. La tentation d'abandonner le terrain politique est forte et le repliement sur l'action au quotidien, général. Heureusement les Grünen, les Verts d'Allemagne fédérale, sont entrés en force au Parlement fédéral en 1983 et par leur soutien, permettent aux Verts de tenir.

Aux élections législatives de mars 1986, les candidats

verts ne recueillent plus que 1,21 % des voix, mais les listes vertes obtiennent 2,35 % aux élections régionales du même jour. Antoine Waechter, qui porte la bonne parole écologique à la présidentielle le 24 avril 1988, retrouve exactement le score de Lalonde en 1981 : 3,78 % des voix, mais les écolos sont pratiquement absents des législatives de juin 1988 (0,35 %). Lalonde devient secrétaire d'État à l'Environnement dans le gouvernement Rocard. L'écologie politique semble sans avenir.

Pourtant les municipales de mars 1989 vont leur permettre de capitaliser les actions locales et de bénéficier de la lassitude à l'égard des grands partis de droite et de gauche. Environ 1 300 « écolos » sont élus, dont 600 Verts-Confédération écologiste-Parti écologique. Ces élus locaux se regroupent dans l'Association nationale des élus écologistes créée en janvier 1988.

Les élections européennes de juin 1989 permettent enfin aux écologistes, grâce à la liste Europe-Écologie menée par Antoine Waechter, de franchir le mur des 5 %. Avec 10,59 % des voix, ils talonnent le Front national et devancent la liste centriste de Simone Veil ; ils obtiennent 9 élus à Strasbourg.

Il est malaisé de déterminer les causes de cette brutale croissance. L'enquête de la SOFRES d'avril-mai 1989 (4 000 interviews) montre que l'électorat écologique vient pour partie des abstentionnistes, mais que plus de la moitié des électeurs se situe à gauche, un tiers au centre et un dixième à droite. Il s'agit donc surtout d'une critique de la gauche socialiste, jugée trop timide sur l'écologie et trop productiviste. Waechter avait tenté d'ouvrir sa liste aux partisans de la Nouvelle Gauche de Juquin, il a fait élire Max Siméoni, leader des autonomistes corses, mais il tient ferme sur sa position ni droite-ni gauche.

Depuis que le courant écologique est entré en politique, il a affirmé sa volonté de n'être pas seulement un mouvement protestataire défendant l'environnement ; il veut proposer des réponses globales aux problèmes contemporains, nationaux et internationaux. Mais il est très loin d'y avoir réussi. Ses propositions dans les domaines de l'économie et des relations internationales sont presque inexistantes. Or, les thèmes écologiques sont aisément récupérés par les grands partis, même s'ils ont peu de crédibilité en ce domaine.

Les Verts, en tant que parti politique, sont peu nombreux (environ 5000 adhérents) et très peu organisés. L'articulation entre la base et le sommet reste incertaine, les conflits entre personnes demeurent vivaces. Cette souplesse et cette diversité sont des facteurs de large rassemblement, mais ils deviennent des handicaps lorsque le succès électoral, et donc les responsabilités décisionnelles, est au rendez-vous.

3

L'extrême gauche

Les groupements d'extrême gauche qui se veulent révolutionnaires ne sont pas apparus pour la première fois en mai 1968. Le Parti communiste a longtemps été le principal parti révolutionnaire en France. Mais c'est bien au stade Charléty le 27 mai 1968 que, dans l'enthousiasme, l'improvisation et les arrière-pensées, le mouvement révolutionnaire se manifeste contre le système politique et le Parti communiste. A l'appel de l'UNEF, du PSU, des trotskistes, se rassemblent, de Pierre Mendès France aux maoïstes et aux anarchistes, des jeunes et des moins jeunes. C'est un début qui n'a pas eu de suite visible. Mais c'est aussi une révélation : le paysage politique français se modifie. Les mots « gauchisme », « ultra-gauche », « révolution », « révisionnisme », « collaboration de classe », « récupération »... ne quittent plus les pages de journaux — non seulement des publications nouvelles qui foisonnent, mais des journaux et revues d'information.

Il est certain qu'une utilisation systématique et quasi liturgique du vocabulaire marxiste n'empêche pas la plupart des organisations révolutionnaires, spécialement le PSU et les maoïstes, de prendre de singulières libertés avec le marxisme, qu'on l'envisage comme une doctrine ou comme une méthode scientifique. Le gauchisme apparaît alors aux marxologues et aux marxistes sous les traits d'un populisme moralisateur ou d'un individualisme anarchique. De toute manière, par son existence même, le gauchisme est un défi et un démenti aux marxistes et au marxisme. Il associe en effet des marginaux du système capitaliste — étudiants, immigrés, détenus, petits paysans — dans une lutte exacerbée contre le système lui-même et contre les organisations ouvrières, sans ébranler durablement les deux grands protagonistes.

Mais, en même temps, le courant révolutionnaire est profondément divisé. Sauf en de grandes occasions (mai 1968, obsèques du jeune ouvrier maoïste Overney assassiné en mars 1972), il cultive les différences entre ses propres composantes. Pour des raisons idéologiques souvent obscures, du fait d'attitudes conjoncturelles, sous l'influence de personnalités puissantes, il se morcelle en multiples tendances. Sa faiblesse même, le haut niveau du militantisme et des discussions idéologiques, la répression policière, l'hostilité des communistes l'amènent souvent à préférer les luttes internes et le sectarisme à l'action commune. Quand l'adversaire est hors d'atteinte, il est tentant de dévoyer sa pugnacité en s'entre-déchirant ; quand les analyses sur l'imminence de la révolution sont contredites par les faits, il est plus facile de s'accuser mutuellement de trahison réformiste que de songer à une faiblesse théorique ; quand on refuse la société actuelle en France et les sociétés étrangères, construites sur un autre modèle, il n'est pas aisé de structurer ceux qui sont à vos côtés l'espace d'un combat ou d'une grève ; quand on associe à la fois un petit groupe de vieux combattants et une masse fluctuante de jeunes découvrant les disciplines de l'action, il faut synthétiser des contraires — la patience de la longue marche et l'enthousiasme éphémère des manifestants d'un soir — sans oublier que la patience est parfois une démission et la manifestation sans espoir une divine surprise.

Telle est la situation de l'extrême gauche pendant une dizaine d'années, de 1968 à la fin des années soixante-dix. Mais, depuis 1981, elle est retournée à la situation d'avant 1968 : des organisations multiples sans prise sur la réalité, se composant et se recomposant dans l'indifférence, disparaissant parfois dans un injuste oubli. Significative est, à cet égard, l'évolution du PSU.

1. Le Parti socialiste unifié

Le PSU est né le 3 avril 1960 de la fusion en une seule organisation du Parti socialiste autonome, de l'Union de la gauche socialiste et de Tribune du communisme. Le PSU regroupe des militants politiques qui sont situés hors du système politique de la Ve République, soit pour des raisons structurelles, soit du fait de la conjoncture.

Le courant Tribune du communisme, titre du journal du Comité provisoire de liaison pour la réunification du mouvement ouvrier est apparu en juillet 1958 ; c'est une des nombreuses manifestations des oppositionnels communistes.

L'Union de la gauche socialiste a une histoire propre déjà longue et riche. Créée les 7-8 décembre 1957 à Paris, l'UGS est elle-même la fusion du Mouvement de libération du peuple, de la Nouvelle Gauche, de la majorité de la Jeune République et d'un petit groupe Action et Unité socialiste. En fait, il s'agit de la rencontre de deux traditions antagonistes en France (le catholicisme et le courant laïque) sur une option commune, le socialisme. Le courant chrétien, et plus précisément catholique, est surtout représenté par le MLP, presque exclusivement ouvrier. Les « jocistes » (membres de la JOC, Jeunesse ouvrière catholique), qui sont devenus adultes, fondent en 1941 le Mouvement populaire des familles ; en 1945, c'est une organisation assez puissante de services sociaux divers. Mais le logement, le ravitaillement, les loisirs amènent le MPF à poser des questions de nature politique ; au congrès de Nancy de 1950, la majorité du MPF fait le saut et crée le Mouvement de libération du peuple, qui n'est pas un véritable parti mais plutôt une organisation très active d'ouvriers qui veulent réconcilier chrétiens et socialistes. En 1956, le MLP lance un appel aux isolés et aux petites organisations de la nouvelle gauche socialiste pour un renouveau du socialisme, d'où sortira l'UGS.

En effet, à partir des années cinquante, un grand nombre de petits groupes sont à la recherche de l'efficacité. L'espoir de lendemains qui chantent, né en 1945 de la confiance dans le PC, est éteint, mais les militants, gauchistes avant l'heure, d'origine intellectuelle et petite-bourgeoise, marxistes et donc athées, ne sont pas découragés. Réunis en 1951 dans le Centre d'action des gauches indépendantes, ils rencontrent en 1954 les animateurs de l'Union progressiste, organisation assez floue des compagnons de route du PC (anciens radicaux, chrétiens progressistes...), et certains militants du vieux parti de la Jeune République, fondée en 1912, qui ont résisté à la vague montante de la démocratie chrétienne. Ils fondent ensemble en 1955 le Mouvement uni de la nouvelle gauche, qui, avec le MLP, crée l'UGS.

La troisième composante, le Parti socialiste autonome, est la plus importante numériquement et la plus riche en notabilités. Le PSA est né de l'hostilité d'une minorité de la SFIO à la politique du gouvernement Guy Mollet (1956-1957) et, singulièrement, à sa politique algérienne. Constituée en juin 1956, elle s'organise en 1957 autour d'Édouard Depreux et entre peu à peu en dissidence ouverte avec la direction de la SFIO. En septembre 1958, la SFIO se veut « à l'avant-garde de la Ve République » ; c'en est trop, Depreux et ses amis quittent le L^{e} congrès de la SFIO et fondent le PSA. Ce parti trouve à ses côtés les minoritaires du Parti radical plus ou moins inorganisés autour de Mendès France et de la revue *Les Cahiers de la République*. En 1958 (juillet à décembre), radicaux mendésistes et socialistes minoritaires travaillent en commun dans l'éphémère Union des forces démocratiques. En janvier 1959, les mendésistes fondent les Centres d'action démocratique qui groupent peu de monde mais ont une influence certaine dans les milieux de la bourgeoisie éclairée, grâce à leur leader et au journal *L'Express*. En septembre 1959, les CAD et Mendès France demandent leur adhésion au PSA et viennent renforcer le courant laïque, plus que le socialisme, dans le jeune PSU.

De la rénovation de la gauche au mouvement révolutionnaire

De 1960 à sa disparition en 1989, le PSU a été le lieu de toutes les contradictions et de toutes les richesses de la gauche française. Parti laboratoire et parti passoire, il est de 1960 à 1967 l'avocat inlassable de l'union de la gauche communiste et socialiste ; de 1967 à 1974, il est le lieu de toutes les querelles de la gauche extrême ; de 1974 à 1989, il cherche en vain à faire émerger une autre gauche.

De 1960 à 1963, le PSU est une organisation soudée par la lutte pour l'indépendance de l'Algérie et par la répression dont il est l'objet de la part du pouvoir puis de l'OAS. Mais, en janvier 1963, le IIe congrès à Alfortville doit se prononcer sur cinq textes d'orientation. Le parti en sort divisé et de nombreux adhérents le quittent. Cette première période s'achève par le redressement du PSU, qui au Ve congrès à Paris en juin 1967 choisit une voie nouvelle.

Une minorité, animée par Gilles Martinet, estime que le PSU a rempli son rôle — rendre possible une unité de toute la gauche, des communistes aux radicaux —, et qu'il doit s'associer à la Fédération de la gauche démocrate et socialiste pour orienter le pôle non communiste de cette unité dans un sens authentiquement socialiste permettant la prise du pouvoir sur des bases claires. La majorité du congrès, avec Michel Rocard, choisit la voie de l'autonomie.

La crise de mai 1968 est pour le PSU la divine surprise, et l'épreuve de vérité. Trop faible pour constituer à lui seul, ou avec les groupes politiques nouveaux qui apparaissent, une « alternative » politique, il en tire la certitude que la nature du PC a changé et qu'il est désormais le principal frein à l'action des forces révolutionnaires. Rejoint par un grand nombre de militants ouvriers, notamment de la CFDT, il n'arrive point cependant à intégrer les forces dispersées par le brutal échec du mouvement. A son congrès de Dijon de 1969, il est le seul parti français à faire une analyse sérieuse de la situation.

Aux élections législatives de 1968, il réussit, en présentant de nombreux candidats, à obtenir 3,94 % des suffrages, mais n'a aucun élu. Michel Rocard, candidat à l'élection présidentielle de 1969, recueille 3,66 % et fait son entrée à l'Assemblée nationale à l'occasion d'une élection partielle en octobre 1969.

Mais, en dépit, ou à cause, de ce modeste succès, le PSU est alors le théâtre d'un combat interne entre diverses tendances du gauchisme français qui visent à combattre une supposée dérive sociale-démocrate de Rocard et de sa majorité. Tandis que le Parti socialiste renaît, le PSU se délite de 1970 à 1972.

En décembre 1972, dans un long manifeste — *Contrôler aujourd'hui, pour décider demain* — il trace les voies du passage à une société socialiste fondée sur la liberté et l'autogestion.

Mais, quelle que soit la valeur de ce projet de société, il apparaît trop lointain pour être mobilisateur d'un électorat. En mars 1973, les élections législatives sont un sévère échec : le PSU perd environ la moitié des voix de 1968 : 1,98 % des voix avec 200 candidats. Il entreprend alors une action et une réflexion sur la construction d'un mouvement socialiste autogestionnaire. A la fin de mai 1974, il décide d'engager avec le PS et des militants syndicalistes CFDT le processus de réunification des socialistes souhaité par F. Mitterrand. Mais, en octobre 1974, une forte majorité refuse cette orientation. Le PSU continue sans le courant Rocard-Chapuis.

A la recherche d'une gauche alternative

Absent de l'élection présidentielle de 1974, le PSU constitue en vue des élections législatives de 1978 le Front autogestionnaire avec le Mouvement pour une alternative non violente, des écologistes et des régionalistes. C'est à nouveau l'échec (1,11 % des suffrages). Le PSU reprend son autonomie tandis que les autres partenaires créent en novembre 1978 Convergence pour l'autogestion, dont l'existence restera fantomatique.

Il adopte alors, à son XIe congrès, en janvier 1979, une ligne stratégique visant à constituer le « troisième-courant de la gauche », qui se veut critique et autogestionnaire mais est prêt à s'associer à l'union de la gauche. Huguette Bouchardeau, nouvelle secrétaire générale, doit porter ce message aux élections européennes de juin 1979, mais elle renonce à présenter une liste qui serait, au contraire, un rassemblement des minorités (féministe, régionaliste, écologiste, homosexuelle). C'est d'ailleurs cette contradiction qui éclate dans sa campagne présidentielle de 1981, où elle obtient 1,11 % des voix, soit moitié moins que la candidate trotskiste.

La ligne de soutien critique au gouvernement de gauche l'emporte au XIIIe congrès (décembre 1981), puis au XIVe (juin 1984) est approuvée l'entrée d'Huguette Bouchardeau dans le gouvernement Mauroy comme secrétaire d'État à l'Environnement en mars 1983 ; elle deviendra ministre au même poste dans le gouvernement Fabius. Mais elle est mise en minorité au XVe congrès (décembre 1984), qui voit Jean-Claude Le Scornet devenir secrétaire général, et doit tirer les leçons de l'échec aux européennes de juin 1984 de la liste dite « de la troisième gauche », constituée par le PSU et les communistes critiques (0,72 %).

Aux élections de mars 1986, le PSU tente de mettre en pratique la ligne « Pour une alternative socialiste, autogestionnaire et écologiste » en présentant des listes sous l'étiquette « Alternative » avec des militants de la Ligue communiste révolutionnaire, des régionalistes, des écologistes et les débris du gauchisme dispersés dans le minuscule Parti pour l'alternative communiste (PAC) et la Fédération de la gauche alternative (FGA). Les sept listes départementales présentées obtiennent en moyenne 1,05 % des voix.

Le lancement de la candidature de Pierre Juquin à l'élection présidentielle et son exclusion du PC en octobre 1987 raniment l'espoir de créer cette introuvable gauche alternative. Le PSU et la Ligue communiste révolutionnaire s'engagent dans une campagne dont le message est de plus en plus brouillé par les thèmes ultra-minoritaires. Le résultat (2,1 %) est un échec qui entraîne les habituels déchirements de l'après-bataille perdue.

Les comités Juquin décident en décembre 1988 de constituer la Nouvelle Gauche avec le PSU, la FGA et quelques trotskistes. La LCR et une minorité des comités Juquin refusent. Le PSU, en décembre 1988, accepte (XVIIe congrès). Mais la liste Europe-Rénovateurs, conduite par l'ancien communiste Claude Llabres, s'effondre aux européennes de juin 1989 : 0,40 % des voix.

Le PSU tient son dernier congrès les 25 et 26 novembre 1989 et décide sa disparition pour faire naître, avec une partie des comités Juquin, l'Alternative rouge et verte, ARV, qui se définit comme socialiste, autogestionnaire, féministe, écologiste et internationaliste.

Le PSU a donc disparu. Ses adhérents n'avaient cessé de diminuer : plus de 10 000 en 1968, moins de 1 000 en 1988. Ses dirigeants les plus connus l'ont tous abandonné peu à peu. Mais il a jeté bien des idées et des questions dans le débat politique français et il a été une école de formation politique féconde.

2. Les autres composantes

Multiples et divisés, les groupes révolutionnaires sont importants par ce qu'ils révèlent, plus que par leur force intrinsèque. Pour la plupart ils ont reçu des événements de mai 1968 un puissant secours et, pour certains, l'existence même. On présentera ici les trois grandes familles de l'extrême gauche révolutionnaire, faute de pouvoir épuiser une liste, sans cesse remaniée, d'organisations qui ont beaucoup de mal à se connaître elles-mêmes et à se reconnaître les unes les autres.

Le courant trotskiste

Le trotskisme appartient moins au système politique français qu'au sous-système marxiste-communiste de celui-ci. De ce point de vue, le trotskisme n'a jamais joué un rôle direct en France, mais son influence sur les forces politiques françaises est certaine. Pourtant, le trotskisme ne s'exprime pas dans un mouvement unique ; il est au contraire profondément divisé. Mais le sens de l'organisation assure aux différentes organisations trotskistes une efficacité supérieure à celle d'autres groupes révolutionnaires et une pugnacité certaine à leurs militants. Il leur permet surtout de menacer de l'intérieur les organisations contrôlées par le Parti communiste. D'autant plus que les organisations trotskistes exigent de leurs militants une formation idéologique et une expérience « combattante » qui les font ressembler à des ordres religieux guerriers.

Tout commence par la fondation de la Ligue communiste internationale en 1933, puis de la IVe Internationale, par Trotski, en 1938. Mais, immédiatement, le mouvement se divise en plusieurs tendances.

La plus importante organisation française trotskiste qui remonte à cette époque est Lutte ouvrière. Cette organisation date de 1940 et, sous le nom d'Union communiste, elle publiait *Voix ouvrière,* jusqu'à sa dissolution le 12 juin 1968. L'hebdomadaire *Lutte ouvrière,* qui a succédé à *Voix ouvrière,* a donné son nom à cette organisation et tire régulièrement à 30 000 exemplaires environ par semaine. Exclusivement dirigée vers l'implantation dans les entreprises, LO compte probablement de 5 000 à 10 000 militants aguerris, implantés dans des régions à forte concentration industrielle. LO est apparue sur la scène électorale dans quelques élections législatives partielles (Paris XIIe en 1970) et aux élections municipales à Paris en mars 1971, en association avec le PSU. En mars 1973, LO se partage les circonscriptions avec la Ligue communiste et tente une percée électorale qui échoue. Mais, à l'élection présidentielle de mai 1974, sa candidate, Arlette Laguiller, réussit à arriver en quatrième position avec 2,33 % des suffrages exprimés, devançant de très loin le candidat de la seconde tendance trotskiste, Alain Krivine.

A. Laguiller devient alors une figure familière de la vie politique française, incarnant non seulement son organisation, qu'elle représente inlassablement dans toutes les compétitions électorales nationales, mais un certain type de révolutionnaire sympathique et inoffensif.

Aux élections législatives de 1978, les candidats LO présents partout obtiennent 1,69 % des voix, mais, aux européennes de juin 1979, la liste Laguiller-Krivine recueille 3,08 %. A la présidentielle de 1981, de nouveau candidate, Laguiller, avec 2,3 %, dépasse de loin les résultats des candidats LO aux législatives qui suivent (0,4 % avec, il est vrai, 140 candidats seulement). Aux européennes de juin 1984, elle conduit la liste LO et descend à 2,06 % ; puis, à la présidentielle de 1988, éternelle candidate, elle « fait » 2 % juste ; mais aux européennes de 1989 sa liste chute à 1,42 %.

Les autres courants trotskistes ont une histoire complexe et souvent ésotérique, marquée par les scissions et les anathèmes.

En 1946-1947, la section française de la IVe Internationale est le Parti communiste internationaliste, dont le secrétaire général est Yvan Craipeau. Mais des trotskistes sont également présents à la SFIO et à la CGT-FO. En 1952, la majorité du PCI, emmenée par le syndicaliste FO J. Lambert, fait scission d'avec la IVe Internationale et de son leader Pablo, pseudonyme de Michel Raptis. Les « lambertistes » sont favorables au front unique ouvrier, seul capable de défendre et améliorer les conditions de vie et de travail du peuple ; ils sont en conséquence décidés à travailler au sein des organisations syndicales et démocratiques, y compris avec les communistes. Ils avaient créé d'abord le Parti communiste internationaliste (PCIT), puis l'Organisation communiste internationaliste (OCI) qui refuse, en 1953 au congrès de l'Internationale à Rome, la réunification. En 1961, l'OCI lance le Comité de liaison des étudiants révolutionnaires qui se transforme en avril 1968 en Fédération des étudiants révolutionnaires, dissoute le 12 juin 1968. L'OCI, devenue Organisation trotskiste, regroupe actuellement l'Alliance des jeunes pour le socialisme — qui publie *Jeune Révolutionnaire* —, l'Alliance des étudiants pour le socialisme et la Fédération des comités d'alliance ouvrière — qui publie *Informations ouvrières*. L'OT est surtout puissante par l'AJS, qui constitue un mouvement politique de jeunesse important dans la région parisienne.

A son XXIIe congrès en 1979, l'OCI a réaffirmé son hostilité à la réunification des trotskistes et à la IVe Internationale ; elle soutient au contraire le Comité d'organisation pour la reconstitution de la IVe Internationale (CORQI) qui exprime les positions lambertistes.

Le courant lambertiste lance en avril 1984 le Mouvement pour un parti des travailleurs (MPPT), qui présente une liste dirigée par Marc Gauquelin aux élections européennes de 1984 (0,9 % des voix). Le MPPT se constitue en novembre 1985 en refusant l'appellation d'extrême gauche. Défenseur farouche de la laïcité et des revendications des travailleurs, le MPPT présente des listes dans 93 départements aux législatives de 1986 et obtient 1,5 % des voix. Il réussit à présenter Pierre Boussel à l'élection présidentielle de 1988 (0,31 % des voix) et, de nouveau, une liste Gauquelin aux européennes de 1989 (0,6 %).

Après la scission lambertiste, la IVe Internationale connaît deux autres scissions. En 1962, M. Posadas, leader de la section argentine, quitte l'Internationale. La tendance posadiste est représentée en France par le Parti communiste révolutionnaire, qui publie *Lutte communiste* et dont l'audience est à peu près négligeable.

En 1965, M. Raptis, dit Pablo, rompt à son tour avec la IVe Internationale sur le problème de l'autogestion, dont il est à la fois un théoricien et un praticien grâce à son rôle dans la mise en place des comités de gestion et des décrets de 1963 sur l'autogestion en Algérie en 1962-1963.

La IVe Internationale, demeurée entre les mains de Franck et Mandel notamment, est alors représentée en

France par la Ligue communiste, section française de la IVe Internationale. Cette organisation est issue d'un rapprochement entre les militants de la tendance franckiste et des jeunes étudiants exclus en 1965 de l'Union des étudiants communistes (notamment Alain Krivine) qui avaient créé la Jeunesse communiste révolutionnaire, dissoute le 12 juin 1968. Rassemblés autour d'un hebdomadaire, *Rouge*, ces militants ont fondé en avril 1969 la Ligue communiste qui présente Alain Krivine aux élections présidentielles de 1969. Il obtient 1,05 % des suffrages. En mars 1973, la Ligue se partage les circonscriptions avec Lutte ouvrière mais subit un échec. Elle est dissoute le 27 juin 1973, en même temps qu'Ordre nouveau, à la suite de graves incidents à Paris où elle a tenté de s'opposer par la force à la tenue d'un meeting raciste de l'organisation d'extrême droite. Elle se reconstitue en avril 1974 sous le nom de Front communiste révolutionnaire (FCR), puis de Ligue communiste révolutionnaire (LCR) (Ier congrès, décembre 1974), et présente Krivine à l'élection présidentielle de mai. Celui-ci subit un dur échec en ne recueillant que 0,36 % des suffrages exprimés. La Ligue, qui compte environ 5 000 militants, est le plus léniniste des mouvements trotskistes, insistant particulièrement sur la priorité à donner à l'organisation et à la formation idéologique. Elle est surtout présente en milieu universitaire et cherche à étendre son influence sur les ouvriers en entrant dans les syndicats et en refusant les actions de type gauchiste. Son comité central a adopté les 29-30 janvier 1972 un programme d'action, *Ce que veut la Ligue* (publié chez Maspero en février 1972) qui préconise l'instauration révolutionnaire d'un État ouvrier « insurrectionnel, dictatorial et transitoire » dont il précise les grands traits.

Les avatars du trotskisme ne sont pas terminés. Depuis plusieurs années, Lutte ouvrière et la Ligue communiste envisagent leur réunification, sans y parvenir. Aux élections européennes de juin 1979, les deux organisations présentent une liste unique « pour les États-Unis socialistes d'Europe », dirigée par Arlette Laguiller et Alain Krivine, qui obtient un succès certain (3,08 % des voix). C'est le chiffre le plus élevé atteint par le trotskisme en France. Mais, en dépit de ce résultat, les projets d'unification sont repoussés par les trois principales organisations (OCI, LO, LCR) en 1979 et 1980.

En décembre 1981, à son V[e] congrès, la LCR décide d'ouvrir ses portes en facilitant l'adhésion, jusque-là très contrôlée. Mais son affaiblissement se poursuit (2000 adhérents en 1985) du fait de l'attraction des socialistes au pouvoir et, après 1986, de la séduction des dissidents communistes. La LCR délaisse les luttes électorales jusqu'en 1987, où elle décide de soutenir la candidature de Juquin à la présidentielle de 1988. Mais, à son IXe congrès (janvier 1989), la majorité refuse la fusion dans la Nouvelle Gauche, puis l'Alternative rouge et verte, que les comités Juquin et le PSU décident de créer (novembre 1989).

Le courant maoïste

C'est le plus récent et le plus décontractant des courants révolutionnaires en France. Le maoïsme, comme le trotskisme, apparaît en France pour des raisons complètement étrangères au système politique français. C'est le grand schisme communiste des années soixante qui pose en France la question des pro-Chinois et des pro-Soviétiques. Le maoïsme est d'abord en France un sous-système du système communiste. Cette première phase se caractérise par une transposition terme à terme de la situation chinoise et des analyses et des actions de la Révolution culturelle. Mais cette période, qu'illustre le film de Jean-Luc Godard, *La Chinoise*, est dépassée après mai 1968. Le maoïsme devient alors un phénomène français qui concerne non seulement des militants communistes et marxistes, mais aussi et peut-être surtout des jeunes gens d'origine catholique pour qui la référence au président Mao est de caractère historique et moral et non point idéologique. Cette phase est marquée par une volonté d'aller au peuple, ouvrier et paysan, en « s'établissant », c'est-à-dire en devenant ouvrier agricole ou industriel ; elle est marquée aussi par une répression vigilante de la part de la police et de la justice[1], qui aboutit à des mouvements maoïstes clandestins ou semi-clandestins. Le maoïsme est une référence commune à des militants dispersés et pourchassés.

Le maoïsme prend pied en France par l'Association des amitiés franco-chinoises, dominée par le Parti communiste. En 1963, les adhérents favorables à la ligne chinoise se regroupent dans les Cercles marxistes-léninistes qui se transforment en septembre 1964 en Fédération des cercles marxistes-léninistes qui publie *L'Humanité nouvelle* à partir de février 1965. En juin 1966, la Fédération devient le Mouvement communiste de France (marxiste-léniniste), puis, en décembre 1967, le Parti communiste marxiste-léniniste de France. Le PCMLF, dont l'un des animateurs est Gilbert Mury, ancien membre du PCF et ancien directeur du Centre d'études et de recherches marxistes, est dissous le 12 juin 1968, mais il poursuit son existence clandestinement et continue à représenter le courant maoïste de stricte obédience. Il publie un hebdomadaire non clandestin, *L'Humanité rouge,* « pour l'application en France du marxisme-léninisme et de la pensée Mao Tsé-toung », qui milite pour un front uni des travailleurs et des classes non monopolistes. Une scission au sein du PCMLF aboutit en 1970 au lancement du journal *Front rouge,* qui donne naissance en 1973 au Parti communiste révolutionnaire marxiste-léniniste (PCR-ML). Le nouveau parti suit fidèlement la ligne des dirigeants chinois (condamnation de la bande des quatre) et publie le *Quotidien du peuple.*

En mars 1978, les deux partis présentent en commun des candidats aux élections législatives et révèlent leur extrême marginalité (0,10 %). Ils tentent alors de fusionner en 1979-1980.

En septembre 1985, le PCMLF change de nom et devient le Parti pour une alternative communiste (PAC), qui, en

1. M. Marcellin, ministre de l'Intérieur, révélera le 18 mars 1972 au congrès des commissaires de police que, depuis le 1er juin 1968, 1 035 « gauchistes » ont été condamnés à des peines d'emprisonnement ; la plupart étaient des maoïstes.

avril 1986, renonce à la référence chinoise et accepte l'idée d'autogestion.

Enfin, un troisième groupe apparaît également avant 1968. Il s'agit d'étudiants et d'intellectuels venus de l'École normale supérieure de la rue d'Ulm et de membres exclus en 1966 de l'Union des étudiants communistes. Ils forment l'Union des jeunesses communistes marxistes-léninistes (UJCML). L'UJCML est dissoute le 12 juin 1968.

L'échec de mai-juin 1968 et la répression qui s'ensuit amènent le courant maoïste à s'atomiser volontairement. Refusant de rejoindre les organisations existantes, il estime nécessaire de faire confiance à la combativité des masses et de les laisser définir elles-mêmes leurs formes et leurs thèmes de lutte. Les « maos » — appelés par leurs adversaires, en particulier trotskistes, « maos-spontex » — sont en effet plus ou moins spontanéistes, mais ils sont aussi persuadés de la nécessité des actions exemplaires, des « coups » qui permettent de révéler une situation d'exploitation. En ce sens, ils sont favorables à l'organisation de petits groupes, dits « de base » (comités de base, base ouvrière...). Le principal courant maoïste était connu sous le nom de Gauche prolétarienne en 1969-1970. La répression contre ses dirigeants (inculpation et condamnation des responsables de son journal *La Cause du peuple,* dissolution de la GP le 27 mai 1970, arrestation et condamnation d'Alain Geismar et de nombreux maoïstes, etc.) a fait d'elle le plus connu et le plus visé des groupes gauchistes.

De tout petits groupes de maoïstes ont depuis 1970 formé des commandos sur le modèle des réseaux français de la Seconde Guerre mondiale sous le nom de Nouvelle Résistance populaire et réalisé quelques actions spectaculaires (enlèvement de personnes, notamment).

A la frontière de l'action politique, du terrorisme et de la délinquance, le maoïsme d'action directe s'est dissous lui-même à la fin de l'été 1973. La mort de Mao en 1976, le retour au pouvoir de Deng Xiao-ping en 1977, puis la nouvelle politique économique après 1978 ont fait perdre toute consistance au maoïsme français.

Le courant anarchiste

Les bataillons du drapeau noir sont la force la plus ancienne du courant révolutionnaire. L'anarchisme est plus un état d'esprit et une attitude politique qu'une force politique, au sens que nous avons donné à ce mot, du moins en France. Il n'y a pas un courant anarchiste, il n'y a que des anarchistes. Le rôle conjoncturel important qu'ils ont joué de mars à juin 1968 ne doit pas faire oublier que l'anarchisme n'est pas né le 22 mars 1968 à Nanterre et que Daniel Cohn-Bendit n'est point le leader des anarchistes français. Ceux-ci, comme leurs homologues dans les autres pays, ont toujours été placés devant des choix idéologiques, stratégiques et tactiques qui les ont divisés. Les divisions, si souvent dénoncées par les communistes, ironiquement saluées par les partis politiques parlementaires et la presse d'information, sont une donnée du mouvement anarchiste. Elles résultent essentiellement de trois causes : l'attitude à l'égard du marxisme et, singulièrement, au-delà du marxisme pratiqué en Union soviétique ou en Chine, la question de la possibilité d'une autre pratique ; la stratégie révolutionnaire et les problèmes de la spontanéité des masses, de l'organisation et du rôle des minorités agissantes ; la tactique et les questions de la propagande par le fait (attentats et actions individuelles), de la récupération individuelle (vols exemplaires au détriment des exploiteurs), de l'individualisme libertaire (sexualité, drogue...), ou de l'initiative individuelle mise au service de la collectivité.

L'anarchisme réapparaît en France d'une manière organique avec la Fédération anarchiste en octobre 1945. Le rôle des anarchistes est faible ou nul sous la IVᵉ République, sauf d'une façon marginale, dans les organisations syndicales, surtout la Fédération de l'Éducation nationale et la CGT-FO. En 1953 se produit la scission majeure entre anarchistes non marxistes ou antimarxistes et l'anarchisme marxiste.

La minorité non marxiste conserve la Fédération anarchiste, qui publie *Le Monde libertaire* et une revue théorique, *La Rue.* Mais, depuis 1960, elle est contestée par plusieurs groupes, notamment de jeunes, qui lui reprochent sa somnolence et son passéisme. Le plus connu est D. Cohn-Bendit qui crée, à la suite d'un incident à la faculté des lettres de Nanterre le 22 mars 1968, le mouvement du même nom, dissous le 12 juin 1968 et qui intervient énergiquement, au congrès international de Carrare (Italie) en septembre 1968, contre les vieilles méthodes. Le plus marginal est le groupe de l'Internationale situationniste qui a connu son heure de célébrité en 1967-1968 à Strasbourg dans le cadre de l'Université.

Le courant marxiste, majoritaire en 1953 et probablement encore aujourd'hui, a connu de nombreuses organisations. La plus solide est l'Organisation révolutionnaire anarchiste (ORA) créée en 1967, qui est favorable à la fois à une organisation sérieuse et à une société réconciliant marxisme et anarchisme. Elle publie *L'Insurgé.*

Le Mouvement communiste libertaire, créé en mai 1968, plus ouvrier, a tenté une fusion avec différents groupes anarchistes proches (Union des groupes anarchistes communistes, Jeunesse anarchiste communiste, ORA), laquelle a échoué. Il est devenu en 1971 l'Organisation communiste libertaire, plus spontanéiste que l'ORA.

Enfin il faut signaler les survivances en France de l'anarcho-syndicalisme, soit chez les travailleurs espagnols réfugiés en France après la guerre d'Espagne (Confédération nationale du travail, Jeunesses syndicalistes révolutionnaires), soit chez les syndicalistes français (la Révolution prolétarienne, l'Anarcho-syndicaliste, Perspectives syndicalistes...), soit chez les partisans des conseils ouvriers (conseillisme) (Cahiers de discussion du communisme des conseils, Révolution internationale, Spartacus...).

Cette liste est loin d'être exhaustive. Mais les diverses organisations ou tendances anarchistes sont plus nombreuses qu'efficaces. Leur influence dans les milieux ouvriers est limitée à une région, une entreprise ou une branche d'activités ; dans les milieux intellectuels et universitaires, l'anarchisme a une existence sinusoïdale et est actuellement remis en cause par un néo-anarchisme d'origine américaine et anglaise à la fois plus individualiste et plus communautaire (mouvement hippie et yippie, par exemple). Sauf en mai 1968, l'anarchisme n'a joué en France aucun rôle dans le système politique. Il est le type du mouvement dysfonctionnel, mais par cela même il est insensible aux changements du système politique : il ne demande et n'attend rien. L'anarchisme n'est guère prosélyte, mais il est un fait têtu. La société moderne, puissamment organisée et vigilante destructrice des communautés traditionnelles, fournit aux anarchistes leurs meilleures chances de pérennité, sous les formes diverses et perpétuellement renouvelées de la quête du moi unique.

Conclusion

Les partis dans le champ politique

La politique n'est pas un jeu d'échecs. Le système n'existe pas pour lui-même. Il n'est pas isolable de la société qui lui a donné naissance.

Le gouvernement des hommes, de quelque manière qu'il soit assuré, est une structure orientée, non pas neutre. Les grands courants qui la traversent et qui la structurent durablement ne peuvent être que faiblement perturbés par les conséquences inattendues résultant du fonctionnement d'un mécanisme électoral. Il est facile de constater qu'après la période orageuse et la perturbation qu'elle provoque, le champ politique retrouve son équilibre, à un niveau ou sous une forme légèrement différents de l'état antérieur. Les changements profonds et étendus du champ politique ne peuvent jamais résulter du fonctionnement du système lui-même.

D'où la nécessité de préciser la notion de champ politique, par analogie avec celle de champ magnétique. Dans toute société humaine, c'est-à-dire dans tout groupe social organisé pour vivre un destin partagé, ou, pour faire court, dans toute société politique, l'analyse révèle l'existence d'un tel champ. Certes, il est peu visible, car trop évident et trop puissant, dans les sociétés traditionnelles ou anhistoriques, non plus que dans les périodes de longue stabilisation politique. Certes, il est un lieu théorique, une construction scientifique à partir des données fournies par l'observation. Mais il n'en est pas moins réel et actif.

Le champ politique est constitué par un ensemble de masses — ce sont les classes et groupes sociaux — qui s'orientent dans un certain sens sous l'influence de forces agissant sur elles et par elles. Nous savons déjà qu'il y a force politique lorsqu'une énergie politique rencontre une masse sociale et lui fournit une accélération. En clair, cela se produit lorsqu'un petit groupe d'hommes prend parti, c'est-à-dire se propose d'assurer le gouvernement du groupe tout entier, et que ses propositions rencontrent une demande dans la société globale et en reçoivent un soutien. Les partis politiques apparaissent précisément au moment où une société n'est plus fondée sur un consensus général quant à sa structure politique et à la direction de son devenir. Ils visent à suppléer une orientation traditionnelle, et donc tenue pour naturelle et immuable, du champ politique. Ou encore, dans les cas du parti unique, le parti entend réimposer une direction unique du champ politique.

Loin donc d'être inutiles, superflus ou dépassés, les partis sont les indispensables pôles d'une société politique. Encore faut-il qu'ils soient en état de magnétiser le champ social, donc de devenir des forces politiques capables de maintenir, de renforcer ou de bouleverser le système social.

Un parti doit donc résoudre trois problèmes pour se situer dans le champ politique : en premier lieu, celui de sa situation dans ce champ qui concrètement signifie la base sociale ou la clientèle à qui il s'adresse pour exprimer ses demandes et en obtenir le soutien ; en second lieu, celui du point d'impact ou d'application de la force ainsi créée pour en éviter la dispersion et lui faire accomplir un travail objectivement constatable ; enfin, celui du travail qui sera effectué par le parti et par la force qu'il mobilise.

Une telle analyse permet de comprendre la principale difficulté du fonctionnement du système politique français. Il est, comme tous les systèmes libéraux, régulé par un mécanisme électoral qui permet de désigner, à intervalles réguliers, l'équipe qui gouvernera le pays. Mais, dans la plupart des pays libéraux d'Europe ou d'Amérique, les élections ne peuvent jamais modifier profondément le champ politique. Les partis politiques de ces pays se situent dans la même ligne de force, quitte à diverger sur des questions mineures.

En France, et jusqu'en 1981, il n'en était pas ainsi. La bipolarisation structurait le champ politique en un pôle positif et un pôle négatif. L'opposition, dominée par le Parti communiste, était couramment qualifiée d'anti-France et ses chefs d'antinationaux. Les gaullistes et les communistes constituent de 1958 à 1974 les deux pôles opposés du champ politique, dialectiquement et fonctionnellement liés. La preuve éclatante de cette interdépendance ami-ennemi a été donnée en 1958, à la création de la Ve République, comme en 1968 lorsque la société a paru échapper à l'orientation bipolaire du champ politique.

Le PC et le PS, en proposant aux électeurs un programme commun de gouvernement, entendaient à la fois respecter et utiliser les mécanismes du jeu politique et changer l'orientation du champ politique. Était-ce possible ? La réponse que ce livre donnait, avant 1981, était négative. Les événements ont prouvé que c'était la bonne.

Par l'union de la gauche, le PC espérait devenir un parti de gouvernement et donc obtenir un passeport de respectabilité politique lui permettant d'accéder au pouvoir. Le PS y voyait le moyen de prouver son ancrage à gauche et donc de convaincre les électeurs communistes qu'il était plus utile de voter pour lui. Mais le contenu même du programme commun visait à modifier le système social et politique. Certes, il ne s'agissait pas de révolution, mais d'un changement considérable. Or, comme il était prévisible, ce n'est pas l'union de la gauche qui a changé la vie, mais le système politique qui a changé l'union de la gauche, en donnant la prééminence au PS, et le système économique et social qui a brisé les rêves de rupture avec le capitalisme.

Ainsi, la France tend à se rapprocher du système bipolaire des démocraties pluralistes européennes où alternent, d'une manière plus ou moins régulière, un pôle conservateur-libéral et un pôle social-démocrate. Les partis dits « du centre », centre droit ou centre gauche, ne jouent plus qu'un rôle d'appoint. Les Partis communistes ont à peu près disparu. Seuls les partis d'extrême droite et les écologistes tentent de bouleverser cet équilibre.

S'il en est bien ainsi, deux des grands partis français ne sont-ils pas des survivances ? Les communistes, en rompant toute alliance gouvernementale avec les socialistes, ont refusé d'être l'aile gauche d'une social-démocratie à la française, mais ils ont pris le risque de n'être plus rien. L'évolution de l'URSS et des pays de l'Europe de l'Est qui s'est brusquement accélérée en 1989 est un effondrement interne des pays du « socialisme réel ». Le PCF est désormais privé de toute référence extérieure ; il ne lui reste que les débris de sa splendeur et le rassemblement des mécontents.

Les gaullistes ont survécu non seulement à la disparition de leur héros éponyme mais surtout à l'affaiblissement de ses idées dans la société française des années soixante-dix-quatre-vingt. Certes, son œuvre est devenue le bien indivis de tous les partis du système. Mais la conception qui la sous-tend n'est plus qu'un pieux souvenir. Pour de Gaulle, la seule réalité qui commande est la nation. Structure de superposition au-delà des clivages économiques, sociaux et idéologiques, la nation est d'abord la réalité profonde dont ces clivages ne sont que des épiphénomènes. La France est plus réelle que les Français, l'intérêt national plus fondamental que les divergences quotidiennes et superficielles des groupes sociaux. Que viennent les épreuves, les crises, la guerre, et l'on voit bien que la France transcende les Français. Immuable dans son essence, la nation évolue dans son existence concrète. L'État, expression en actes de la nation, doit être en mesure de guider et d'encadrer cette évolution pour lui faire servir la grandeur intemporelle de la France.

Que reste-t-il de cette vision de la politique des temps cataclysmiques dans une société dominée par les marchands de bonheur individuel ?

Au rebours de la sotériologie gaulliste, le giscardisme a voulu être la conception apaisée de la vie politique française. Il s'agit de réconcilier la France autour de son centre sociologique, car l'évolution économique et sociale fait que deux Français sur trois partagent les mêmes valeurs et vivent les mêmes situations. Cette vision apaisée n'a cependant pas permis à un centre introuvable en politique de se substituer à un parti gaulliste bien organisé et qui pense pouvoir constituer à lui seul le pôle à la fois conservateur et réformateur.

A gauche, il était à la mode, avant 1981, de privilégier l'analyse sociologique, baptisée « analyse de classes », du régime politique et partisan. Pour le PC, la Ve République est le « pouvoir des monopoles », « elle aggrave la paupérisation de la classe ouvrière » (XVe congrès, juin 1959) ; puis elle est l'expression du « capitalisme monopoliste d'État qui domine, pressure, régente le pays » (programme de 1971).

Pour le PS, la Ve République, c'est la manifestation de la « multinationalisation du capital ». Or, celui-ci « a sapé les bases sociales qui étaient celles de la classe dominante », le « peuple de gauche organisé en front de classe » peut s'emparer démocratiquement du pouvoir d'État pour rompre avec le capitalisme (*Projet,* 1980).

Ces analyses n'ont pas tenu longtemps, confrontées aux épreuves et aux délices du pouvoir. D'où une sérieuse crise d'identité idéologique du Parti socialiste. Il est malaisé de se convertir à l'économie sociale de marché quand on a cru à la rupture avec le capitalisme. Il est difficile d'admettre les contraintes de l'interdépendance des économies capitalistes dans les divers pays quand on a rêvé de devenir le modèle du socialisme démocratique moderne.

L'effondrement des messianismes du tiers monde et des régimes communistes d'Europe de l'Est, la dégénérescence du communisme chinois donnent pourtant au type de société qu'incarne l'Europe occidentale un rôle phare dans le monde contemporain. Démocratie politique et libertés publiques, efficacité économique et protection sociale organisée forment en effet un système social original, non seulement par ce qu'il est, mais aussi par sa capacité à évoluer sans cataclysmes.

Pourtant, la vie politique française vue à travers ses

manifestations institutionnelles — partis, campagnes électorales, presse — donne l'impression de malaise. Le phénomène de l'abstentionnisme aux élections en est l'une des expressions. Mais, plus souterrainement, on constate la baisse de l'adhésion aux partis politiques et l'affaiblissement du militantisme.

La vie politique française, déjà marquée par le phénomène présidentiel et la personnalisation qu'il entraîne, est totalement dominée par le fait télévisuel. C'est la télévision qui fait l'événement en lui fournissant une chambre d'écho et qui structure le débat politique. Les hommes de télévision disposent ainsi d'un pouvoir dont aucun prêtre ni aucun prince n'avait jamais disposé. Or, le pouvoir médiatique, comme le pouvoir économique dont il se rapproche de plus en plus, fonctionne en dehors des procédures d'investiture et de contrôle démocratiques. Pourtant, il est aujourd'hui indispensable pour faire vivre la démocratie.

Les partis politiques sont alors à la recherche de leur fonction spécifique, au-delà de leur rôle de machine électorale. Certains la voient comme une fonction de réflexion, de laboratoire d'idées ; d'autres comme celle d'un centre de commandement des hommes délégués dans les organes du pouvoir. Bref, dans les deux cas, le parti est une aristocratie guidant la procédure démocratique et l'action du pouvoir. Cette conception est forte ; elle correspond à la fois aux partis de notables de la droite classique et au parti léniniste d'avant-garde. Mais elle stérilise le citoyen.

Ce qui est en cause est le rôle de médiateur démocratique du parti politique. Ni substitut du peuple ou du corps électoral, ni agence de recrutement et de gestion des carrières, le parti structure et anime le débat et les décisions politiques à la fois par le choix des hommes et des femmes qu'il présente aux suffrages et par les propositions d'actions qui sont les réponses possibles aux questions de la période.

Annexes

ÉLECTIONS PRÉSIDENTIELLES

	5 décembre 1965						19 décembre 1965					
	Total	*% SE*	*% I*	*Métropole*	*% SE*	*% I*	*Total*	*% SE*	*% I*	*Métropole*	*% SE*	*% I*
De Gaulle	10 828 523	44,64	37,45	10 386 734	43,71	36,78	13 083 699	55,19	45,26	12 643 527	54,51	44,79
Mitterrand	7 694 003	31,72	26,61	7 658 792	32,23	27,12	10 619 735	44,80	36,74	10 553 985	45,49	37,39
Lecanuet	3 777 119	15,57	13,06	3 767 404	15,85	13,34						
Tixier-Vignancour	1 260 208	5,19	4,35	1 253 958	5,27	4,44						
Marcilhacy	415 018	1,71	1,43	413 129	1,73	1,46						
Barbu	279 683	1,15	0,96	277 652	1,16	0,98						
	I : 28 913 422	Abst. : 15,25		28 233 167	Abst. : 14,98			Abst. : 15,67			Abst. : 15,45	

	1er juin 1969						15 juin 1969					
Pompidou	10 051 816	44,46	34,05	9 761 297	43,96	33,92	11 064 371	58,21	37,50	10 688 183	57,59	37,16
Poher	5 268 651	23,30	17,85	5 201 133	23,42	18,07	7 943 118	41,78	26,92	7 870 688	42,40	27,36
Duclos	4 808 285	21,27	16,29	4 779 539	21,52	16,61						
Defferre	1 133 222	5,01	3,83	1 127 733	5,07	3,91						
Rocard	816 471	3,61	2,76	814 051	3,66	2,82						
Krivine	239 106	1,05	0,81	236 237	1,06	0,82						
Ducatel	286 447	1,26	0,97	284 697	1,28	0,98						
	I : 29 513 361	Abst. : 22,41		28 774 041	Abst. : 21,83			Abst. : 31,14			Abst. : 30,96	

	5 mai 1974						19 mai 1974					
	Total	*% SE*	*% I*	*Métropole*	*% SE*	*% I*	*Total*	*% SE*	*% I*	*Métropole*	*% SE*	*% I*
Mitterrand	11 044 373	43,24	36,08	10 864 992	43,25	36,47	12 971 604	49,19	42,38	12 737 607	49,33	42,78
Giscard d'Estaing	8 326 774	32,60	27,20	8 255 101	32,93	27,71	13 396 203	50,81	43,77	13 082 006	50,66	43,93
Chaban-Delmas	3 857 728	15,10	12,60	3 646 918	14,55	12,24						
Royer	810 540	3,17	2,64	808 984	3,22	2,71						
Laguiller	595 247	2,33	1,94	591 461	2,36	1,98						
Dumont	337 800	1,32	1,10	336 114	1,34	1,12						
Le Pen	190 921	0,74	0,63	189 499	0,75	0,64						
Muller	176 279	0,69	0,59	175 190	0,69	0,59						
Krivine	93 990	0,36	0,30	92 756	0,37	0,31						
Renouvin	43 722	0,17	0,14	42 670	0,17	0,14						
Sébag	42 007	0,16	0,13	39 680	0,15	0,13						
Héraud	19 255	0,07	0,06	18 365	0,07	0,06						
	I : 30 602 953	Abst. : 15,77		29 794 584	Abst. : 15,12			Abst. : 12,66			Abst. : 12,11	

ÉLECTIONS PRÉSIDENTIELLES

	26 AVRIL 1981						10 MAI 1981					
	Total	*% SE*	*% I*	*Métropole*	*% SE*	*% I*	*Total*	*% SE*	*% I*	*Métropole*	*% SE*	*% I*
Giscard d'Estaing	8 222 432	28,31	22,58	7 933 963	27,82	22,33	14 642 306	48,24	40,22	14 219 051	47,77	40,09
Mitterrand	7 505 960	25,84	20,62	7 439 577	26,08	20,94	15 708 262	51,75	43,15	15 541 905	52,22	43,83
Chirac	5 225 846	17,99	14,35	5 141 063	18,02	14,47						
Marchais	4 456 922	15,34	12,24	4 415 028	15,48	12,43						
Lalonde	1 126 254	3,87	3,09	1 118 885	3,92	3,15						
Laguiller	668 057	2,30	1,83	661 523	2,31	1,86						
Crépeau	642 777	2,21	1,76	639 238	2,24	1,79						
Debré	481 821	1,65	1,32	469 249	1,64	1,32						
Garaud	386 623	1,33	1,06	380 815	1,33	1,07						
Bouchar-deau	321 344	1,10	0,88	318 319	1,11	0,89						
	I : 36398859	Abst. : 19,1		35 517 816	Abst. : 18,35		I : 36398762	Abst. : 14,15		35 459 328	Abst. : 13,56	

	24 avril 1988						8 mai 1988					
	Total	*% SE*	*% I*	*Métropole*	*% SE*	*% I*	*Total*	*% SE*	*% I*	*Métropole*	*% SE*	*% I*
Mitterrand	10 367 220	34,09	27,19	10 073 427	33,90	27,25	16 704 279	54,01	43,76	16 259 823	53,81	43,90
Chirac	6 063 514	19,94	15,90	5 868 284	19,74	15,87	14 218 970	45,98	37,25	13 954 399	46,18	37,67
Barre	5 031 849	16,54	13,19	4 900 879	16,49	13,26						
Le Pen	4 375 894	14,39	11,47	4 342 639	14,61	11,75						
Lajoignie	2 055 995	6,76	5,39	2 040 733	6,86	5,52						
Waechter	1 149 642	3,78	3,01	1 138 981	3,83	3,08						
Juquin	639 084	2,10	1,67	633 254	2,13	1,71						
Laguiller	606 017	1,99	1,58	599 993	2,01	1,62						
Boussel	116 823	0,38	0,30	115 133	0,38	0,31						
	I : 38 128 507 Abst. : 18,63			36 955 866 Abst. : 17,97			I : 38 168 869 Abst. : 15,94			36 955 866 Abst. : 15,31		

ÉLECTIONS LÉGISLATIVES (L) ET EUROPÉENNES (E)

Résultats en nombre de suffrages et pourcentage par rapport aux suffrages exprimés en métropole

Résultats en sièges pour la France entière

	1 *Extr. G.*	2 *PCF*	3 *Socialistes*	4 *Radicaux*	5 *Démo-chrét.*	6 *Indépendants*	7	8 *Gaullistes*	9 *Extr. D.*	10 *Écolo*
L - 1958 (1er tour) inscrits : 27 236 491			*SFIO*		*MRP*	*CNI*	*Div. D.*	*UNR*		
suffr. expr. : 20 492 377 abst. : 22,8 %	347 798 1,4 %	3 882 204 18,9 %	3 167 354 15,5 %	1 700 070 8,3 %	2 378 788 11,6 %	2 815 176 13,7 %	1 925 343 9,4 %	3 603 958 17,6 %	669 518 3,3 %	
552 sièges 465 métropole 16 DOM-TOM 71 Algérie		10	44	39	56	118	47	216	non-inscrits : 22	
L - 1962 (1er tour) inscrits : 27 526 358								*UNR-UDT-RI*		
suffr. expr. : 18 533 791 abst. : 31,3 %	427 467 2,3 %	4 003 553 21,8 %	2 298 729 12,5 %	1 429 049 7,8 %	1 665 695 9 %	1 464 177 7,7 %	1 089 348 5,9 %	5 855 744 31,9 %	159 429 0,9 %	
482 sièges 465 métropole 17 DOM-TOM		41	66	39	55 (5 + 6)			233 35	non-inscrits : 13	

L - 1967 (1er tour) inscrits : 28 300 936			*FGDS*	↙ ↘	*CD*		*UDV[e]-RI*	
suffr. expr. : 22 389 514	495 412	5 039 032	4 224 110		3 149 649	821 097	8 448 982	191 232
abst. : 18,88 %	2,2 %	22,5 %	19 %		14,06 %	3,7 %	37,7 %	1 %
487 sièges 470 métropole 17 DOM-TOM		73	121		41		200 42	non-inscrits : 10
L - 1968 (1er tour) inscrits : 28 181 848	*PSU*				*CPDM*			
suffr. expr. : 22 147 215	873 581	4 434 832	3 660 250		2 453 331	1 028 953	9 667 532	28 736
abst. : 20,04 %	4 %	20 %	16,5 %		11,1 %	4,6 %	43,7 %	0,1 %
487 sièges 470 métropole 17 DOM-TOM		34	57		33		293 61	non-inscrits : 9
L - 1973 (1er tour) inscrits : 29 883 748			*PS-MRG*		*Réformateurs*		*UDR-RI*	
suffr. expr. : 23 751 424	778 183	5 084 824	4 419 426		3 277 309	1 344 637	8 224 447	122 498
abst. : 18,69 %	3,2 %	21,4 %	20,7 %		13,8 %	5,6 %	34,6 %	0,52 %
490 sièges 473 métropole 17 DOM-TOM		73	102		34		183 55	non-inscrits : 13

	1	2	3	4	5	6	7	8	9	10
L - 1978 (1er tour) inscrits : 34 409 883				*Div. G.*	*UDF*			*RPR*		
suffr. expr. : 28 105 239	919 126	5 793 139	7 016 751	310 227	6 007 383		998 364	6 329 918	138 231	612 100
abst. : 16,75 %	3,3 %	20,6 %	25 %	1,1 %	21,4 %		3,5 %	22,5 %	0,5 %	2,2 %
491 sièges 474 métropole 17 DOM-TOM		86	115		123		154		non-inscrits : 13	
E - 1979 (RP) inscrits : 34 353 177										
suffr. expr. : 19 908 660	623 468	4 100 261	4 725 031		5 453 916		649 349	3 203 504	265 289	887 173
abst. : 38,84 %	3,8 %	20,6 %	23,7 %		27,3 %		3,2 %	16,1 %	0,8 %	2,6 %
81 sièges		19	22		8	17		15		
L - 1981 (1er tour) inscrits : 35 536 401										
suffr. expr. : 24 823 065	330 344	4 003 025	9 376 853		4 756 503		802 626	5 192 894	90 026	270 792
abst. : 29,1 %	1,33 %	16,12 %	37,8 %		19,1 %		3,2 %	20,9 %	0,4 %	1,1 %

491 sièges 474 métropole 17 DOM-TOM		44	285		63			88		non-inscrits : 11
E - 1984 (RP) inscrits : 36 880 688					*(Divers)*		*UDF-RPR*		*FN*	
suffr. expr. : 20 180 934 abst. : 43,27 %	747 160 3,7 %	2 261 312 11,2 %	4 188 875 20,7 %	651 490 3,3 %	(740 003) (3,6 %)		8 683 596 43,02 %		2 210 334 10,9 %	680 080 3,4 %
81 sièges		10	20		9	12		20	10	
L - 1986 (RP) inscrits : 37 314 252					*(Div. D.)*	*UDF-RPR*				
suffr. expr. : 27 813 945 abst. : 21,82 %	422 109 1,5 %	2 740 972 9,82 %	8 699 782 31,2 %	442 233 1,57 %	(1 062 707) (3,8 %)	11 400 156 41 %			2 705 838 9,7 %	340 138 1,2 %
577 sièges 555 métropole 22 DOM-TOM		35	212			131		155	35	non-inscrits : 9

	1	2	3	4	5	6	7	8	9	10
L - 1988 (1er tour) inscrits : 37 085 252 suffr. expr. : 24 029 857 abst. : 33,84 %	87 631 0,36 %	2 680 100 11,1 %	8 652 554 36 %	403 690 1,6 %			9 708 878 40,4 %		2 359 528 9,6 %	86 312 0,3 %
					UDC ←	*UDF* ←	→			
577 sièges 555 métropole 22 DOM-TOM		27	278		41	90		130		non-inscrits : 10
E - 1989 (RP) inscrits : 37 127 210				*Div. listes*						
suffr. expr. : 17 909 555 abst. : 49,7 %	363 127 2 %	1 392 561 7,7 %	4 219 062 23,5 %	516 613 2,9 %	1 503 392 8,4 %		5 143 374 28,7 %		2 113 457 11,8 %	1 910 048 10,7 % (*Div.* : 748 921) (4,1 %)
81 sièges		7	22		7	15		11	10	9

SÉNAT

Répartition politique des sénateurs

Année	*Nombre total*	*Commu-nistes*	*Socialistes*	*Gauche démocratique*	*Centristes*	*Républicains et indép.*	*Gaullistes*	*Non-inscrits*
1959	309	14	61	66	34	90	37	7
1962	274	14	52	50	35	83	32	6
1965	274	14	52	50	38	79	30	11
1968	283	18	52	43	47	73	36	14
1971	283	18	49	38	46	75	38	19
1974	283	20	52	35	55	73	30	18
1977	295	23	62	40	60	69	32	9
1980	304	23	69	39	67	52	41	13
1983	317	24	70	39	71	50	58	5
1986	319	15	64	35	70	54	77	4
1989	321	16	66	23	68	52	91	5

Note : Le Sénat a été renouvelé totalement en 1959 ; depuis il est renouvelé par tiers tous les 3 ans.
En 1959, les sièges sont : métropole : 255. Algérie-Sahara : 34.
DOM : 7. TOM : 7. Français à l'étranger : 6.
En 1962, métropole : 255. DOM : 7. TOM : 6. Français à l'étranger : 6.
En 1970, métropole : 264. DOM : 7. TOM : 6. Français à l'étranger : 6.
En 1976, métropole : 296. DOM : 8. TOM : 4. Saint-Pierre-et-Miquelon : 1. Français à l'étranger : 6. Total : 315.
En 1983, total : 321 ; même répartition, sauf Français à l'étranger : 12.
Le résultat des élections sénatoriales est le reflet des élections municipales qui les ont précédées, compte tenu de la composition du corps électoral sénatorial.
La gauche démocratique a pris le nom de Rassemblement démocratique européen en juillet 1989.

APPARTENANCE POLITIQUE DES MINISTRES

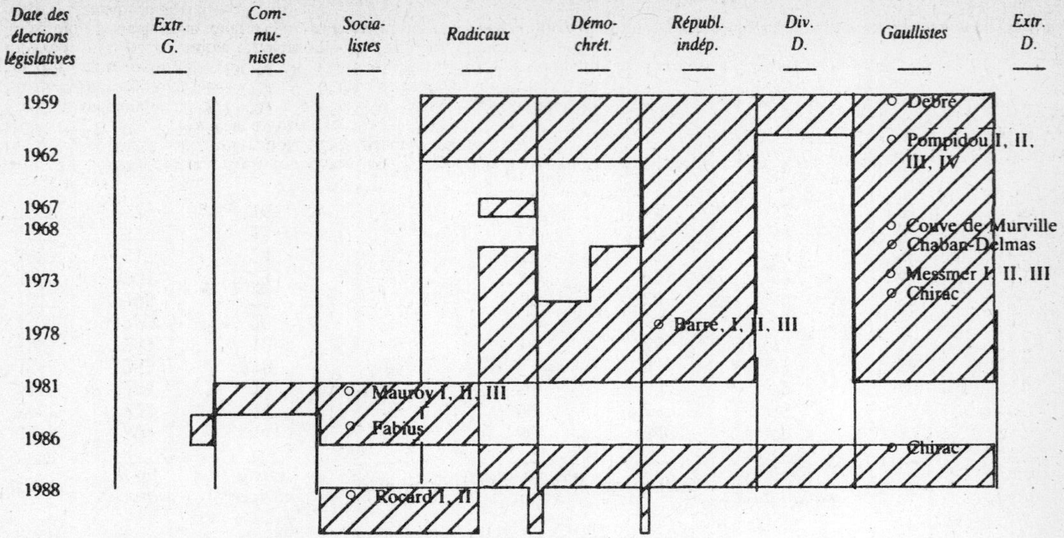

Les gouvernements et les Premiers ministres sous la Ve République
De janvier 1958 à décembre 1989, il y a eu juridiquement 21 gouvernements (durée moyenne : 1 an 6 mois) et 11 Premiers ministres (durée moyenne : 2 ans 7 mois).

ÉLECTIONS CANTONALES

Résultats du 1er tour en % des suffrages exprimés (V)
Résultats des 2 tours en nombre de sièges (S)

	1961		*1964*		*1967*		*1970*		*1973*		*1976*		*1979*		*1982*		*1985*		*1988*	
	V	*S*	*V*	*S*	*V*	*S*	*V*	*S*	*V*	*S*	*V*	*S*	*V*	*S*	*V*	*S*	*V*	*S*	*V*	*S*
1 *Extr. G.*	2,7	28	2,3	40	2	12	3,14	22	1	9	0,80	4	0,85	2	0,58	5	0,64	1	0,47	6
2 *PCF*	18,6	52	21,6	99	24,5	133	23,84	144	22,7	205	22,82	242	22,46	229	15,90	198	12,51	149	13,39	175
3 *Socialistes*	16,8	271	16,6	286	22,2	299	14,80	263	21,9	423	26,28	514	29,96	579	29,71	509	24,85	424	29,98	592
4 *Radicaux*	15,8	409	14,7	401	6,7	251	10,52	292	12,6	335	6,40	166	5,05	125	3,42	115	3,26	116	4,02	112
5 *Démo-chrétiens*	9,8	142	9,4	148	8,2	168	9,11	279	8,6	183										
6 *Indépendants*			4	81	4,2	142	5,15	110	6,2	153	15,24	401	21,14	423	18,64	470	18,09	525	16,92	441
7 *Div. D.*	23,5	436	19	381	17,5	292	17,32	287	14,3	374	16,99	329	10,03	301	13,08	380	14,38	425	12,05	328
8 *Gaullistes*	12,8	166	12,2	123	14,1	192	15,64	206	12,7	244	10,79	190	12,34	245	17,98	336	16,58	400	15,92	365
9 *Extr. D.*											0,60	1	0,69	1	0,20	1	8,84	2	5,24	2
10 *Écologistes*													0,47	0	0,44		0,79	2	1,60	1
Abstentions	43,51		43,39		42,40		38,20		46,60		34,73		34,57		31,82		33		51,52	
Total des sièges		1504		1562		1589		1609		1925		1847		1905		2014		2044		2022

(From 1976 the Démo-chrétiens and Indépendants figures are joined: 15,24 / 401.)

ÉLECTIONS MUNICIPALES

Villes de plus de 30 000 habitants
appartenance politique des maires (nombre)

Année	*Total*	*Extr. G.*	*PC*	*Soc.*	*Div. G.*	*Dém.-chrét.-indép. UDF*	*Gaul-listes*	*Div. D.*
1959	154	1	25	41	18	35	24	10
1965	156	4	34	32	15	34	25	12
1971	192		45	41	9	62	30	5
1977	220		72	81	8	37	15	7
1983	225		54	62	4	49	46	10
1989	225	4	47	72	8	43	42	9

Conseillers municipaux de l'ensemble des communes appartenance politique (nombre total et % du total)

Année	*Total*	*Extr. G.*	*PC*	*Soc.*	*Div. G.*	*Dém.-chrét.*	*UDF*	*Indép.*	*Gaul-listes*	*Div. D.*	
1959	417 316	1 416	20 454	52 145	127 123	32 347		169 840	22 253	43 893	
		0,23	4,9	12,5	30,46	7,75		40,7	5,3	10,5	
1965	450 410	738	16 254	40 029	86 124	25 096		42 219	39 427	200 523	
		0,16	3,6	8,9	19,12	5,57		9,37	8,75	44,52	
1971 [1]	37 573	688	1 305	4 080	8 087	1 531		4 342	3 281	14 259	
		1,8	3,5	10,9	21,5	4,1		11,6	8,7	37,9	
1977	428 654	2 800	22 733	43 250	118 404		69 332		30 960	141 175	
		0,6	5,3	10,09	27,6		15,8	*Écolo*	7,1	32,9	*Extr. D.*
1983	502 348	1 177	26 906	50 959	114 297		30 128	757	24 787	253 126	211
		0,2	5,35	10,1	22,75		5,99	0,1	4,93	50,38	0,04
1989	503 504	929	21 351	46 520	130 101		21 512	1 369	23 272	258 850	969
		0,18	4,24	9,04	25,8		4,27	0,26	4,6	51,4	0,19

1. La répartition des conseillers municipaux entre les formations politiques par le ministère de l'Intérieur ayant été vivement critiquée, je donne la répartition politique des maires de toutes les communes.

Table des sigles

En dehors des sigles usuels et dont le sens est connu (par exemple, URSS ou ONU), nous nous sommes efforcé de n'en point utiliser sans en avoir préalablement donné la signification. La langue politique fait une effrayante consommation de sigles qui, connus aujourd'hui, sont incompréhensibles le lendemain pour les non-initiés. D'où la table suivante, qui ne contient que les sigles utilisés dans ce livre. Lorsqu'un parti n'est pratiquement jamais désigné par son sigle, nous ne l'avons pas utilisé (par exemple, le Parti radical).

AJS	Alliance des jeunes pour le socialisme.
AMR	Alliance marxiste révolutionnaire.
ARIL	Alliance républicaine indépendante et libérale.
ARLP	Alliance républicaine pour les libertés et le progrès.
CAD	Comité d'action démocratique.
CD	Centre démocrate.
CDP	Centre Démocratie et Progrès.
CDS	Centre des démocrates sociaux.
CEE	Communauté économique européenne.
CERC	Centre d'étude et de recherche sur les coûts.
CERES	Centre d'étude de recherche et d'éducation socialiste.
CFDT	Confédération française démocratique du travail.

CFTC	Confédération française des travailleurs chrétiens.
CGT	Confédération générale du travail.
CGT-FO	Confédération générale du travail-Force ouvrière.
CIR	Convention des institutions républicaines.
CLAS	Comité de liaison pour l'autogestion socialiste.
CNCL	Commission nationale de la communication et des libertés.
CNIP	Centre national des indépendants-paysans.
CNJA	Centre national des jeunes agriculteurs.
CPDM	Centre Progrès et Démocratie moderne.
CREDOC	Centre de recherche et d'observation des conditions de vie.
CSA	Conseil supérieur de l'audiovisuel.
Ext. D	Extrême droite.
Ext. G	Extrême gauche.
FCR	Front communiste révolutionnaire.
FEN	Fédération de l'Éducation nationale.
FER	Fédération des étudiants révolutionnaires.
FGA	Fédération de la gauche alternative.
FGDS	Fédération de la gauche démocrate et socialiste.
FN	Front national.
FNRI	Fédération nationale des républicains indépendants.
FNSEA	Fédération nationale des syndicats d'exploitants agricoles.
FNSP	Fondaton nationale des sciences politiques.
FNSPN	Fédération nationale des sociétés de protection de la nature.
GP	Gauche prolétarienne.
JOC	Jeunesse ouvrière chrétienne.
JR	Jeune République.

LCR	Ligue communiste révolutionnaire.
LO	Lutte ouvrière.
MAN	Mouvement pour une alternative non violente.
MEP	Mouvement d'écologie politique.
MLP	Mouvement de libération du peuple.
MODEF	Mouvement de défense des exploitations familiales.
MPF	Mouvement populaire des familles.
MPPT	Mouvement pour un parti des travailleurs.
MRG	Mouvement des radicaux de gauche.
MRP	Mouvement républicain populaire.
NAF	Nouvelle Action française.
NPS	Nouveau Parti socialiste.
OAS	Organisation armée secrète.
OCI	Organisation communiste internationaliste.
OCT	Organisation communiste des travailleurs.
ORA	Organisation révolutionnaire anarchiste.
ORTF	Office de radiodiffusion et de télévision française.
OT	Organisation trotskiste.
PAC	Parti pour l'alternative communiste.
PCF ou PC	Parti communiste français.
PCI	Parti communiste internationaliste.
PCIT	Parti communiste internationaliste trotskiste.
PCMLF	Parti communiste marxiste-léniniste de France.
PCR (ML)	Parti communiste révolutionnaire (marxiste-léniniste).
PDM	Progrès et Démocratie moderne.
PFN	Parti des Forces nouvelles.
PIB	Produit intérieur brut.
PR	Parti républicain.
PS	Parti socialiste.
PSA	Parti socialiste autonome.

PSD	Parti social-démocrate.
PSU	Parti socialiste unifié.
RAT	Réseau des amis de la terre.
RGR	Rassemblement des gauches républicaines.
RI	Républicains indépendants.
RIAS	Républicains indépendants d'action sociale.
RPF	Rassemblement du peuple français.
RPR	Rassemblement pour la République.
SFIC	Section française de l'Internationale communiste.
SFIO	Section française de l'Internationale ouvrière.
UD V^{e}	Union des démocrates pour la Ve République.
UDF	Union pour la démocratie française.
UDR	Union des démocrates pour la République.
UDSR	Union démocratique et socialiste de la résistance.
UDT	Union démocratique du travail.
UFD	Union des forces démocratiques.
UGS	Union de la gauche socialiste.
UGSD	Union de la gauche socialiste et démocratique.
UJARF	Union de la jeunesse agricole et rurale de France.
UJCF	Union de la jeunesse communiste de France.
UJFF	Union des jeunes filles de France.
UJCML	Union des jeunes communistes marxistes-léninistes.
UJP	Union des jeunes pour le progrès.
UNEF	Union nationale des étudiants de France.
UNR	Union pour la nouvelle République.
URP	Union des républicains de progrès.

Indications bibliographiques et renseignements

Le livre de Colette Ysmal, *Les Partis politiques sous la Ve République* (Monchrestien, 1989), décrit l'évolution historique des partis et contient une analyse très complète de la sociologie des adhérents et des électeurs de ceux-ci, ainsi qu'une bibliographie.

Pour les analyses des résultats électoraux, voir Alain Lancelot, *Les Élections sous la Ve République,* PUF, coll. « Que sais-je ? », 1983 ; et Frédéric Bon et Jean-Paul Cheylan, *La France qui vote,* Hachette, coll. « Pluriel », 1988, avec une abondante cartographie.

Sur la vie politique française, le meilleur livre est celui de Jacques Chapsal, *La Vie politique sous la Ve République,* PUF, 2 vol., 3e éd. 1987, t. I : *1958-1974,* t. II : *1974-1987.* Voir aussi, du même auteur, *La Vie politique en France de 1940 à 1958,* PUF, 1984. Les deux ouvrages sont parus dans la collection « Thémis » et contiennent des bibliographies commentées. Voir aussi Serge Sur, *La Vie politique en France sous la Ve République,* Monchrestien, 1982 ; et Hugues Portelli, *La Politique en France sous la Ve République,* Grasset, 1987.

Sur le régime politique français, le meilleur livre est celui de Jean-Louis Quermonne, *Le Gouvernement de la France sous la Ve République,* Dalloz, 3e éd. 1987 ; voir aussi Dmitri-Georges Lavroff, *Le Système politique français,* Dalloz, 4e éd. 1986 ; Pierre Avril, *La Ve République, histoire politique et constitutionnelle,* PUF, 1987 ; et les manuels de droit constitutionnel et d'institutions politiques.

Pour prendre contact avec les principaux partis :

Rassemblement pour la République, 123, rue de Lille, 75007 Paris, tél. : 49 55 63 00.
Centre national des indépendants et paysans, 170, rue de l'Université, 75007 Paris, tél. : 47 05 49 64.
Union pour la démocratie française, 12, rue François-Ier, 75008 Paris, tél. : 43 59 79 59.
Parti républicain, 3, rue de Constantine, 75007 Paris, tél. : 47 53 99 99.
Centre des démocrates sociaux, 133 *bis,* rue de l'Université, 75007 Paris, tél. : 45 55 75 75.
Parti radical, 1, place de Valois, 75001 Paris, tél. : 42 61 56 32.
Parti social-démocrate, 191, rue de l'Université, 75007 Paris, tél. : 47 53 84 28.
Parti socialiste, 10, rue de Solférino, 75333 Paris Cedex 07, tél. : 45 56 77 00.
Mouvement des radicaux de gauche, 3, rue de La Boétie, 75008 Paris, tél. : 47 42 22 41.
Front national, 11, rue Bernouilli, 75008 Paris, tél. : 45 22 25 91.
Parti vert, 22, rue Godefroy-Cavaignac, 75011 Paris, tél. : 43 79 49 55.
Ligue communiste révolutionnaire, 6, place du Colonel-Fabien, 75019 Paris, tél. : 42 08 66 42.
Fédération anarchiste, 145, rue Amelot, 75011 Paris.

Index

Table

II. Les partis du système : le pôle conservateur libéral

III. Les partis du système : le pôle socialiste et communiste

IV. Les partis hors du système

Annexes

IMPRIMERIE BUSSIÈRE À SAINT-AMAND (CHER)
DÉPÔT LÉGAL : OCTOBRE 1990. N° 12474 (2058).

Collection Points

SÉRIE HISTOIRE

H1. Histoire d'une démocratie : Athènes
Des origines à la conquête macédonienne
par Claude Mossé
H2. Histoire de la pensée européenne
1. L'éveil intellectuel de l'Europe du IXe au XIIe siècle
par Philippe Wolff
H3. Histoire des populations françaises et de leurs attitudes devant la vie depuis le XVIIIe siècle
par Philippe Ariès
H4. Venise, portrait historique d'une cité
par Philippe Braunstein et Robert Delort
H5. Les Troubadours, *par Henri-Irénée Marrou*
H6. La Révolution industrielle (1770-1880)
par Jean-Pierre Rioux
H7. Histoire de la pensée européenne
4. Le siècle des Lumières, *par Norman Hampson*
H8. Histoire de la pensée européenne
3. Des humanistes aux hommes de science
par Robert Mandrou
H9. Histoire du Japon et des Japonais
1. Des origines à 1945
par Edwin O. Reischauer
H10. Histoire du Japon et des Japonais
2. De 1945 à 1970, *par Edwin O. Reischauer*
H11. Les Causes de la Première Guerre mondiale
par Jacques Droz
H12. Introduction à l'histoire de notre temps
L'Ancien Régime et la Révolution
par René Rémond
H13. Introduction à l'histoire de notre temps
Le XIXe siècle, *par René Rémond*
H14. Introduction à l'histoire de notre temps
Le XXe siècle, *par René Rémond*
H15. Photographie et Société, *par Gisèle Freund*
H16. La France de Vichy (1940-1944)
par Robert O. Paxton
H17. Société et Civilisation russes au XIXe siècle
par Constantin de Grunwald
H18. La Tragédie de Cronstadt (1921), *par Paul Avrich*
H19. La Révolution industrielle du Moyen Age
par Jean Gimpel
H20. L'Enfant et la Vie familiale sous l'Ancien Régime
par Philippe Ariès

H21. De la connaissance historique
par Henri-Irénée Marrou
H22. André Malraux, une vie dans le siècle
par Jean Lacouture
H23. Le Rapport Krouchtchev et son histoire
par Branko Lazitch
H24 Le Mouvement paysan chinois (1840-1949)
par Jean Chesneaux
H25. Les Misérables dans l'Occident médiéval
par Jean-Louis Goglin
H26. La Gauche en France depuis 1900
par Jean Touchard
H27. Histoire de l'Italie du Risorgimento à nos jours
par Sergio Romano
H28. Genèse médiévale de la France moderne, XIVe-XVe siècle
par Michel Mollat
H29. Décadence romaine ou Antiquité tardive, IIIe-VIe siècle
par Henri-Irénée Marrou
H30. Carthage ou l'Empire de la mer, *par François Decret*
H31. Essais sur l'histoire de la mort en Occident
du Moyen Age à nos jours, *par Philippe Ariès*
H32. Le Gaullisme (1940-1969), *par Jean Touchard*
H33. Grenadou, paysan français
par Ephraïm Grenadou et Alain Prévost
H34. Piété baroque et Déchristianisation en Provence
au XVIIIe siècle, *par Michel Vovelle*
H35. Histoire générale de l'Empire romain
1. Le Haut-Empire, *par Paul Petit*
H36. Histoire générale de l'Empire romain
2. La crise de l'Empire, *par Paul Petit*
H37. Histoire générale de l'Empire romain
3. Le Bas-Empire, *par Paul Petit*
H38. Pour en finir avec le Moyen Age
par Régine Pernoud
H39. La Question nazie, *par Pierre Ayçoberry*
H40. Comment on écrit l'histoire, *par Paul Veyne*
H41. Les Sans-culottes, *par Albert Soboul*
H42. Léon Blum, *par Jean Lacouture*
H43. Les Collaborateurs (1940-1945), *par Pascal Ory*
H44. Le Fascisme italien (1919-1945)
par Pierre Milza et Serge Berstein
H45. Comprendre la révolution russe, *par Martin Malia*
H46. Histoire de la pensée européenne
6. L'ère des masses, *par Michaël D. Biddiss*
H47. Naissance de la famille moderne, *par Edward Shorter*
H48. Mythe de la procréation à l'âge baroque
par Pierre Darmon

H49. Histoire de la bourgeoisie en France
1. Des origines aux temps modernes
par Régine Pernoud
H50. Histoire de la bourgeoisie en France
2. Les temps modernes, *par Régine Pernoud*
H51. Histoire des passions françaises (1848-1945)
1. Ambition et amour, *par Theodore Zeldin*
H52. Histoire des passions françaises (1848-1945)
2. Orgueil et intelligence, *par Theodore Zeldin* (épuisé)
H53. Histoire des passions françaises (1848-1945)
3. Goût et corruption, *par Theodore Zeldin*
H54 Histoire des passions françaises (1848-1945)
4. Colère et politique, *par Theodore Zeldin*
H55. Histoire des passions françaises (1848-1945)
5. Anxiété et hypocrisie, *par Theodore Zeldin*
H56. Histoire de l'éducation dans l'Antiquité
1. Le monde grec, *par Henri-Irénée Marrou*
H57. Histoire de l'éducation dans l'Antiquité
2. Le monde romain, *par Henri-Irénée Marrou*
H58. La Faillite du Cartel, 1924-1926
(Leçon d'histoire pour une gauche au pouvoir)
par Jean-Noël Jeanneney
H59. Les Porteurs de valises
par Hervé Hamon et Patrick Rotman
H60. Histoire de la guerre d'Algérie, 1954-1962
par Bernard Droz et Évelyne Lever
H61. Les Occidentaux, *par Alfred Grosser*
H62. La Vie au Moyen Age, *par Robert Delort*
H63. Politique étrangère de la France (La Décadence, 1932-1939)
par Jean-Baptiste Duroselle
H64. Histoire de la guerre froide
1. De la révolution d'Octobre à la guerre de Corée, 1917-1950
par André Fontaine
H65. Histoire de la guerre froide
2. De la guerre de Corée à la crise des alliances, 1950-1963
par André Fontaine
H66. Les Incas, *par Alfred Métraux*
H67. Les Écoles historiques, *par Guy Bourdé et Hervé Martin*
H68. Le Nationalisme français, 1871-1914, *par Raoul Girardet*
H69. La Droite révolutionnaire, 1885-1914, *par Zeev Sternhell*
H70. L'Argent caché, *par Jean-Noël Jeanneney*
H71. Histoire économique de la France du XVIIIe siècle à nos jours
1. De l'Ancien Régime à la Première Guerre mondiale
par Jean-Charles Asselain
H72. Histoire économique de la France du XVIIIe siècle à nos jours
2. De 1919 à la fin des années 1970
par Jean-Charles Asselain

H73. La Vie politique sous la IIIe République
par Jean-Marie Mayeur
H74. La Grèce archaïque d'Homère à Eschyle, *par Claude Mossé*
H75. Histoire de la « détente », 1962-1981
par André Fontaine
H76. Études sur la France de 1939 à nos jours
par la revue « L'Histoire »
H77. L'Afrique au XXe siècle, *par Elikia M'Bokolo*
H78. Les Intellectuels au Moyen Age, *par Jacques Le Goff*
H79. Fernand Pelloutier, *par Jacques Julliard*
H80. L'Église des premiers temps, *par Jean Daniélou*
H81. L'Église de l'Antiquité tardive
par Henri-Irénée Marrou
H82. L'Homme devant la mort
1. Le temps des gisants, *par Philippe Ariès*
H83. L'Homme devant la mort
2. La mort ensauvagée, *par Philippe Ariès*
H84. Le Tribunal de l'impuissance, *par Pierre Darmon*
H85. Histoire générale du XXe siècle
1. Jusqu'en 1949. Déclins européens
par Bernard Droz et Anthony Rowley
H86. Histoire générale du XXe siècle
2. Jusqu'en 1949. La naissance du monde contemporain
par Bernard Droz et Anthony Rowley
H87. La Grèce ancienne, *par la revue « L'Histoire »*
H88. Les Ouvriers dans la société française
par Gérard Noiriel
H89. Les Américains de 1607 à nos jours
1. Naissance et essor des États-Unis, 1607 à 1945
par André Kaspi
H90. Les Américains de 1607 à nos jours
2. Les États-Unis de 1945 à nos jours, *par André Kaspi*
H91. Le Sexe et l'Occident, *par Jean-Louis Flandrin*
H92. Le Propre et le Sale, *par Georges Vigarello*
H93. La Guerre d'Indochine, 1945-1954
par Jacques Dalloz
H94. L'Édit de Nantes et sa révocation
par Janine Garrisson
H95. Les Chambres à gaz, secret d'État
par Eugen Kogon, Hermann Langbein et Adalbert Rückerl
H96. Histoire générale du XXe siècle
3. Depuis 1950. Expansion et indépendance (1950-1973)
par Bernard Droz et Anthony Rowley
H97. La Fièvre hexagonale, 1871-1968, *par Michel Winock*
H98. La Révolution en questions, *par Jacques Solé*
H99. Les Byzantins, *par Alain Ducellier*
H100. Les Croisades, *par la revue « L'Histoire »*

H101. La Chute de la monarchie (1787-1792)
par Michel Vovelle
H102. La République jacobine (10 août 1792 - 9 Thermidor an II)
par Marc Bouloiseau
H103. La République bourgeoise
(de Thermidor à Brumaire, 1794-1799)
par Denis Woronoff
H104. La France napoléonienne (1799-1815)
1. Aspects intérieurs, *par Louis Bergeron*
H105. La France napoléonienne (1799-1815)
2. Aspects extérieurs, *par Roger Dufraisse* (à paraître)
H106. La France des notables (1815-1848)
1. L'évolution générale, *par André Jardin et André-Jean Tudesq*
H107. La France des notables (1815-1848)
2. La vie de la nation, *par André Jardin et André-Jean Tudesq*
H108. 1848 ou l'Apprentissage de la république (1848-1852)
par Maurice Agulhon
H109. De la fête impériale au mur des Fédérés (1852-1871)
par Alain Plessis
H110. Les Débuts de la Troisième République (1871-1898)
par Jean-Marie Mayeur
H111. La République radicale ? (1898-1914)
par Madeleine Rebérioux
H112. Victoire et Frustrations (1914-1929)
par Jean-Jacques Becker et Serge Berstein
H113. La Crise des années 30 (1929-1938)
par Dominique Borne et Henri Dubief
H114. De Munich et à Libération (1938-1944)
par Jean-Pierre Azéma
H115. La France de la Quatrième République (1944-1958)
1. L'ardeur et la nécessité (1944-1952), *par Jean-Pierre Rioux*
H116. La France de la Quatrième République (1944-1958)
2. L'expansion et l'impuissance (1952-1958)
par Jean-Pierre Rioux
H117. La France de l'expansion (1958-1974)
1. La République gaullienne (1958-1969), *par Serge Berstein*
H118. La France de l'expansion (1958-1974)
2. Croissance et crise (1969-1974)
par Serge Berstein et Jean-Pierre Rioux (à paraître)
H119. La France de 1974 à nos jours
par Jean-Jacques Becker (à paraître)
H120. Le XXe Siècle français, documents (à paraître)
H121. Les Paysans dans la société française
par Annie Moulin
H122. Portrait historique de Christophe Colomb
par Marianne Mahn-Lot
H123. Vie et Mort de l'ordre du Temple, *par Alain Demurger*

H124. La Guerre d'Espagne, *par Guy Hermet*
H125. Histoire de France, *sous la direction de Jean Carpentier et François Lebrun*
H126. Empire colonial et Capitalisme français *par Jacques Marseille*
H127. Genèse culturelle de l'Europe (v^{e}-VIIIe siècle) *par Michel Banniard*
H128. Les Années trente, *par la revue « L'Histoire »*
H129. Mythes et Mythologies politiques, *par Raoul Girardet*
H130. La France de l'an Mil, *collectif*
H131. Nationalisme, Antisémitisme et Fascisme en France *par Michel Winock*
H132. De Gaulle 1. Le rebelle (1890-1944) *par Jean Lacouture*
H133. De Gaulle 2. Le politique (1944-1959) *par Jean Lacouture*
H134. De Gaulle 3. Le souverain (1959-1970) *par Jean Lacouture*
H135. Le Syndrome de Vichy, *par Henri Rousso*
H136. Chronique des années soixante, *par Michel Winock*
H137. La Société anglaise, *par François Bédarida*
H138. L'Abime 1939-1944. La politique étrangère de la France *par Jean-Baptiste Duroselle*

H201. Les Origines franques (v^{e}-IXe siècle), *par Stéphane Lebecq*
H202. L'Héritage des Charles (de la mort de Charlemagne aux environs de l'an mil), *par Laurent Theis*
H203. L'Ordre seigneurial (XIe-XIIe siècle), *par Dominique Barthélemy*
H204. Temps d'équilibres, temps de ruptures, *par Monique Bourin-Derruau*
H205. Temps de crises, temps d'espoirs, *par Alain Demurger*

Collection Points

1. Histoire du surréalisme, *par Maurice Nadeau*
2. Une théorie scientifique de la culture
par Bronislaw Malinowski
3. Malraux, Camus, Sartre, Bernanos, *par Emmanuel Mounier*
4. L'Homme unidimensionnel, *par Herbert Marcuse* (épuisé)
5. Écrits I, *par Jacques Lacan*
6. Le Phénomène humain, *par Pierre Teilhard de Chardin*
7. Les Cols blancs, *par C. Wright Mills*
8. Littérature et Sensation. Stendhal, Flaubert
par Jean-Pierre Richard
9. La Nature dé-naturée, *par Jean Dorst*
10. Mythologies, *par Roland Barthes*
11. Le Nouveau Théâtre américain, *par Franck Jotterand* (épuisé)
12. Morphologie du conte, *par Vladimir Propp*
13. L'Action sociale, *par Guy Rocher*
14. L'Organisation sociale, *par Guy Rocher*
15. Le Changement social, *par Guy Rocher*
16. Les Étapes de la croissance économique, *par W. W. Rostow*
17. Essais de linguistique générale, *par Roman Jakobson* (épuisé)
18. La Philosophie critique de l'histoire, *par Raymond Aron*
19. Essais de sociologie, *par Marcel Mauss*
20. La Part maudite, *par Georges Bataille* (épuisé)
21. Écrits II, *par Jacques Lacan*
22. Éros et Civilisation, *par Herbert Marcuse* (épuisé)
23. Histoire du roman français depuis 1918
par Claude-Edmonde Magny
24. L'Écriture et l'Expérience des limites, *par Philippe Sollers*
25. La Charte d'Athènes, *par Le Corbusier*
26. Peau noire, Masques blancs, *par Frantz Fanon*
27. Anthropologie, *par Edward Sapir*
28. Le Phénomène bureaucratique, *par Michel Crozier*
29. Vers une civilisation des loisirs ?, *par Joffre Dumazedier*
30. Pour une bibliothèque scientifique
par François Russo (épuisé)
31. Lecture de Brecht, *par Bernard Dort*
32. Ville et Révolution, *par Anatole Kopp*
33. Mise en scène de Phèdre, *par Jean-Louis Barrault*
34. Les Stars, *par Edgar Morin*
35. Le Degré zéro de l'écriture
suivi de Nouveaux Essais critiques, *par Roland Barthes*
36. Libérer l'avenir, *par Ivan Illich*
37. Structure et Fonction dans la société primitive
par A. R. Radcliffe-Brown
38. Les Droits de l'écrivain, *par Alexandre Soljenitsyne*
39. Le Retour du tragique, *par Jean-Marie Domenach*

41. La Concurrence capitaliste
par Jean Cartell et Pierre-Yves Cossé (épuisé)
42. Mise en scène d'Othello, *par Constantin Stanislavski*
43. Le Hasard et la Nécessité, *par Jacques Monod*
44. Le Structuralisme en linguistique, *par Oswald Ducrot*
45. Le Structuralisme : Poétique, *par Tzvetan Todorov*
46. Le Structuralisme en anthropologie, *par Dan Sperber*
47. Le Structuralisme en psychanalyse, *par Moustapha Safouan*
48. Le Structuralisme : Philosophie, *par François Wahl*
49. Le Cas Dominique, *par Françoise Dolto*
51. Trois Essais sur le comportement animal et humain
par Konrad Lorenz
52. Le Droit à la ville, *suivi de* Espace et Politique
par Henri Lefebvre
53. Poèmes, *par Léopold Sédar Senghor*
54. Les Élégies de Duino, *suivi de* Les Sonnets à Orphée
par Rainer Maria Rilke (édition bilingue)
55. Pour la sociologie, *par Alain Touraine*
56. Traité du caractère, *par Emmanuel Mounier*
57. L'Enfant, sa « maladie » et les autres, *par Maud Mannoni*
58. Langage et Connaissance, *par Adam Schaff*
59. Une saison au Congo, *par Aimé Césaire*
61. Psychanalyser, *par Serge Leclaire*
63. Mort de la famille, *par David Cooper*
64. A quoi sert la Bourse ?, *par Jean-Claude Leconte* (épuisé)
65. La Convivialité, *par Ivan Illich*
66. L'Idéologie structuraliste, *par Henri Lefebvre*
67. La Vérité des prix, *par Hubert Lévy-Lambert* (épuisé)
68. Pour Gramsci, *par Maria-Antonietta Macciocchi*
69. Psychanalyse et Pédiatrie, *par Françoise Dolto*
70. *S/Z*, *par Roland Barthes*
71. Poésie et Profondeur, *par Jean-Pierre Richard*
72. Le Sauvage et l'Ordinateur, *par Jean-Marie Domenach*
73. Introduction à la littérature fantastique
par Tzvetan Todorov
74. Figures I, *par Gérard Genette*
75. Dix Grandes Notions de la sociologie, *par Jean Cazeneuve*
76. Mary Barnes, un voyage à travers la folie
par Mary Barnes et Joseph Berke
77. L'Homme et la Mort, *par Edgar Morin*
78. Poétique du récit, *par Roland Barthes*
Wayne Booth, Wolfgang Kayser et Philippe Hamon
79. Les Libérateurs de l'amour, *par Alexandrian*
80. Le Macroscope, *par Joël de Rosnay*
81. Délivrance, *par Maurice Clavel et Philippe Sollers*
82. Système de la peinture, *par Marcelin Pleynet*
83. Pour comprendre les média, *par M. McLuhan*

84. L'Invasion pharmaceutique
par Jean-Pierre Dupuy et Serge Karsenty
85. Huit Questions de poétique, *par Roman Jakobson*
86. Lectures du désir, *par Raymond Jean*
87. Le Traître, *par André Gorz*
88. Psychiatrie et Antipsychiatrie, *par David Cooper*
89. La Dimension cachée, *par Edward T. Hall*
90. Les Vivants et la Mort, *par Jean Ziegler*
91. L'Unité de l'homme, *par le Centre Royaumont*
1. Le primate et l'homme
par E. Morin et M. Piattelli-Palmarini
92. L'Unité de l'homme, *par le Centre Royaumont*
2. Le cerveau humain
par E. Morin et M. Piattelli-Palmarini
93. L'Unité de l'homme, *par Centre Royaumont*
3. Pour une anthropologie fondamentale
par E. Morin et M. Piattelli-Palmarini
94. Pensées, *par Blaise Pascal*
95. L'Exil intérieur, *par Roland Jaccard*
96. Semeiotiké, recherches pour une sémanalyse
par Julia Kristeva
97. Sur Racine, *par Roland Barthes*
98. Structures syntaxiques, *par Noam Chomsky*
99. Le Psychiatre, son « fou » et la psychanalyse
par Maud Mannoni
100. L'Écriture et la Différence, *par Jacques Derrida*
101. Le Pouvoir africain, *par Jean Ziegler*
102. Une logique de la communication
par P. Watzlawick, J. Helmick Beavin, Don D. Jackson
103. Sémantique de la poésie, *par T. Todorov, W. Empson*
J. Cohen, G. Hartman, F. Rigolot
104. De la France, *par Maria-Antonietta Macciocchi*
105. Small is beautiful, *par E. F. Schumacher*
106. Figures II, *par Gérard Genette*
107. L'Œuvre ouverte, *par Umberto Eco*
108. L'Urbanisme, *par Françoise Choay*
109. Le Paradigme perdu, *par Edgar Morin*
110. Dictionnaire encyclopédique des sciences du langage
par Oswald Ducrot et Tzvetan Todorov
111. L'Évangile au risque de la psychanalyse (tome 1)
par Françoise Dolto
112. Un enfant dans l'asile, *par Jean Sandretto*
113. Recherche de Proust, *ouvrage collectif*
114. La Question homosexuelle, *par Marc Oraison*
115. De la psychose paranoïaque dans ses rapports
avec la personnalité, *par Jacques Lacan*
116. Sade, Fourier, Loyola, *par Roland Barthes*

117. Une société sans école, *par Ivan Illich*
118. Mauvaises Pensées d'un travailleur social
par Jean-Marie Geng
119. Albert Camus, *par Herbert R. Lottman*
120. Poétique de la prose, *par Tzvetan Todorov*
121. Théorie d'ensemble, *par Tel Quel*
122. Némésis médicale, *par Ivan Illich*
123. La Méthode
1. La nature de la nature, *par Edgar Morin*
124. Le Désir et la Perversion, *ouvrage collectif*
125. Le Langage, cet inconnu, *par Julia Kristeva*
126. On tue un enfant, *par Serge Leclaire*
127. Essais critiques, *par Roland Barthes*
128. Le Je-ne-sais-quoi et le Presque-rien
1. La manière et l'occasion, *par Vladimir Jankélévitch*
129. L'Analyse structurale du récit, Communications 8
ouvrage collectif
130. Changements, Paradoxes et Psychothérapie
par P. Watzlawick, J. Weakland et R. Fisch
131. Onze Études sur la poésie moderne, *par Jean-Pierre Richard*
132. L'Enfant arriéré et sa mère, *par Maud Mannoni*
133. La Prairie perdue (Le Roman américain)
par Jacques Cabau
134. Le Je-ne-sais-quoi et le Presque-rien
2. La méconnaissance, *par Vladimir Jankélévitch*
135. Le Plaisir du texte, *par Roland Barthes*
136. La Nouvelle Communication, *ouvrage collectif*
137. Le Vif du sujet, *par Edgar Morin*
138. Théories du langage, Théories de l'apprentissage
par le Centre Royaumont
139. Baudelaire, la Femme et Dieu, *par Pierre Emmanuel*
140. Autisme et Psychose de l'enfant, *par Frances Tustin*
141. Le Harem et les Cousins, *par Germaine Tillion*
142. Littérature et Réalité, *ouvrage collectif*
143. La Rumeur d'Orléans, *par Edgar Morin*
144. Partage des femmes, *par Eugénie Lemoine-Luccioni*
145. L'Évangile au risque de la psychanalyse (tome 2)
par Françoise Dolto
146. Rhétorique générale, *par le Groupe µ*
147. Système de la mode, *par Roland Barthes*
148. Démasquer le réel, *par Serge Leclaire*
149. Le Juif imaginaire, *par Alain Finkielkraut*
150. Travail de Flaubert, *ouvrage collectif*
151. Journal de Californie, *par Edgar Morin*
152. Pouvoirs de l'horreur, *par Julia Kristeva*
153. Introduction à la philosophie de l'histoire de Hegel
par Jean Hyppolite